鈴木　俊著

東洋史要説

新稿版

吉川弘文館

序

「東洋史要説」と題して、私が本書を公けにしたのは昭和二十八年四月のことである。そののち本書について、訂正を要すべき点や増補すべき点に気付きながらも、多忙に追われて誤植の訂正程度に過ごしてきたが、幸に小暇をえ、満足なものとはいえないまでも、ある程度の訂正、増補を加えて、一応本書の面目を一新しえたことは、私の深く喜びとするところである。

さて、今次の訂正、増補について、旧版を著しく改めたのはつぎの諸点である。

(1)旧版が六章、十七節からなっていたのを、八章、二十一節として構想を改め、記述は旧版よりもやや簡にしたが、内容的には新たに加えた事実も少なくない。

(2)新たに写真挿図、参考文献を加えた。近時、図版を主とした歴史大系の類が二、三でているので、本書の写真挿図は記述の理解を助ける程度に止め、文化関係のものを主とした。各章末に掲げた参考文献は邦文（含翻訳）のものに限り、まま特殊な研究もいれたが、あまりに専門的なものはこれを除き、比較的手にいり易い、あるいは図書館などで簡単に見られる一般的なものを主とし、なお数章にまたがって関係あるものは、時に重複して掲載した。

(3)地図、図表の類、ことに図表は旧版よりも数を増して理解の便に資した。地図は旧版の場合と同じく、一定の年代の形勢を示したのではなく、ある範囲の年代をまとめて記したものである。

(4)旧版では本文中に人物の生没年などを注記したが、字、号などとともに、それらはすべて索引の方にまわした。従って索引の項目の内容は旧版よりも詳しくなっている。

(5)旧版では、地名、人名などについて、ヴィ、ヴァ、フィ、ティなどをすべてビ、バ、ヒ、チと画一的に統一したが、それにもやや無理があるので、今回は特別なものを除き、なるべく原音に近い、あるいはまた一般に使用されている表現に従った。

本書はこれを「東洋史要説」と名づけ、題名の示しているように、東洋すなわちアジアの社会、文化の発展の跡を要約して述べたもので、記述の眼目の一は、複雑なアジアの歴史を、重要な事実や事項についてはだいたいもらすことなく、どう筋を通して要約するかにある。私の苦心の一はその点にあるが、要約の一面は記述が事実の羅列となって平板化し、説明が不十分となって読者の誤解を生じ、理解の困難をきたし勝ちである。本書にもこういう欠点がないとはいえないので、私は他日さきに公けにした「概説東洋歴史」を改めて書きなおし、それによって責を果たしたいと思っている。

昭和三十五年五月

鈴　木　俊

目次

挿図目次

挿図目次

序説

東洋史の意義 歴史学の任務は、歴史事実の究明と歴史理論の樹立とにある。この事実と理論とを正しくつかんで、人類全体の社会、文化発達の跡を統一的にとらえ、全体として理解しようとするのが世界史である。ところで、わが国では日本史(国史)と世界史とを設け、世界史を西洋史、東洋史の二つにわけている。東洋史が設けられたのは、日清戦争ごろのわが国民のアジア民族としての自覚心の高揚によるが、西洋と東洋とを対立させ、この両者を全く別の世界として考えるべきではない。ここに説く東洋史は、世界史的な連関の下に、全アジア人類の社会、文化発達の過程を考察するにある。

歴史学の任務

世界史と東洋史

西洋には、わが国でいうような東洋史はないが、アッシリオロジー(アッシリア学)、インドロジー(インド学)、シノロジー(シナ学)などとよばれるものがあって、早くからその研究が進んでいた。わが国の東洋史の研究は、従来の漢学を基礎とし、明治の中期に西洋の新しい歴史研究法をとりいれ、さらに西洋のアジア研究、特にシノロジーの強い影響を受け、西洋に比べれば遅れて発達したが、その進歩はめざましく、ある方面では今日世界的なものとなっている。

西洋のアジア研究

日本の東洋史研究

アジアの地理と風土 東洋史の扱う範囲は、時に近東地域までを含ませるが、大体地理的アジアの全域である。アジアの地理的特色は、地域が広大な上に多くの高峻な山脈によっていくつかに区画され、各地域相

東洋史の範囲

アジアの地形

アジアの自然環境

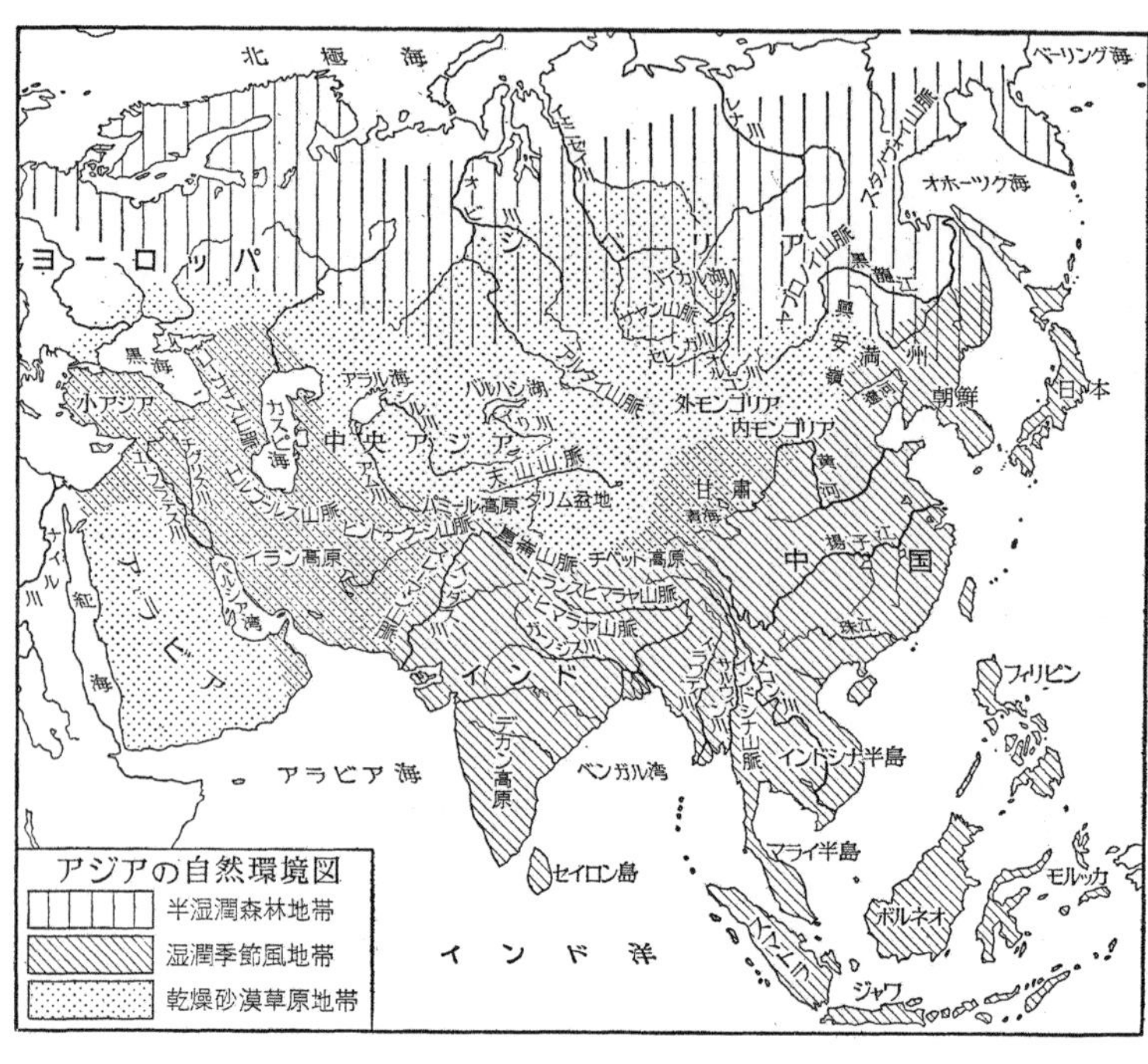

互の交通が不便で、孤立的な傾向が強く、ヨーロッパのように一つの世界、文化を形成しえなかった点にある。そして世界の陸地のほとんど三分の一を占めるアジア大陸は、東西に走る多くの大山脈で南北の二大地域にわけられ、その南部地域も、自然の形勢によっていくつかに区画されている。

またアジアは、東北から西南に向って斜めに三層の地帯をなしている。北部のベーリング海、オホーツク海沿岸、モンゴリア北部からシベリア南部を経、さらに北ヨーロッパに連なる地域は、寒冷な半湿潤森林地帯をなし、狩猟と漁労とに適している。その南のモンゴリア中部から中央アジア、カスピ海、黒海の北岸、西南アジアを経てアフリカのサハラ砂漠に連なる地域は、乾燥砂漠草原地帯をなしてオアシスが散在し、ところどころに内陸川が流れ、概して放牧地に利用されている。その南の日本列島、朝鮮半島、南満州、中国からビルマ、インド、さらにペルシア湾頭を含む地域は、モンスーンの影響を受けて湿潤季節風地帯をなし、沃野に富んで農耕に適している。この地帯では、農耕を基礎として黄河（ホワンホー）流域に中国文化、インダス川流域にインド文化がおこり、また地域的には乾燥地帯にありながら、湿潤地帯に属するチグリス、ユーフラテス川流域にはメソポタミアの文化がおこり、エジプトの文化と融合してオリエント文化を形成した。これに対して、乾燥地帯、半湿潤地帯の遊牧、狩猟民族もそれぞれの文化を発達させ、勢力圏を形成して農耕民族と激しく対立し、文化伝播の上に大きな役割を演じた。

農耕文化圏

遊牧、狩猟文化圏

東洋史上の諸民族　東洋史上で活躍した民族を大別すれば、アジア系統民族とヨーロッパ系統民族とになる。アジア系統民族は言語の性質によって、南方系民族（シナ語族）と北方系民族（ウラル=アルタイ語族）とにわけられ、前者には漢人、チベット人、ヴェトナム人、ビルマ人などが属し、後者にはモンゴル人、ツングース人、トルコ人や朝鮮人などが含まれ、日本人もこの系統に属するとされている。ヨーロッパ系統民族には、セム語族とその系統のハム語族およびインド=ヨーロッパ語族とがあり、セム語族はメソポタミアの文化を開き、アラビア人もこれに属し、ハム語族はエジプトに文化の花を咲かせ、インド=ヨーロッパ語族は、一部はインドやイラン方面に入り、一部は現在のヨーロッパ人となって、いずれもアジアの歴史に深い関係をもっている。また小アジア語族やオーストロアジア語族、オーストロネシア語族とよばれるものがあり、かれらは近時学界の注目するところとなっている。

アジア系統民族

ヨーロッパ系統民族

小アジア語族その他

アジア社会の特質と東洋史の大勢　アジアの歴史の大勢は、主として狩猟、遊牧の北方民族と農耕の南方

アジアにおける南北の対立

民族との対立で、それはことにアジア北方系民族と南方系民族の漢民族との間に顕著に現われている。北方民族は慓悍武強で団体活動になれ、土地は広いが物資に乏しく、永続的な国家をつくりえないので、しばしば南方の農耕地帯を征服して国家をたて、その社会は国家を主として家族を従とし、絶対的な権力がこれを支配した。これに対して南方民族では、家族を中心とする村落が社会を構成し、国家、君主が大土地所有者として人民を奴隷ないし農奴的な存在として支配したので、そこに専制的大君主が現われたが、社会と国家とが分裂して、人民は国家生活に無関心であった。そして北方民族は、しばしば南方の農業国家を征服したが、その単純な政治力では、強い組織と伝統とをもつ南方の社会を破壊することができず、また人口の少ないかれらの社会制度を南方に強制することもできないで、やがて北方に追いかえされるか、退廃して滅びた。しかし北方民族の進出は、南方民族に強い刺激を与え、文明的退廃からかれらを更生させるに力があった。北方民族はしばしば南方の農業地帯に侵入して国家をたてたが、しかしその際の重要な任務は、やはり農業生産力の維持にあった。この農業の静的な性質のため、アジアの文化はおのずから静的で保守的な傾向が強く、その政治原則は権威主義であるが、狭い地域での商業活動を主とするヨーロッパの文化は、おのずから活動的、進歩的となり、その政治原則は民主主義である。

権威主義と民主主義

ヨーロッパ人の東漸

　また近代アジアの歴史に強い影響を与えたのは、十五世紀末、十六世紀からのヨーロッパ人のアジア進出である。アジアでは、ことにインドや中国などの方面とヨーロッパとは、概していえば、たがいに影響をおよぼすことが少なく、別々な歩みを続けてきた。しかるに今や、ヨーロッパ人の進出により、アジアの大半はたちまちかれらの植民地あるいは半植民地と化し、十九世紀後半には、かれらの活動が帝国主義とよばれ

アジアの植民地化

るものになっていっそう激化した。近代アジアの歴史の大勢は、実にアジア諸民族の解放、独立を叫ぶ民族運動の展開で、それは第二次世界大戦を経て、階級の解放と一致した方向に進み、大きな問題となっている。

アジアの民族運動

東洋史の時代区分　歴史を狭義に解すれば、それは文字による記録とともにはじまる。西南アジアのメソポタミア方面に歴史の曙光が見えそめたのは西紀前三〇〇〇年ごろで、東アジアはそれよりも遅れ、前一五〇〇年ごろ、黄河の流域地方が歴史時代にはいった。しかし人類の歴史は文字のない時代にもあったのであって、それは歴史時代（有史時代）と比較にならないほど長く、それを先史時代とよび、なお先史時代から歴史時代への過渡期として、伝承などでおぼろげに知られる時代を特に原史時代と名づけている。また考古学では、人類が使用した道具の材料によって、人類の文化発達の経路を石器、青銅器、鉄器の時代にわけ、石器時代を新、旧の二期とし、石器から金属器への過渡期を金石併用時代とよんでいる。

歴史時代と先史時代

考古学年代

ところで、歴史の記述には、一般に古代、中世、近世（現代を含む）の三紀法の時代区分が用いられるが、アジアの諸民族の発展段階がまちまちであり、学説もきまっていないので、東洋史ではそれを統一的に決定することが困難である。事実、中国だけについても諸説紛々としている。古代を原始共産制とそれに続く奴隷制の社会、中世を封建制の社会、近世を資本制の社会の時代とする場合、周代を奴隷制、封建制とする両説があり、中世がいつ始まり、いつ終わったかについても議論が多い。最近、隋唐時代までを、国家権力の人民支配の点から古代と考え、唐末五代を過渡期として、一〇世紀の宋以後を中世とする意見がでている。近世のはじまりについては、一九一九年の五四運動を重要な一時期とし、アヘン戦争からを、中世から近世への過

三紀法の時代区分

中国史の時代区分

渡期と見て特に近代と名づけ、一九一九年からを現代とする説があるが、中国における資本制の萌芽についても、多くの論戦が展開されている。

〔参考文献〕

世界史大系　誠文堂新光社
図説世界文化史大系　角川書店
世界史講座　東洋経済新報社
市村瓚次郎著　東洋史統　冨山房
和田清著　東洋史（NHK教養大学）　宝文館
京大東洋史　創元社
鈴木俊著　概説東洋歴史　吉川弘文館
松田寿男著　アジア史概説　河出書房
江上波夫著　アジア民族と文化の形成　野村書店
和田清著　中国史概説（岩波全書）　岩波書店
鈴木俊編　中国史（世界各国史）　山川出版社
翦伯賛等編著　波多野太郎編訳　中国歴史概要　一橋書房
ラティモア著　小川修訳　中国（岩波新書）　岩波書店
朝鮮史学会編　朝鮮史大系　朝鮮史学会
旗田巍著　朝鮮史（岩波全書）　岩波書店
アラン＝ヘイグ・ドッドウェル著　山本光紹訳　印度政治史　上巻　帝国書院
足利惇氏著　印度史概説　弘文堂
蒲生礼一著　イラン史　修道社
蒲生礼一著　イラン文化（アテネ文庫）　弘文堂
護雅夫・神田信夫編　北アジア史（世界各国史）　山川出版社
前嶋信次編　西アジア史（世界各国史）　山川出版社
加藤繁著　支那経済史概説　弘文堂
仁井田陞著　中国法制史（岩波全書）　岩波書店
桑原隲蔵著　支那法制史論叢　弘文堂
桑原隲蔵著　東洋文明史論叢　弘文堂
東洋思潮　岩波書店

東洋思想講座　至文堂
武内義雄著　中国思想史（岩波全書）　岩波書店
鎌田茂雄著　中国仏教史（岩波全書）　岩波書店
道端良秀著　中国仏教史　法蔵館
窪徳忠著　道教と中国社会（平凡社全書）　平凡社
青木正児著　支那文学思想史　岩波書店
青木富太郎著　東洋学の成立とその発展　螢雪書院
石田幹之助著　欧人の支那研究（現代史学大系）　共立社書店
石田幹之助著　欧米に於ける支那研究　創元社
中国史学入門　平安文庫
内藤虎次郎著　支那史学史　弘文堂
鈴木俊・西嶋定生編　中国史の時代区分　東大出版会

箭内亘編・和田清補　東洋読史地図　冨山房
亀井高孝・三上次男編　標準世界史地図　吉川弘文館
石田幹之助・岩井大慧編　東洋歴史参考図譜　大塚巧芸社
世界美術全集　平凡社
鈴木敬・松原三郎著　東洋美術史要説　下巻（中国、朝鮮）　吉川弘文館
町田甲一・深井晋司著　東洋美術史要説　上巻（イーラーン、インド）　吉川弘文館
世界歴史事典　平凡社
東洋歴史大辞典　平凡社
アジア歴史事典　平凡社
年表世界史事典　平凡社
史学会編　年表世界史提要　山川出版社

第一章　アジア文化の黎明

第一節　アジア文化の誕生

初期旧石器時代　いまから数十万年前の洪積世の時代、地球の北半部が数回にわたって氷河におおわれた。氷河期には間氷期とよばれる中間期があり、人類はその温暖な気候条件の下に現われたのである。当時、人類はまだ農耕、牧畜を知らず、狩猟、漁労を営んで野生の植物の種子や果実などを採取し、打製の原始的な石器を用いていたが、この石器によってこの時代を旧石器時代といい、それを前期、後期、もしくは初期、中期、後期にわけている。

人類の出現

冲積世		
代　（原史時代）歴史時代		
〔金石併用時代〕金属器時代		
時代〕　新石器時代（磨製石器）	青銅器時代	鉄器時代
人類		

一九世紀の末、ジャワの東北部で人類と類人猿との中間的な形態を示す遺骨の化石が発見され、ピテカントロプス＝エレクトス（直立猿人、ジャワ原人）と名づけられ、のち北京西南方の周口店（チョーコーディエン）の石灰洞窟からシナントロプス＝ペキネン

直立猿人

地質年代	洪積世					
歴史年代	先史時					
氷河期	第2間氷期	第3氷河期	第3間氷期	第4氷河期		後氷期
考古学年代	石器時代					
	旧石器時代〔打製石器〕					〔中石器
	前期旧石器時代				後期旧石器時代	
	初期			中期	後期	
	シェレアン期	アシューレアン期	ムステリアン期	オーリナシアン期	ソリュートレアン期	マグダレニアン期
人類	古生人類			現生		
	直立猿人 北京人類 ハイデルベルグ人		ネアンデルタール人			周口店上洞人，クロ＝マニョン人，グリマルディ人

北京人類

シス（北京人類 北京原人）と命名された遺骨が発掘され、この両者の比較研究により、これらは頭蓋骨の形が類人猿に似ているが、ともに世界最古の人類であることが認められた。

北京人類は洪積世初期の間氷期に、洞窟に群居して不完全ながら言語を使用し、粗末な石英質の打製石器や簡単に加工した獣骨を用い、すでに火の利用を知り、野獣を捕えてその肉を火食していた。

細石器と骨角器

中期旧石器時代　北京人類から約十万年を経た中期旧石器時代の人類の生活が、北満州、モンゴリア高原、オルドス地方、さらにシベリアのイルクーツク市付近に展開されていたことが明らかにされている。このころになると、狩猟の意義が大きくなり、石器が進歩して種々の形の細石器が用いられるようになった。この細石器の文化は、これらの地方でのち長く続いて新石器文化の中心となったが、なお細石器とともに骨角器が盛んに用いられた。

後期旧石器時代　今から四、五万年前、氷河期が終っ

先史時代主要遺跡
□ 初期旧石器遺跡
⊕ 中期旧石器遺跡
◎ 後期旧石器遺跡
● 新石器遺跡
△ 青銅器（金石併用期）遺跡

て後氷期に入り、気候は概して寒冷であったが、このころ古生人類にかわって現在の人類の先祖である現生人類（ホモサピエンス）が現われた。

現生人類

当時、人類は主として狩猟に従事し、石器の製作が精巧となり、彫刻をつくり絵画を描き、古生人類よりも高い智能を示した。周口店の上洞人はこの時期に属し、なおこの時代の遺跡は、シベリアのクラスノヤルスク付近からも発見されている。

周口店上洞人

旧石器から新石器にはいる過渡期を中石器時代というが、この時期にはヨーロッパをおおっていた氷河が消え、気候がしだいに温暖となり、人類は洞窟から広々とした野外に開放されようとしていた。

中石器時代

第二節　文化圏の形成

新石器時代の展開　旧石器時代には、ヨーロッパを襲った氷河によって絶えず吹きつけられる寒風のため、アジアの内陸は全く乾燥した砂漠地帯となり、その地帯の土壌が華北、北満に吹き送られて黄土の累積を見たが、やがてそれがおさまって気候が温暖となり、人類は今までよりも余裕ある生活を営むようになり、ここに新石器時代が展開された。アジアにおける文化の地域性は、すでに旧石器時代の中ごろからやや現われているが、今やアジアの大部分には、自然環境によるいくつかの文化圏ができて農耕、牧畜を生産の基礎とする地帯も現われ、また人智の進歩とともに、人類は精巧な磨製石器をつくり、火の利用になれて土器を焼き、宗教意識も進んで巨石記念物を残している。

文化圏の形成

狩猟文化圏の成立　シベリア南部を中心とする半湿潤地帯では、狩猟、漁労を主とする文化が展開された。この地帯の住民は、丸太小屋あるいは竪穴（たてあな）の住居をつくって小集落を営み、石鏃（せきぞく）、石槍などで狩猟を、骨銛（もり）、骨鈎（はり）などで漁労を行ない、櫛目紋土器（カムケラミック）や多くの骨角器を使用していた。これら狩猟民の生活は、遊牧民よりも定着的であるが、農耕民よりは地縁性が薄く、経済的には貧弱な状態にあった。

狩猟民の生活
骨角器文化

半湿潤地帯北方の北極海に面する凍土地帯（ツンドラ）は、大部分が人類の生息に適しないが、半湿潤地帯が湿潤地帯と接する満州北部、東部、朝鮮東北部の住民は、中国の農耕文化の影響を受け、新石器時代には半狩猟半農耕民となった。また半湿潤地帯が乾燥地帯と接するオルコン、セレンガ両川地方やイェニセイ、オビ両川上

半狩猟半農耕民

流域などの森林に囲まれた草原地帯は、新石器時代の末、乾燥地帯の遊牧生活の影響をうけ、その地の住民が純狩猟から狩猟、遊牧兼業の生活に入った。

狩猟遊牧兼業民

遊牧文化圏の成立　アジア内陸の乾燥砂漠草原地帯は、一時、人類がほとんど生活できなくなったが、やがて気候の変化によって生活が可能となった。しかしこの地帯では農耕や狩猟が困難なので、水草を追って家畜を飼う遊牧生活が営まれた。この地帯の住民は、動物を処理するに便利な細石器を用い、土器を狩猟民や農耕民から学んだが、一般に革袋を用いた。かれらは移動しやすい簡単な住居を営んで地縁性が薄く、経済的には自給自足で、富の蓄積が困難であった。

遊牧民の生活

細石器文化

この乾燥地帯が湿潤地帯と接する中国北辺の長城地帯を中心として、興安嶺南部、甘粛、青海方面に至る地域と、パミール西部、アフガニスタン、北イラン、コーカサス方面との住民は、南方の農耕と北方の遊牧との合体である半農半牧の生活を営んでいた。

半農半牧民

農耕文化圏の成立　湿潤季節風地帯は、河川や沃土に恵まれて草木がよく繁茂するので、住民は早くから磨石斧などの農耕用の石器類を用いて農業を営み、余剰物資の貯蔵による富の蓄積が可能となって、最も進歩した文化の花を開いた。この地帯は、西南アジアの一部地域とインドおよび中国を中心とする地域とにわかれている。

農耕民と磨石斧文化

西南アジアの地方は、全体的には乾燥地帯に属するが、ペルシァ湾頭からチグリス、ユーフラテス両川に沿って北上し、さらに東地中海岸からエジプトのナイル川下流に至る地域は、肥沃な三日月地帯とよばれ、雨量が豊かで沃土に恵まれた湿潤地帯をなしている。チグリス、ユーフラテス両川の流れるメソポタミア地

三日月地帯

西南アジアの農耕文化

彩文土器

方の住民は、他の地域よりも早く新石器時代に入り、エジプト人とともに世界最古の農耕民となった。かれらは耕地の用水や排水などのために、集落を営んで村落共同体的社会を構成し、また土器製作の技術になれて彩文土器(彩陶)をつくった。

インドの農耕文化

インドでは新石器時代になると、有肩石斧、有段石斧などの精巧な磨製石器が農耕に用いられた。この形式の石斧は、ビルマ、マライ半島、インドシナから中国南部、フィリピン、台湾にまでおよんだ。

黄河流域の農耕文化

仰韶の遺跡

中国では肥沃な黄土層に恵まれた黄河の中流域が、開墾し易い無森林地帯であったので、新石器時代に、そこにすぐれた農耕文化がおこった。河南省仰韶(ヤンシャオ)の遺跡は、その時代の文化の様相をよく示している。この黄

第1図　スーサ出土彩文土器

第2図　甘粛出土彩文土器

原中国人

河中流域の住民は、現在の中国人と深い関係があるので、原中国人(プロト＝チャイニーズ)とよばれるが、かれらはかなり大きな集落をなし、竪穴に住んで

農耕生活を営み、家畜を飼養し狩猟を行ない、有孔の磨石斧を特色とするその文化は、華北一帯から華中、南満、北満の一部に分布した。またかれらはその創作にかかる灰陶（かいとう）すなわち鬲（れき）、鼎（てい）とよばれる三足土器のほかに、西南アジア起原の彩文土器を用いていた。この彩文土器の製作技術が、灰陶に応用されて現われたのが黒陶である。黒陶は河南省北部、山西省南部におこって中国各地に波及し、のちの青銅器の原形はほとんどこのうちに認められ、山東省城子崖（チュンズアイ）の遺跡が黒陶の発見で名高い。

灰陶と彩文土器

黒陶文化

文化圏と始祖伝説　自然の環境条件によって現われたアジアの諸種の文化圏は、のちの歴史や国家、社会に大きな影響を与えたが、アジア諸民族の始祖伝説の上にも反映している。南方暑熱のインドでは、農業に水が必要欠くべからざるものなので、水の支配者の竜を神として祖先と考え、これに対して北方の温暖な農耕地帯では、太陽を崇拝して祖先とし、あるいはその気に感じて祖先が生まれたとしている。また乾燥地帯の遊牧民は、その先祖が狼などの獣類に関係ある所伝を伝え、半農半牧や半狩猟半農耕の地帯にも、その地の住民の生活を反映した始祖伝説が行なわれている。

氏族社会より国家の成立へ　人類は原始的な生活を営んでいたころから、いくつかの家族が狩猟や漁労でたがいに助けあって群をなしていたが、これによって団結の意識が芽ばえ、やがて血縁を同じくし、また同じくすると信ずるものが集まって、氏族共同体とよばれる社会的集団を組織した。この氏族社会は同祖観念によって強く結合していたが、定住の度がたかまり、農耕が行なわれるようになると、それは血縁的な集団から地縁的な集団に移っていった。これが村落共同体である。これを構成する氏族の人々は平等な関係にあって、土地を共有していたが、生産の発展にともない、財産の私有がはじまって階級の分化を生じ、また家

群の生活

氏族社会

村落共同体

族単位での行動が可能となり、血縁の最も近いものが、家長である経済力の強い父や夫を中心として家父長制家族をつくり、有力な家族の長が他の貧しい家族の上に立ち、氏族を統制して氏族の長の地位を世襲し、さらに他の氏族をあわせて部族をつくり、あるいは戦争の捕虜などを奴隷として使役した。かくして新石器時代の末期から青銅器時代になると、広大な土地や多くの奴隷と富とをもつ氏族の支配者が、宗教をも掌って他の氏族や部族を統合して王となり、ここに国家的規模をもつ集落が現われてきた。これが国家のおこりである。

部族

国家のおこり

第三節　青銅器文化の展開

メソポタミアの先住民

メソポタミアの大勢　西南アジアのチグリス、ユーフラテス両川の間のメソポタミアの地方は、エジプトとはちがって、周囲から侵入してくる諸民族抗争の場であった。この地方には彩文土器をつくった民族が早くからおり、世界にさきがけて農耕の生活に入ったが、前三〇〇〇年ごろ、アジア系のシュメール人がこれらの先住民を圧倒してこの地方に定住した。かれらはチグリス、ユーフラテス両川の洪水を防いでそれを利用するため、運河や貯水池をつくって用水の便を図ったので、農業生産が発展して人口が増加し、ウル、ウルク、ラガシュ、ウンマなど多くの都市国家が成立した。シュメール人は楔形(くさびがた)文字のもとである絵文字を書きはじめ、冶金の技術を習得して青銅器製作の方法を知り、それは武器、農具を発達させて武力、農業生産の発展をもたらした。しかも青銅器の材料である銅や錫は遠い産地からとりよせ、製作には専門の技術を必

シュメール人

青銅器の出現

要とし、人々は代償を払って技術者から青銅器を求めなければならなかったので、交通、交易や需要供給の経済の発達がうながされ、社会生活が複雑になった。

アッカド王国

シュメール＝アッカド王国

古バビロニア王国
ハンムラピ法典

ところで、狭いメソポタミアの地域は、増加する人口を収容しえないので、シュメール人は早くから周囲の諸地域や遠く西北インドその他と貿易を行ない、それがためその文化が各地に伝わったが、当時、都市国家の間には、銅などの産地や商業路、市場を独占しようとして激しい争いが続けられ、かくてシュメール人の社会は統一国家の成立を見ないうちに、北方のセム系の遊牧民アッカド人に征服された。アッカド人の統率者サルゴンは、ペルシァ湾から地中海岸にわたる広い地域に中央集権の官僚政治を行なったが、のちその衰えたのに乗じ、グティ人が侵入し、ついでシュメール人がグティ人を追って独立を回復し、シュメール＝アッカドの王を称した。前二千年代には、東方からシュメール系に近いエラム人、西方からセム系のアモル人の侵入があり、やがてアモル人がシュメール＝アッカド王国を滅ぼし、バビロンに拠って古バビロニア王国をたてた。この国は八王朝、約一三〇〇年の歴史を残したが、その第一王朝第六代のハンムラピ王は、完備した法典の編集で名高く、メソポタミアおよびその隣接地方を征服して世界の王と称し、内は治水事業や行政組織を整えて商業を奨励した。当時の社会は奴隷の労働を生産の基礎とし、天文学が発達して太陰暦がつくられ、十二進法の計算がはじめられ、バビロンの農業神マルドゥクを最高神とし、王はその選ぶところの絶対的な君主であった。

インダス文明　インドには古くからオーストロアジア系のドラヴィダその他の住民がおり、かれらは古くから農耕に従事し、メソポタミア方面の文化、特に青銅器鋳造の技術を伝えられ、インダス川流域にすぐれ

ハラッパーとモヘンジョ＝ダロ、チャーンフ＝ダロ

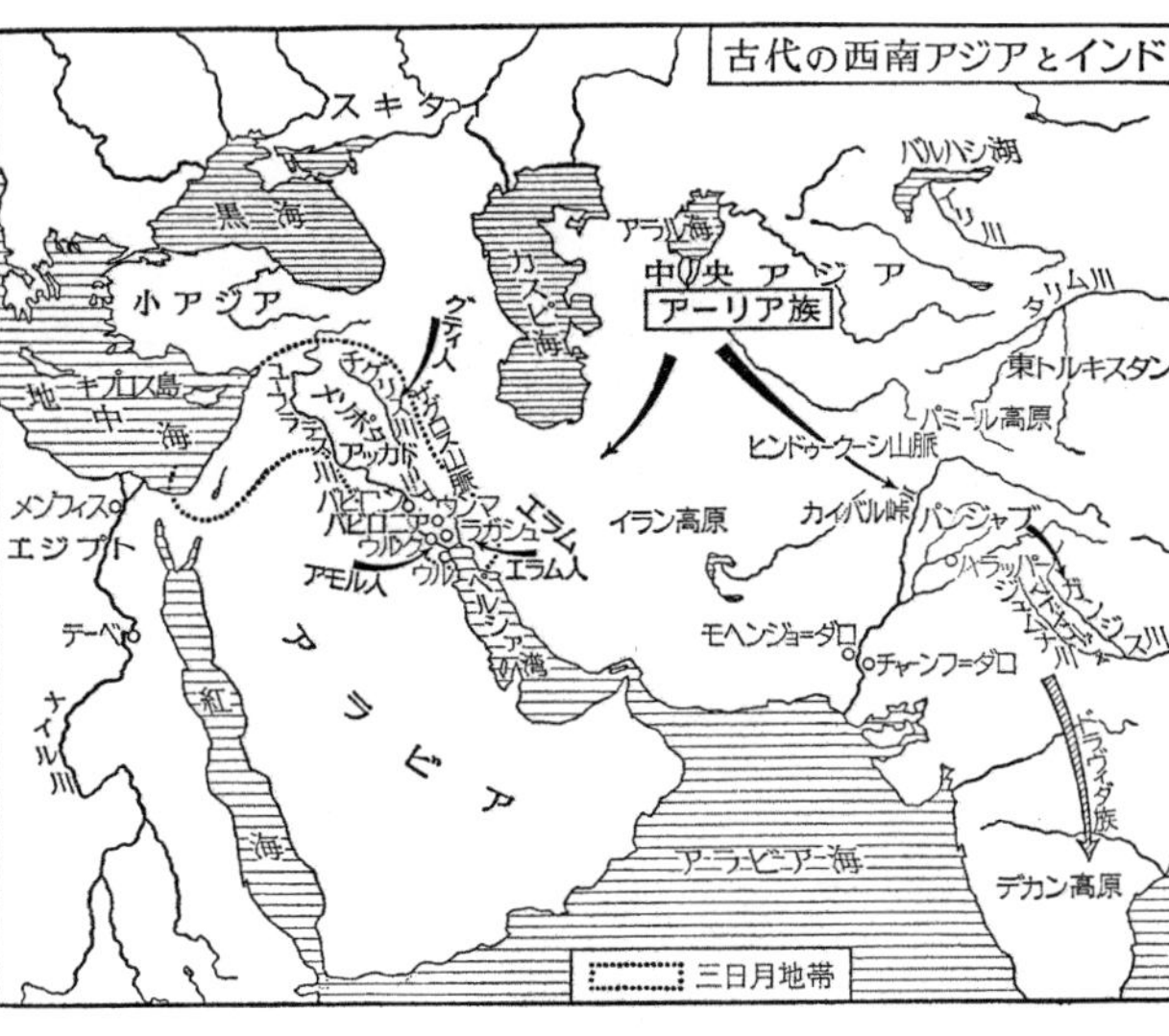

た文明を生んだ。インダス川上流のパンジャブ地方のハラッパー、下流のモヘンジョ＝ダロ、チャーンフ＝ダロの遺跡がそれを示すものである。これは前二〇〇〇年を前後とする金石併用時代の都市国家の遺跡で、外郭に城壁がめぐらされて舗装された道路が四通し、下水や礼拝堂、公衆浴場の設備もあった。当時、金、銀、銅あるいは青銅製の器具がつくられ、彩文土器や動植物と象形的な文字とを刻んだ土製の印章が使用されていた。郊外の住民は、大麦、小麦などを栽培し、牛、羊、豚などを飼っていたが、馬を知らなかった。このインダス文明が、以後どんな経路をたどったか不明のうちに中断され、やがて前一五〇〇年ごろ、アーリア族のインド侵入がおこった。

アーリア族の移動

アーリア族の発展　アーリア族は中央アジア方面に拠って、はじめ農主牧従の生活を営み、のち西南アジアの青銅製武器を学んで牧主農従の民に転じ、軍馬を用いて車戦や歩騎戦に著しい威力をもつようになったらしい。かれらは前一五〇〇年ごろ新行動をおこし、その一派はイラン高原に入ってペルシァ＝アーリアと

インド＝アーリアの活躍

第3図　モヘンジョ＝ダロ遺跡

第4図　モヘンジョ＝ダロ出土印章

なり、他の一派はインドに入ってインド＝アーリアとなり、別の一派は小アジア、ギリシァ方面に向い、また中央アジアから南ロシアにはびこり、東は東トルキスタン（シナ＝トルキスタン）方面に入るものもあった。

インドに向ったアーリア族はヒンドゥークーシ山脈を越えてパンジャブ地方に侵入し、この地方に拠って牧主農従から農主牧従の民に転じ、先住のドラヴィダ系その他の諸民族を追って発展していった。かれらの社会は、家父長の下にある大家族が、氏族、さらに部族を構成し、氏族の長の中から選ばれた部族の長が王（ラージャ）として全体を支配し、社会階級としてはアーリア族の自由民と先住民の奴隷とがあった。アーリア族は

リグ＝ヴェーダ

新征服地の自然環境の強い刺激をうけ、自然現象やその背後にある威力を神として崇拝した。かれらの文化を表徴するリグ＝ヴェーダは、これらの神々に対する讃歌を集めたものである。前一〇〇〇年ごろ、アーリア族はさらに東方のガンジス川、ジュムナ川の流域に進出して農業を主とし、都市を建設し、それを中心として多くの小国家をつくるようになったが、まだ政治的統一はなかった。このころになると、ヴェーダを中心とする祭祀の儀式が複雑となって宗教の形を整えた。これがバラモン教である。そしてバラモン（僧族）が社会の最高地位を占め、バラモン、クシャトリヤ（王族士族）の治者階級、ヴァイシャ（平民）、シュードラ（奴隷）の被治者階級の四種姓、すなわち後世永くインドの社会を束縛したカースト制度の初期の形態が成立し、階級の別が厳重に維持された。またこのころには、リグ＝ヴェーダにつぐサーマ、ヤジュール、アタルヴァの三ヴェーダとヴェーダの説明的文献であるブラーマナ（梵書）がつくられた。

バラモン教

カースト制度

三ヴェーダとブラーマナ

スキタイ

また中央アジアから南ロシアにおよぶ乾燥地帯には、アーリア系と考えられるスキタイあるいはサカとよばれる民族がおり、かれらは純遊牧の生活を脱して騎馬民族となり、前六世紀ごろ、めざましい活躍を示し、その影響は東アジアにも及んで匈奴（きょうど）の登場を見た。さらに東トルキスタンのオアシス地帯にもアーリア族がいりこみ、かれらを通して西方の鋳銅技術や新兵器を伝えられた黄河上流の山岳地帯に拠る狄（てき）、犬戎（けんじゅう）などが、力を伸ばして黄河平原の農耕地帯に侵入し、掠奪を盛んに行なった。

東トルキスタンのアーリア族

殷とその文化　黄河中流域のいわゆる中原の地には、早くから漢民族が拠って農耕に従事し、大小の集落（邑）をつくってたがいに争っていたが、やがて他の集落を圧倒して王とよばれるものが現われた。伝説によれば、中国の古帝王に三皇五帝や堯（ぎょう）、舜（しゅん）、禹（う）の三王があり、その継承が血縁によらないで、徳によって決

三皇五帝と三王

三皇五帝

三皇	
燧人　伏羲　神農	尚書大伝
伏羲　女媧　神農	春秋運斗枢
伏羲　祝融　神農	礼号諡記
庖犠　女媧　神農	史記、三皇本紀
(天皇　地皇　泰皇)	史記、秦本紀
五帝	
包犠　神農　黄帝　尭　舜	易の繋辞伝
大皞　炎帝　黄帝　少皞　顓頊	呂氏春秋
黄帝　顓頊　帝嚳　尭　舜	史記、五帝本紀

夏

定し(禅譲)、禹の時から王位が世襲となって夏王朝が現われたというが、これらは後世の思想上の産物であって、最初の確実な王朝と認められるのは、夏に代ったと伝えられる殷(商)である。

殷墟

殷の成立は前一五〇〇年ごろと考えられ、その後半期の都であった河南省安陽市方面の殷墟を商邑といい、それを国名として商と号した。

殷代の社会

殷代の社会は原始氏族制がくずれて階級が分化し、王のもとに王族、貴族の支配階級

殷世系(子姓湯が夏を滅ぼしてから三〇代六百四十五年続いたと伝う)

(一)湯(天乙)—太丁—(四)太甲
(一)湯(天乙)—(二)外丙
(一)湯(天乙)—(三)中壬
(四)太甲—(五)沃丁
(四)太甲—(六)太庚—(七)小甲
(六)太庚—(八)雍巳
(六)太庚—(九)太戊—(一〇)仲丁
(九)太戊—(一一)外壬
(九)太戊—(一二)河亶甲—(一三)祖乙—(一四)祖辛—(一六)祖丁
(一三)祖乙—(一五)沃甲—(一七)南庚
(一六)祖丁—(一八)陽甲
(一六)祖丁—(一九)盤庚
(一六)祖丁—(二〇)小辛
(一六)祖丁—(二一)小乙—(二二)武丁—(二三)祖庚
(二二)武丁—(二四)祖甲—(二五)廩辛
(二四)祖甲—(二六)庚丁—(二七)武乙—(二八)太丁(文武丁)—(二九)帝乙—(三〇)紂(帝辛)

および庶民があり、多数の被征服民の奴隷が農耕、手工業、家事などに従事し、この奴隷労働の上に殷代の文化が栄えたのである。王位の継承は、はじめ兄弟相続で、のち父子相続となり、王は政治、宗教の権威者であった。

祖先神の崇拝

殷では祖先神を崇拝し、政治、軍事のすべてが巫（ふ）の伝える神意によって決定し、王は巫の長でもあった。

天の思想

祖先神は帝、上帝とよばれ、殷末には天界の主宰者として、天ともいわれるようになった。

亀甲獣骨

神意は卜占によってうかがい、それには亀甲、獣骨の表面に原始的な卜辞（ぼくじ）を刻んだが、この甲骨文字は実に漢字の起原となった。殷墟からは青銅製の容器や利器などとともに、無数の亀甲、獣骨が出土し、それに刻まれた文字を読むことによって殷代の社会が明らかにされている。当時の主な産業は農業と牧畜、特に農業で、黍（きび）、稷（高粱）、麦などを栽培し、桑を植えて養蚕を営んでいた。農民は石器で日常の用をたし、農具は石器、木器で、青銅器は主として上層階級の利器、祭器に用いられた。

殷は商邑とその郊外の地域とを支配していたが、周辺には多くの邑が

第5図　殷墟(王陵と考えられるもの)

第6図　殷墟出土の甲骨文字

散在し、殷はこれらを服属して、侯とか、伯とかにした。しかしこの地域の外には、西北に苦方（方は邦の意）、土方、東に人方などの独立した部族国家があり、殷はこれらとしばしば争い、末年には人方の遠征に失敗して大いに国力を消耗した。

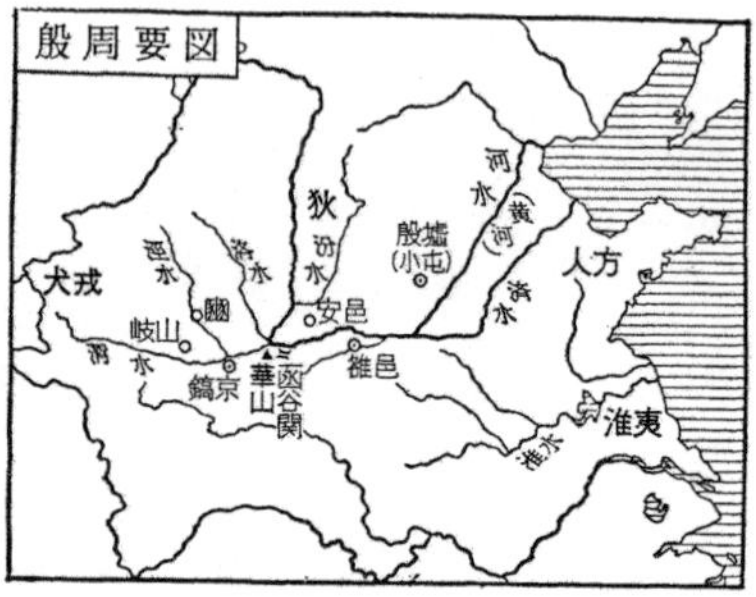

周の建国

周の興起とその社会　殷が黄河の中流域に拠っていた時、陝西省渭水盆地の豊かな農業地帯に、周人の勢力が発展してきた。殷は東方の沿海民族と深い関係があったといわれるが、はじめ殷に服属していた周は、西方黄河上流の戎人と密接な関係をもち、かれらから青銅製の新鋭武器を伝えられ、発達した農業生産力を背景として、前一一〇〇年ごろ、諸部族を糾合して殷を滅ぼし、陝西省西安付近の鎬京（西都）に都し、東方に広がった領土統治のため、河南省洛陽付近に東都雒邑を営んだ。そして周は殷代の天の思想を修正し、天界の主宰者である天の命をうけて人民を支配するものを天子といい、天命をうけたものの後継者に不徳なものが出れば、天命がたちまち改まって他に移るから（これが革命である。不徳の君を倒してこれに代るのを放伐という）、王者は徳を修めて天命を維持すべきであるとして、周の立場を正統化した。これはのちの儒家の思想に深い関係をもっている。周は諸制度を整え、また

西都と東都

有徳受命説

殷周要図

周礼の六官	
天官	長は冢宰、庶政を統ぶ
地官	長は大司徒、民治、教育を掌る
春官	長は大宗伯、礼楽、祭祀を掌る
夏官	長は大司馬、軍事を掌る
秋官	長は大司寇、刑罰、裁判を掌る
冬官	長は大司空、土木を掌る
備考	六官はそれぞれ六十官にわかれて三百六十官、官吏は三千八百六十余人あったと伝う。なお刑罰には、黥、劓、刖、宮、辟あり、これを五刑という。

封建制度

領土防衛の必要から、一族、功臣に封土を与えて諸侯（公、侯、伯、子、男の五階級がある）とし、殷以来の土着の首長をも諸侯に封じて封建制度を行なった。そして天子、諸侯の下には、主家から分家した卿、大夫、士（上士、下士）のいわゆる士大夫階級があり、かれらは教養として六芸（礼、楽、射、御、書、数）をおさめ、官職と采邑とを与えられ、身分を世襲した。この周の封建制度は、従来の氏族体制につながりをもち、血縁関係による支配力の確保を目的とした政治組織で、ヨーロッパ中世の封建制とはちがっている。中国古代では、同じ氏族を示すために姓が用いられ、姓

周世系（姫姓三十七代八百六十八年と伝う、ほかに東周の恵公が七年）

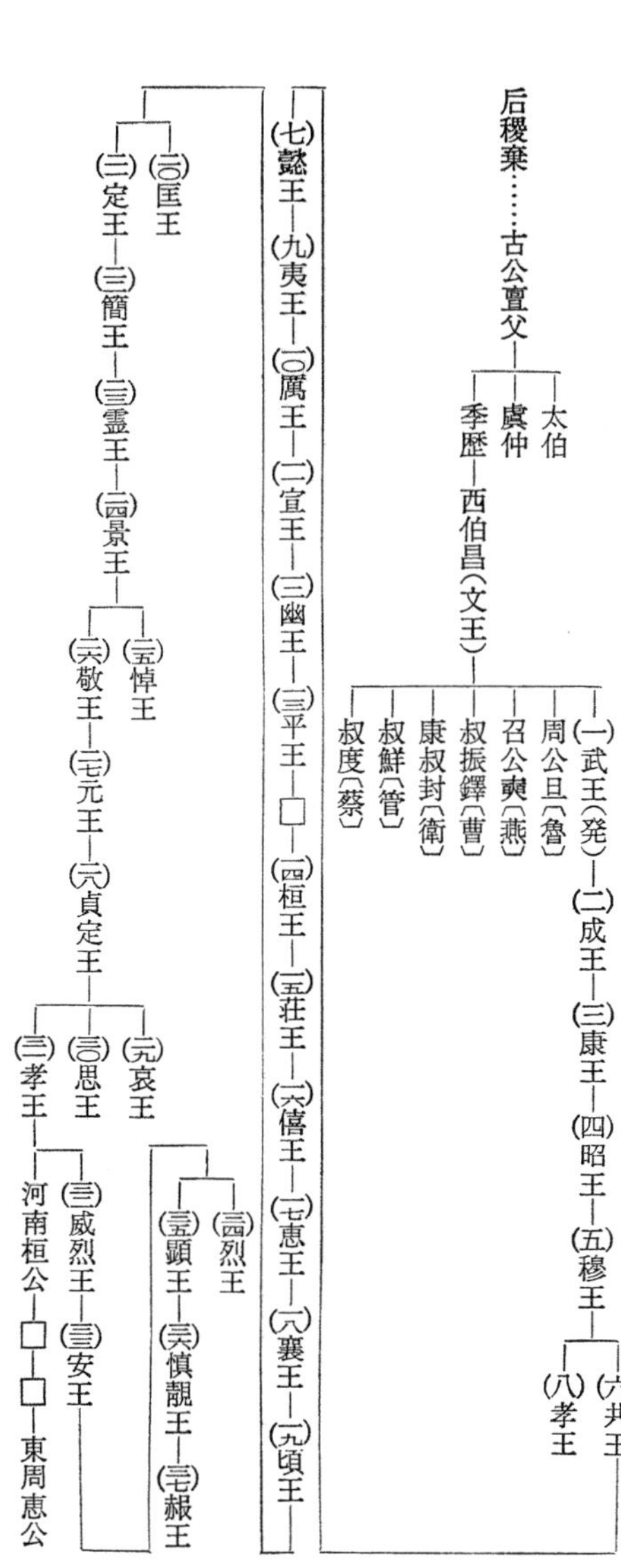

姓と氏
がわかれて氏となったが、このような分散は血縁関係をゆるめ、封建制度を弱めるので、周は氏族制度を再編成して宗法の制度を定めた。

宗法
これは本家、分家の関係や封建制度内の身分、地位を定め、祖先の祭祠、相互扶助などによって一族の団結を強めようとするもので、士人の間に行なわれたが、周はこのような血縁的秩序を基礎として同姓の諸侯を服従させ、また同姓不婚の制によって異姓の諸侯を統制した。

同姓不婚
周代には、農具がなお石器、木器で生産力が低く、農業を営むには多数の労働力を必要としたので、農民は血族的な大家族集団をなし、公有とされていた土地がおのおのの家族にわりあてられ、公田に対

井田法
する徭役(労働奉仕)に服してその収穫を上納し、集団的に奴隷化されていた。孟子のいう井田法の助法がそれであると考えられる。

第7図　周代の鼎

中華思想
このようにして周の支配がしだいに安定し、文化の著しい発達を見ると、ここに中国人はその文化を四隣の異民族に誇って強い中華思想をもつようになった。しかしのち周王の諸侯に対する統制力が弱まり、また周の繁栄に刺激されて、狄、犬戎などの侵入が激しくなり、前七七〇年ごろ、周は東方の雒邑に遷都した(東遷以前の周を西周、以後の周を東周とよぶ)。

周室の東遷

〔参考文献〕

駒井和愛編　考古学概説　世界社

江上波夫・駒井和愛編　東洋考古学（世界歴史大系）　平凡社

梅原末治著　東亜考古学概観　福村書店

水野清一著　東亜考古学の発達　大八洲出版株式会社

浜田耕作著　東亜文明の黎明　創元社

八幡一郎・石田英一郎編　先史時代（世界史大系1）　誠文堂新光社

秀村欣二編　文明の発生（世界史大系2）　誠文堂新光社

梅原末治著　東亜の古代文化　養徳社

アンダーソン著・松崎寿和訳　黄土地帯　座右宝

護雅夫・神田信夫編　北アジア史（世界各国史）　山川出版社

角田文衛著　古代北方文化の研究　祖国社

マッケー著・竜山章真訳　インダス文明　晃文社

中村元　インドの古代社会（アテネ文庫）　弘文堂

ブーグレ著・藪中静雄訳　インドのカスト　大鵬社

E・キェラ著・板倉勝正訳　粘土に書かれた歴史（岩波新書）　岩波書店

前嶋信次編　西アジア史（世界各国史）　山川出版社

貝塚茂樹編　古代殷帝国　みすず書房

郭沫若著・藤枝丈夫訳　支那古代社会史論　内外社

宮崎市定著　中国古代史概論（東方文化講座八）

加藤常賢著　中国古代の宗教と思想（東方文化講座三）

出石誠彦著　支那上代思想史研究　福村書店

李亜農著・中村篤二郎訳　中国の奴隷制と封建制　日本評論新社

第二章　アジア諸文化圏の成立

第一節　西南アジア文化圏の成立

古バビロニア第一王朝の滅亡

ハッティと鉄器

鉄器の出現とオリエントの統一　前二〇〇〇年代、西南アジアではアーリア系民族の移動によって、多くの国々が激しく争ったが、それは西南アジアが一つの世界を形成するための陣痛であった。メソポタミア南部に、はじめて強力な中央集権国家をたてた古バビロニア王国の第一王朝は、ハンムラピ王以後、東方から侵入するカッシュ（アジア系で支配階級はアーリア系）、西方から迫るハッティ（ヒッタイト。アーリア系の民族が小アジアに侵入し、原住民のハッティと混血したもの）と争い、前十六世紀ごろハッティのために滅ぼされた。ハッティについて注意すべきは、かれらが鉄器を使用し、それを西南アジアに広く伝えたことである。鉄の使用は前二〇〇〇年代、小アジア方面におこったといわれるが、鉄は銅や錫とちがって世界の各地に豊富に産出し、それによって武器が鋭利となり、農具としても広く普及し、文化発達の上に大きな影響を与えた。

アッシリアの統一

古バビロニア第一王朝の滅亡後、ハッティ王国、カッシュ王国のほか、ミタンニ王国（アーリア系。チグリス、ユーフラテス上流地方に拠る）が勢を張り、またシリアにフェニキア人、パレスチナにヘブライ人などの新興勢力が現われてたがいに争ったが、やがてセム系のアッシリアの勢力が勃興した。アッシリアはチグリス上流に定着して農耕、牧畜に従事

四国対立

ペルシァの大統一

する文化の低い勇敢な民族で、シュメールやバビロニアの文化を摂取し、特にハッティから鉄製武器を伝えられて軍備を充実したので、向うところ敵なく、前八、九世紀の間に西南アジア全土からさらにエジプトを征服し、被征服地を属州として総督をおき、統治と徴税とに当らせた。アッシリアはこのようにして、オリエント統一の先駆となったが、征服手段や統治が残忍であったので、被征服民がしだいに離反し、前六一二年、新バビロニア(カルデア)、メディア、リディアのために滅ぼされた。そののちエジプト、メディア、リディア、新バビロニアの四国が対立したが、間もなくアーリア系のペルシァ人のために征服された。ペルシァ人ははじめ同系のメディアに属していたが、前六世紀の中葉、アケメネス家のキルスがでるに及んで、たちまちメディア、リディア、新バビロニアを滅ぼした。このアケメネス朝ペルシァは、アッシリアの遺領に加えて中央アジア、インドの境界に達する地方やエジプトをも征服し、ダリウス一世のころには、官僚組織、駅伝制度が整い、アッシリアの属州制を採用して全国を二〇州(サトラピー)にわけ、知事(サトラプ)をおいて統治させ、かくしてここに空前の中央集権的大統一国家を完成した。またペルシァで

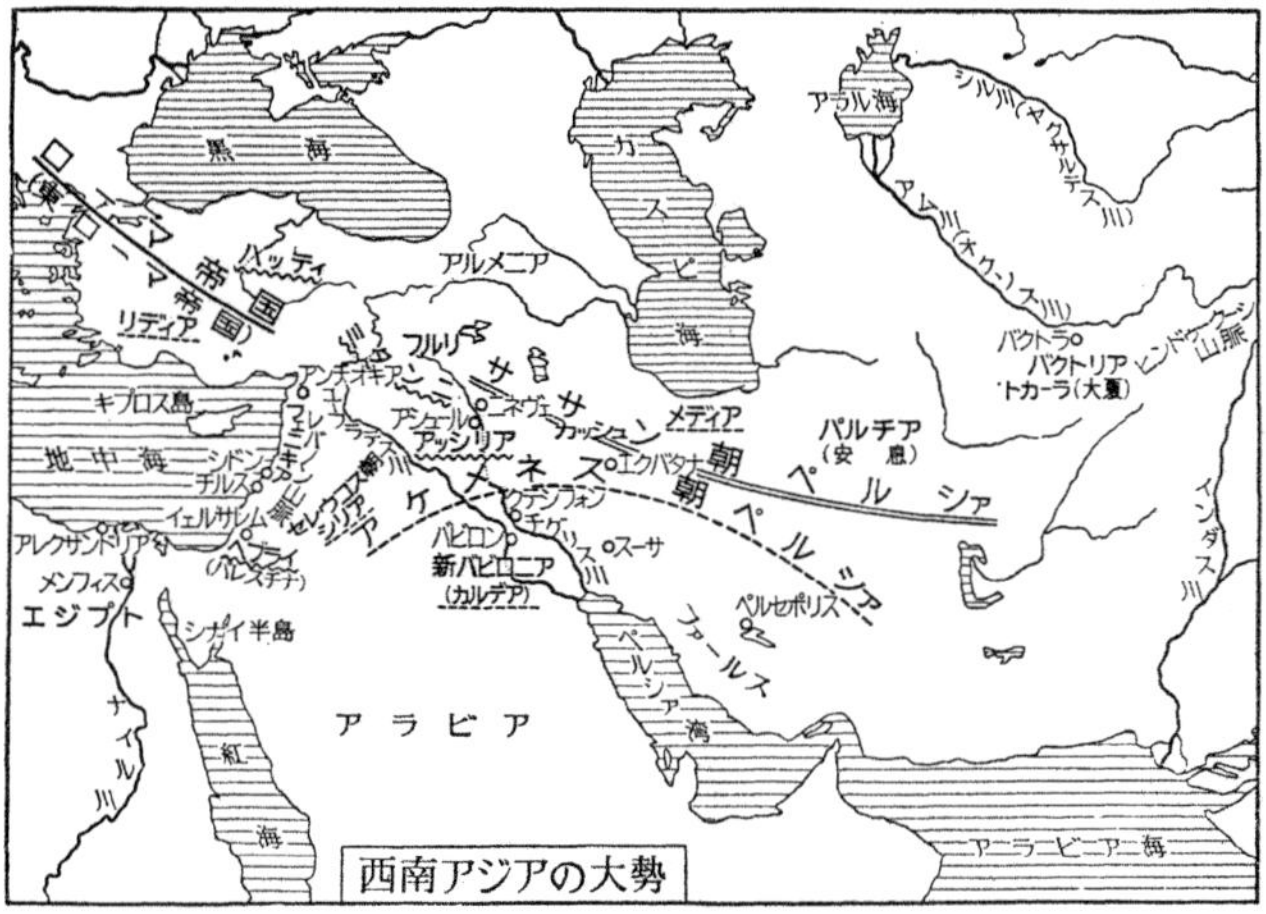

西南アジアの大勢

は、海陸の交通が大いに開けて経済上にも繁栄し、文配下のエジプ

ペルシァ世系（アケメネス家 一一代 二百三十年）

アケメネス……(一)キルス—(二)カンビセス
　　　……(三)ダリウス一世—(四)クセルクセス一世—(五)アルタクセルクセス一世—
(七)ダリウス二世—□—□—(一一)ダリウス三世
(六)クセルクセス二世—(八)アルタクセルクセス二世—(九)アルタクセルクセス三世—(一〇)アルセス

ゾロアスター教

トとバビロニアとの文化が融合して、ここにオリエント世界の統合を見、宗教上ではゾロアスター教が確立した。この教は古くからイラン地方に行なわれていた原始宗教に基づき、前六、七世紀のころ、ゾロアスターがはじめたもので（経典をゼンド＝アヴェスタという）、善悪両神の対立闘争と善神の勝利とを説き、善神の表徴である火、太陽を神聖なものとしたので、拝火教ともよばれる。

ペルシァ戦役　アレクサンダー大王　ヘレニズム

ギリシァ勢力の東漸とその影響　オリエントの統一を実現したアケメネス朝ペルシァは、地中海を中心として通商貿易に活躍するフェニキア人を利用し、商権を海外に拡張していった。このペルシァ勢力の発展は、このころ海上に進出してきたギリシァの貿易を圧迫し、両勢力の衝突が多年にわたるペルシァ戦役となったが、やがてギリシァの民族的統一を完成したアレクサンダー大王がペルシァ遠征の途に上り、バビロンに入ってペルシァを滅ぼし、さらに中央アジア、インドの西北部にまで軍を進めた。大王はギリシァ文化のアジアへの普及とともに、ペルシァ文化の保護を図って東西文化の融合につとめたので、ここにオリエントの文化とギリシァの文化との融合したヘレニズムの文化が成立した。しかし大王の死後、その広大な領土はたちまちくずれ、アジアの領土の大部分は、シリア王を称した大王の部将セレウコス＝ニカトールの有に帰

セレウコス朝シリア
パルチア

した。かれは大王の遺業を継承したが、やがてギリシァの勢力に対する反動がおこり、イラン高原に拠るスキタイ系の遊牧民族が、前二五〇年ごろパルチア国（安息）をたてた。パルチアはセレウコス朝を地中海岸に後退させ、インド西北部からメソポタミアにおよぶ大版図を開き、イラン化の傾向を強く示してゾロアスター教を支持し、また東西の通商につとめた。一方、中央アジアのアム川の上流のギリシァ人は、本国との関係

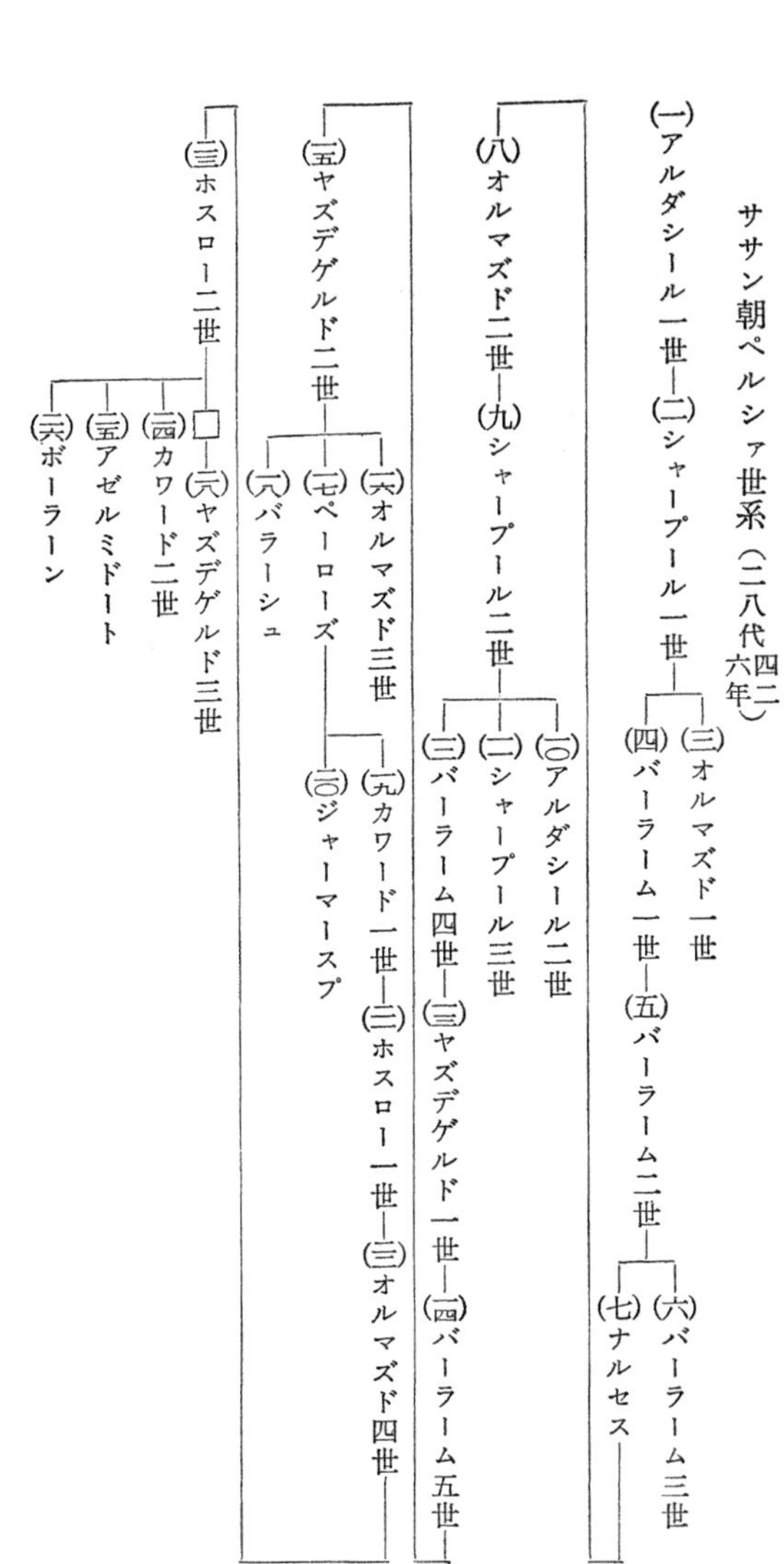

バクトリアとトカーラ

を絶たれたので、独立してバクトリア国をたてた。バクトリアは、バクトラ（バルク付近）を都として約一世紀の間、ギリシァ勢力の根拠として栄え、一時その勢力をインダス川流域におよぼしたが、前一五〇年ごろ、シル川方面から侵入してきたスキタイ系のトカーラ（大夏）に滅ぼされた。

ローマ帝国の進出

ササン朝ペルシァの盛衰とその文化　パルチアがシリアを圧迫していた時、ローマ帝国がこの方面に強く力を伸ばし、前六五年セレウコス朝シリアを滅ぼしたので、これよりメソポタミア、アルメニアの争奪をめぐって、パルチアとローマとの抗争が久しく続いた。このころパルチアの支配下にあって、ファールス地方に半独立の地位を保っていたペルシァの勢力が勃興し、二二六年パルチアを倒してクテシフォンに都を定め、アケメネス朝ペルシァの栄光を復活した。これがササン朝ペルシァで、ここにペルシァ人は異民族の支配を脱し、民族的自主性をとりもどした。

ササン朝の成立

ササン朝は中央集権の確立に努め、六世紀のころ、ホスロー一世がでてその極盛期を現出し、東ローマ帝国（ビザンチン帝国）を圧迫してアラビア半島にまで手を伸ばし、西は黒海から東は中央アジアに至る大領土を占有するとともに、文学を奨励して産業を保護し、インド、ギリシァの文化の輸入に努め、建築様式や工芸品の図案に特殊なものをつくった。

ササン朝の宗教

ササン朝はまたペルシァ文化の復興を図ってゾロアスター教を国教としたが、三世紀の中ごろ、マニがキリスト教、仏教などを加味してゾロアスター教を改革した。これがマニ教である。

マニ教

ササン朝ではゾロアスター教を強制せず、他の宗教に対して寛大であったので、仏教、ユダヤ教

第８図　ササン朝の漆喰浮彫装飾

が行なわれたほか、ネストリウス派のキリスト教なども流入したが、マニ教に対するゾロアスター教徒の迫害がはなはだしく、宗教事情が複雑をきわめて社会の混乱を招いた。そして六世紀以後、ササン朝は貴族の内紛がおこって王権が衰え、また東ローマ帝国に破られて国土壊滅の状態に陥った。

第二節　インド文化圏の成立

十六王国の分立

マガダ国の発展と新宗教の成立　アーリア族はガンジス流域に発展し、多くの都市国家をたてて争ったが、やがて前七世紀から六世紀にかけて、十六の有力な国々が分立した。当時、ガンジス川とジュムナ川との中間地方は、農業のほかに商工業も栄え、文化の中心とされて中国(マドヤデシャ)地方とよばれたが、この地域からはずれたガンジス中流以東では、自由思想がみなぎってヴェーダやバラモンの儀式をあまり重んじなかった。その中で、ガンジス中流以北に拠るコーサラ国と中流以下を占めるマガダ国とが優勢となり、前六世紀ごろマガダ国におこったシャイシュナーガ朝がコーサラ国を制圧し、前五世紀ごろにはパンジャブ地方を除く北インドの大半を平定した。

コーサラとマガダシャイシュナーガ朝

アーリア族のガンジス流域への進出にともない、バラモン階級は社会の指導権を握ったが、やがてかれらの専横堕落が著しく、バラモン教が全く固定化した。バラモン階級はブラーマナをつくって宗教的儀式を完成したが、ついでヴェーダの祭式を神秘的に意味づけるとともに、宇宙の本源や人生の本質を探究してアーランヤカをつくった。このような内省的傾向が現われてきたのは、バラモン階級の中にも祭式万能に不満を

アーランヤカ

ウパニシャッド哲学

感じたものを生じたことによるが、このアーランヤカの最後の章がウパニシャッドである。ウパニシャッド哲学の成立は前七世紀ごろと考えられるが、それはバラモン教の外形的な祭式やヴェーダの権威に反抗し、宇宙の根源ブラーマン（梵）

梵我一如

と人間の本体アートマン（我）とを一致させることにより、人類が一切の苦しみから脱しうるとしたのである。これに刺激されて、インドの思想界は大いに活気を呈し、反バラモンの新思潮がおこるとともに、一方、クシャトリヤ階級がバラモン階級よりも優位を占めるようになり、その中から釈迦（シャカ族の賢者の義である釈迦牟尼の略。姓はゴータマ、名はシッダルタ）が現われて仏教を開き、マハーヴィーラ（大勇の義。本名はヴァルダマーナ）がでてジャイナ教（ジナ教ともいう）を唱え、ともにシャイシュナーガ朝の保護をうけて発展した。

仏教の成立

釈迦はアーリア系のシャカ族がネパール方面にたてたカピラ国の王子で、人生の苦悩解決を求めて出家し、苦業冥想ののち悟りを開いて仏陀（覚者）となり、多年にわたってその教をひろめた。かれはカーストを無視して人類の平等を唱え、無常無我を理想とし、それを信じない現実は一切皆苦であり、苦の集まるところは愛欲であるから、愛欲を滅して苦からのがれるためには、八正道（正見、正思、正語、正業、正命、正精、正念、正定）の修業を行なって苦集滅道の四正諦を正しく理解すべきであり、これによって涅槃に入り、輪廻の苦しみから解脱しうると説いた。

ジャイナ教

仏教は特にクシャトリヤ階級の支持をえたが、これに対してジャイナ教はヴァイシャ階級の間に多くひろまった。この教もまた人生を苦として解脱を説き、三宝（正見、正智、正業）によって霊魂が救われるとし、禁欲、苦行を重んじて不殺生を鼓吹した。

ラーマーヤナとマハーバーラタ

このような思想上の革新運動、新宗教の興起とならんで、文学ではマハーバーラタとラーマーヤナとの二大史詩の原型が成立した。これらはともにクシャトリヤ階級を題材としているが、それは国家、社会の発展にともなって、政治、軍事を担当する王者、武人の社会的地位が向上したことを示している。

ナンダ朝

インドの統一　インドではシャイシュナーガ朝によって統一国家出現の形勢が見えてきたが、前四世紀ナンダ朝がこれに代った。これよりさき前六世紀、アケメネス朝ペルシアがパンジャブ地方をその一州とし、ついでアレクサンダー大王の軍がインダス川流域に至った。これはインドをヘレニズム世界に結ぶ基となる

第 9 図　アショーカ王の刻文石柱（右）
第 10 図　サーンチーの塔（上）

マウルヤ朝の成立

とともに、インド人に強い刺激を与え、前三二一年チャンドラグプタがナンダ朝を滅ぼしてマウルヤ朝をたて、インダス、ガンジスの両地域を一主権のもとに統合し、パータリプトラ（いまのパトナ）に都した。このころ派遣されたセレウコス朝シリアの使節メガステネスは、この都の繁栄を詳しく伝えている。

アショーカ王

チャンドラグプタの孫アショーカ王の時には、マウルヤ朝は最南部を除く全インドを支配して極盛期を現出した。王は中央集権による統治組織を整え、施政方針を示す命令を石柱に刻んで領内の各地にたて、特にその広大な領土の統治について、仏教による思想統一の必要を感じ、深く仏教に帰依した。当時は未だ仏像がつくられず、釈迦の遺跡を記念し、あるいはその遺骨を安置する塔が盛んにつくられたが、それには中インドのサーンチーの塔が名高い。

仏典の結集

伝えによれば、教理の不統一を防ぐため、すでに仏典の結集（けつじゅう）が二回行なわれたが、その第三回がアショーカ王の時に行なわれ、ここにはじめて釈迦の教が成文となり、小乗仏教の経典の基となったといわれる。

シュンガ朝とカーンヴァ朝

カリンガとアンドラ

マウルヤ朝はアショーカ王の没後急激に衰え、前二世紀シュンガ朝に滅ぼされ、ついでカーンヴァ朝がこれに代ったが、このころインドの南部ではドラヴィダ族の勢力が発展してきた。ドラヴィダ族はアーリア族の圧迫によって、多くは南方のデカン方面に逃れ、やがてかれらによってたてられたカリンガ、アンドラ両国はマガダ国と対立の勢をなした。カリンガの住民は古くから海上活動に従事し、のちアショーカ王に征服され、ついでアンドラ国もマウルヤ朝の朝貢国となったが、やがてマウルヤ朝の衰退に乗じてカリンガが独立を回復し、特にアンドラは前一世紀カーンヴァ朝を滅ぼし、文化開けて仏教が栄えるとともに、バラモン教の復活がめざましかった。

チョーラ　パーンディヤ　チェーラ

セイロン島

またインド南端にも、ドラヴィダ族がチョーラ、パーンディヤ、チェーラの三国をたて、エジプト、アラビアやマライ群島と通商した。さらに海を越えたセイロン島は、古くからアーリア族が来住し、また対岸のドラヴィダ族とも交渉をもち、シンハラ＝ドヴィーパ（獅子島）の名で知られ、海上貿易によって栄えた。そしてアショーカ王がセイロン島に仏教伝道の使節を送ったことは、この地が永く小乗仏教（南方仏教）の中心となる端緒となった。

大乗仏教とガンダーラ仏教美術

月氏の西移

マウルヤ朝の統一がくずれていったころ、インドの西北方にも著しい変化がおこった。前一五〇年ごろ、アム川の上流ではトカーラ（大夏）がギリシァ系のバクトリアを滅ぼしたが、これよりさき、甘粛省西辺を根拠として牧主農従の月氏がおり、かれらはトルコ系あるいはアーリア系とされ、中国と東トルキスタンのオアシス国家群との間の仲継貿易を営んでいたが、モンゴリアに勢を張る匈奴に破られてイリ川方面に走り、さらに南下してきたトルコ系の烏孫と匈奴との連合軍に追われ、アム川北岸に移って大月氏国をたて、アム川を隔ててトカーラと対した。

大月氏

トカーラは大月氏に臣事したが、アム川以南

クシャーナ朝の成立

カニシュカ王　第四回仏典結集

大乗と小乗

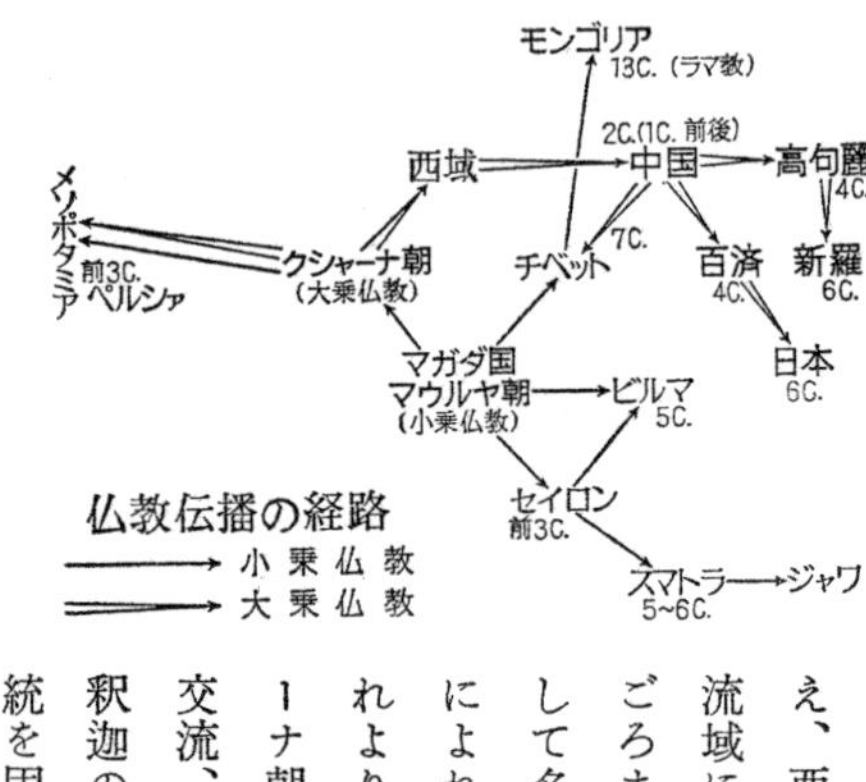

のバクトリアの地を保ち、やがてこの地方に土着するクシャーナ族が勢力をえ、西紀一世紀の中葉、大月氏を駆逐してクシャーナ朝をたて、インダス川流域にまで力を伸ばした。この王朝は中国の後漢とも争ったが、二世紀の中ごろまで在位したカニシュカ王の時代がその極盛期で、王は仏教の保護者として名高く、多くの寺院、堂塔を建立して仏教芸術の発展につとめた。伝えによれば、王は第四回の仏典の結集を行なって北方仏教の基礎を確立し、これより大乗仏教が台頭したというが、この大乗的仏教思想の発展は、クシャーナ朝の位置が交通の要衝に当り、インド、イラン、ギリシァなどの文化の交流、融合が行なわれたことに負うところが多い。釈迦没後約百年間は大体釈迦の教の原型が保存され、この間の仏教を原始仏教といい、のち仏教は伝統を固守して戒律を厳にし、ただ一身の解脱を図って細かな教理の分析にとらわれたが、これに対する改革運動がおこり、二、三世紀ごろには、自己だけの開悟にとどまらないで、衆生を救済しようとする超民族的な理論体系が成立した。これが小乗から大乗への飛躍で、大乗仏教はその超民族的な理論のために、広く中央アジ

第 11 図　ガンダーラ菩薩立像

ガンダーラ式仏教美術
仏教の東漸

ア、中国、朝鮮、日本などにひろまった。また文化の融合は美術の上にも現われ、バクトリア系ギリシア人の特殊な才能によって、アショーカ王時代になかった仏像が盛んにつくられ、国都プルシャプラ（ペシャワール）を中心とするガンダーラ地方では、この仏教美術がガンダーラ式仏教美術といわれて大いに繁栄し、仏教とともに、東トルキスタンを経て中国からさらに朝鮮、日本にも伝わった。

第三節　中国文化圏の成立

春秋戦国時代出現の原因

春秋戦国の大勢　西周時代には社会が安定して人口が増大したが、農業生産がそれにともなわなかったので、増大した人口を養うために土地の開拓を必要とし、そこで諸侯は周室の衰えたのに乗じ、新領土を求めて盛んに隣国を侵し、また辺境の開拓につとめるようになった。かくして周室の東遷後五五〇余年にわたり、春秋（前七七〇―四〇三。一に前七二二―四〇三、春秋の名は孔子が魯の史記によってつくったといわれる春秋に基づく）、ついで戦国（前四〇三―二二一）大諸侯の対立を現出した。春秋時代には、周室がなお尊敬の中心となっていたので、有力な諸侯は周王を尊んでその名の下に諸侯を糾合し、かれらに号令して侵入の異民族を駆逐しようとし、この尊王攘夷の運動に成功したものが覇者とよばれた。春秋の五覇がそれである（五覇に数えられる諸侯は一定していない）。春秋時代には、魚塩の利をもつ山東省の斉、軍馬補給の便と塩池とをもつ山西省の晋がまず覇業をなし、

覇者
春秋の大勢

春秋の五覇

荀子の王覇篇の説	後漢の趙岐の孟子の注の説
斉　桓公	斉　桓公
晋　文公	宋　襄公
楚　荘王	晋　文公
呉王闔閭	秦　穆公
越王勾践	楚　荘王

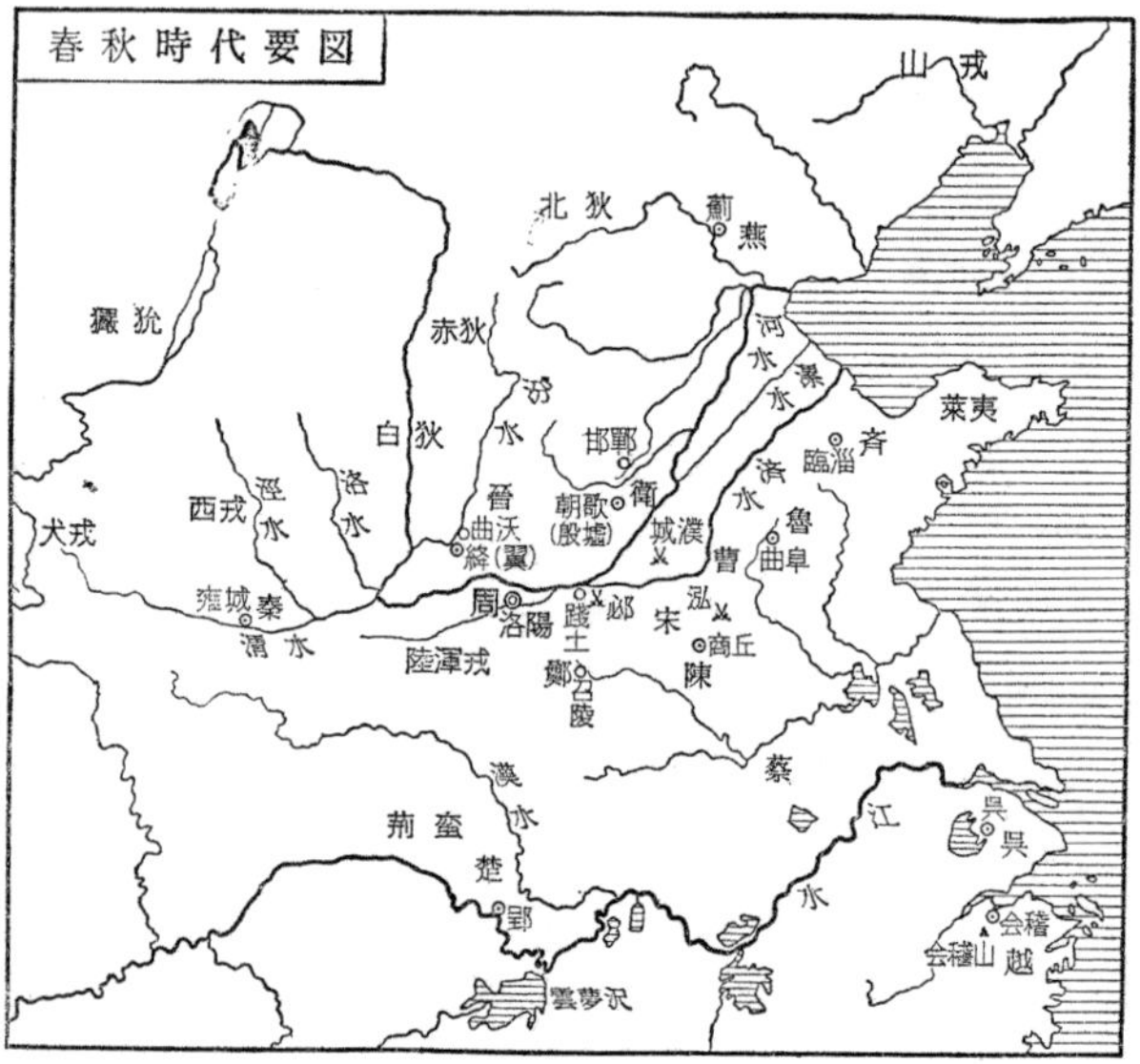

春秋時代要図

ついで南方系統の血液をまじえる楚（湖北省）が揚子江中流域に勢をえてきた。春秋の大勢は、斉、宋（河南省）、晋を中心とする中原諸侯と楚との争いであったが、楚が中国化して、その文化が揚子江下流域に波及すると、楚と同系統の呉（江蘇省）、越（浙江省）が台頭して争った。

伝統の没落と下剋上

春秋多年の抗争により、弱国は強国に併合され、末期には僅か十数国を数えるだけになった。当時、周室の権威は地に落ちて伝統の力が失われ、実力尊重の結果は下剋上の空気が強くなり、前四〇三年晋はその大夫の韓、魏、趙（三晋）に領土を分割され、斉もその臣下に国を奪われた。この韓、魏、趙、斉の四新国と、春秋以来の燕（河北省）、秦（陝西省）、楚の三旧国とを戦国の七雄といい、みな自ら王を称して激しく争った。

戦国の七雄

戦国の大勢
匈奴
胡服騎射

戦国前期には、魏と斉とが栄えたが、後期には辺境に拠る趙と秦とが発展した。このころ激しく中国に侵入してきたのが騎馬民族の匈奴で、山西省に拠る趙は、かれらと戦って胡服騎射の戦法を学んだというが、秦もそれを採用した。秦は陝西の奥地に国し、文化の発展が遅れていたが、伝統に妨げられることな

秦の発展
合従連衡

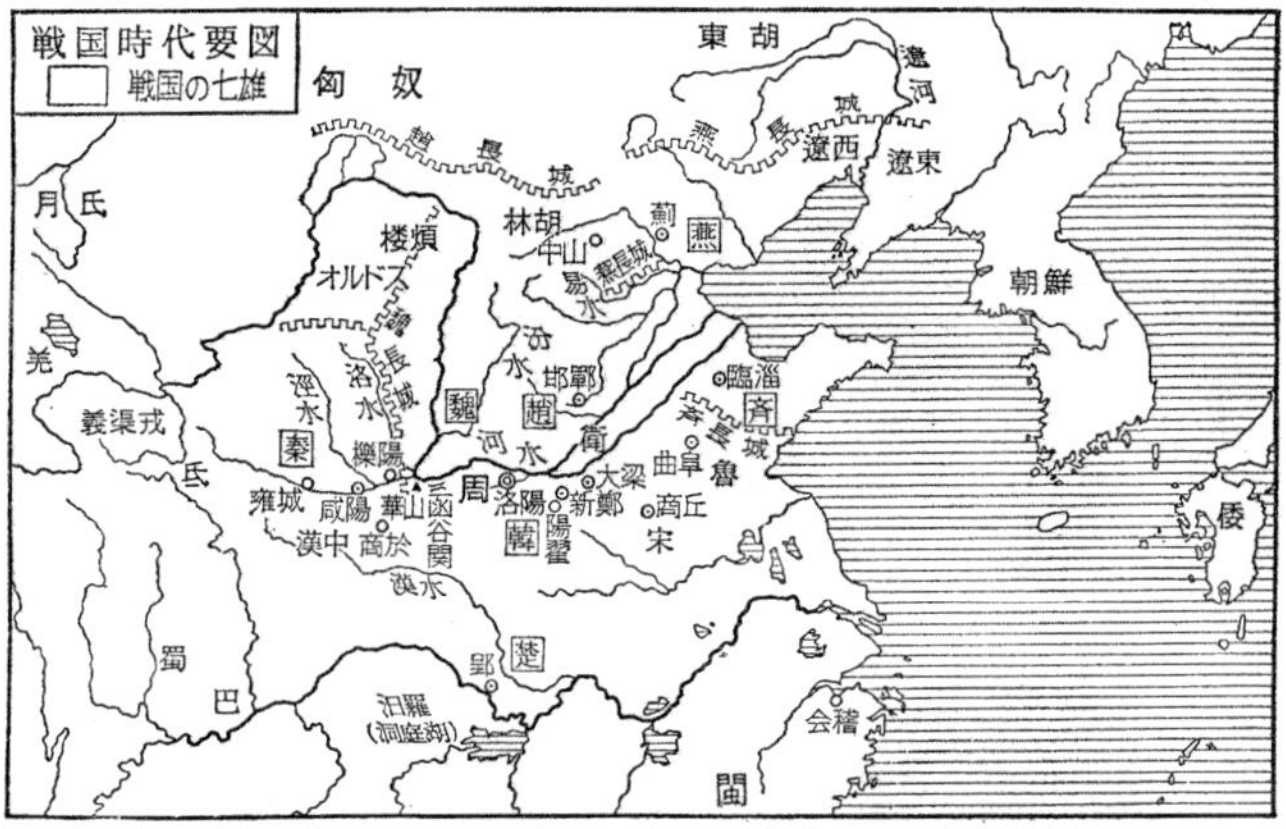

く、商鞅を用い、時代の大勢に乗じて変法令を断行し、また西方から鋼鉄技術を学んで武器を改革した。かくて形勢は富強の秦と他の六国との対抗となり、これに対して合従（従は縦。縦に並ぶ六国が同盟して秦に当ること、蘇秦が指導したと伝う）、連衡（衡は横。横に六国が秦に従属すること、張儀の策によると伝う）などの運動が行なわれたが、秦は巧みな外交手段で諸国を離間させ、周および六国を次々に滅ぼした。

文化の普及
箕氏、衛氏の朝鮮
詩経と楚辞
農業生産の発展
徹法と貢法

社会の推移と思想、文化の発達　春秋戦国の列国の抗争を通して、古い制度がくずれて新しい社会の様式が生まれ、文化が発達して地方に普及した。春秋末には楚、呉、越が中国化し、戦国時代には秦が四川方面を征服し、燕が満州の一部に手をのばし、北朝鮮には中国人の植民国家である箕氏の朝鮮に代って衛氏の朝鮮ができた。特に楚は完全に中原文化を吸収し、北方の詩経に対して楚辞を生んだ。また列国は富国策をとって治水につとめ、ことに春秋の末ごろから鉄製農具が出現し、鉄製の犂を牛にひかせて耕すことも行なわれ、農業生産が大いにたかまった。これにともなって公田に対する徭役労働がすたれ、血族的な大家族集団の共同耕作に代って個別的な農業経営が現われ、豊凶に準じて収穫の一部を租税として納め、のちには数年間の収穫を平均して納税するようになった。孟子のいう徹法、貢法がそれである。このようにしてやがて国家の管理下にあった土

豪族的土地所有の成立

経済の発達

第 12 図　布 (1〜3), 刀 (4, 5), 環銭 (6) および秦の半両銭 (7)

地の私有が認められて自由農民層が生まれたが、生産力の発展が不均等であったので、鉄製農具などの新しい生産手段をもつものは富を増して広い土地を占有した。かれらは分財別居によって同族が多くなり、強い同族意識で結合し、新しい生産手段をもたないで生活に苦しむ人々を小作人、奴隷として使役し、ここに豪族的土地所有形態が成立した。富国強兵を求める戦国の諸侯は、士大夫階級を押さえ、この新しい農民層を直接支配してかれらを利用し、新領土を士大夫らの采邑としないで郡や県とし、これによって中央集権的体制を整えていった。また農業生産の発展は商工業の発達をうながし、ことに鉄と塩とは戦国時代の二大産業として栄え、巨万の富を積む地方豪族が多く現われた。生産、交通の発達にともなって、都市と都市との間の商業も栄え、政治、経済の中心となった

刀、布、銭

多くの大都市が現われ、刀、布や銭などの鋳造貨幣が流通した。

諸子百家

自由競争のはげしい春秋戦国時代を通して、封建制度下の世襲的な身分秩序がゆるんで人材の任用が自由となり、士大夫らがどの諸侯にも仕えうるようになったばかりでなく、新自由農民層の中にも、知識、才能によって諸侯に用いられ、人材の登用が自由活発な思想の展開となって多くの学派が現われた。これを諸子百家というが、その説くところはいずれも政治、道徳あるいは処世法などの現実的な問題に議論が集中されていて、そこに中国思想の著しい特色が認められる。

儒家と孔子
論語

諸学派のうち、最も早く現われたのは春秋末の孔子を祖とする儒家で、その教は論語に見えている。孔子の思想の中心は、天命によって与えられた人間固有の道徳である仁で、その純粋なものが孝と悌とであり、この家族道徳から出発し、身を修め家を斉えて社会に及ぼせば治国平天下を致すことができ、仁を完成するには周初以来の礼が必要であるというのである。すなわち孔子の説くところは天命思想にもとづく政治論で、士大夫の立場に立って、伝統的な封建制度を擁護しようとしたものである。孔子は晩年弟子の教育に専念し、古い記録をまとめたが、のちそれが整理されて儒家の経典となった。易、書、詩、春秋、礼の五経がそれである。

五経

孔子の弟子のうち、子夏らは礼を強調したが、儒学の精神は曾参（孝経の著者と伝えらる）、子思（中庸の著者）らによって伝えられ、戦国の中ごろ、その系統から孟子（著書に孟子がある）がでた。かれは人性の善を強調し、覇道政治に反対して仁義の道の実現を説いた。孟子の性善説に対し、戦国の末期、子夏の系統からでた荀子（著書に荀子がある）が性悪説を唱え、人性は人為である礼によって善に導くべきであるとし、士人による君権の強化を説いて法家の学説に大きな影響を与えた。

孟子
荀子

墨家

また墨子（著書に墨子がある）を祖とする墨家は儒家の影響をうけておこったもので、儒家の階級的な仁に対して兼愛（無差別の相互愛）と交利（相互扶助）とを説き、それを独特の論証法で証明し、礼楽を軽んじ、強本（勤）、節用（倹）を重んじた。

名家

この墨家の論証法をとりいれて論理的考察をしたのが名家であるが、それは単なる詭弁に終った。

道家と老子

儒家と墨家とは学説を異にしながらも、ともに周の封建制度を支持したが、老子（道徳経はその著と伝う）にはじまるといわれる道家は、封建制度にかわる理論を提出して君主権の絶対化を図ったもので、仁義礼楽を退けて虚無自然の道を説き、無為に化すれば国が治まるといい、

荘子

戦国のころ　荘子（著書に荘子がある）がでた。

楊家

この道家の系統と考えられるものに、楊子によって説かれた楊家があり、人の本性は欲望にあるとし、墨家の兼愛に対して自愛（不干渉主義利己主義）を主張した。

稷下の学士

ところで戦国の中期、斉では諸派の学者を集めて優遇し、かれらは稷下の学士とよばれたが、それらの思想が影響しあい理論づけられ、ことに荀子や道家の学説の影響をうけ、

法家

さらに政治の実践を経て法家の学が成立した。これは礼に代って法を重んじ、士大夫にかわる官僚制度の確立を図って政治の実際を説いたもので、商鞅や申不害にはじまるとされ、韓非（著書に韓非子がある）、李斯らによって大成された。

陰陽五行説

また中国には古くから陰陽説やその影響によって生まれた五行説という宇宙生成の理論があり、戦国末期この両者が結びつき、陰陽五行説として大いに思想界を風靡した。

神仙説

これは政治道徳論の色彩を帯びた素朴な自然哲学であるが、ただ空想や迷信として行なわれ、不老長生を説く方士に影響して神仙説を生んだ。神仙説は道家の思想と結びつき、秦漢時代に大いに流行した。以上の

秦世系（嬴姓三代、始皇帝が秦王になってから四一年、統一してから一六年）

……孝公―恵文王┬武王
　　　　　　　　└昭襄王―孝文王―荘襄王―(一)始皇帝(政)┬扶蘇―(三)三世皇帝(子嬰)
　　　　　　　　　　　　　　　　　　　　　　　　　　　　└(二)二世皇帝(胡亥)

秦の統一
始皇帝の政治
郡県制度
匈奴との関係

秦漢の官制（主要なものの大体を示す 時に多少の変更があった）

		（秦）	（漢）
（中央）	三公	丞相（行政、政務を総括）	大司徒
		太尉（軍事）	大司馬
		御史大夫（監察）	大司空
	九卿	奉常（礼儀祭祠）	太常
		郎中令（宮殿掖門）	光禄勲
		衛尉（宮門衛士）	衛尉
		太僕（輿馬）	太僕
		廷尉（司法）	廷尉（大理）
		典客（帰服の蛮夷）	大鴻臚
		治粟内史（国家財政）	大司農
		宗正（皇族事務）	宗正
		少府（帝室財政）	少府
（地方）	郡	守（郡の最高官、漢代に太守と改む）	
		尉（軍事、前漢に都尉とし、後漢に省く）	
		監（監察、漢代に省く）	
	県	令（長、漢同）	
		尉（軍事 漢同）	
		丞（監察 漢同）	

（漢代には州をおき、長官の刺史に管内の郡守以下を監察させた）

諸学派のほか、なお兵家（孫武・呉起）、従横家（蘇秦・張儀）、農家（許行）などが現われた。

秦の統一事業　戦国時代には、諸侯の領土内に中央集権化の傾向が著しく進んできたが、商業、交通の発達はさらに地方的差別を除き、しかも匈奴の侵入が中国人の共同体的意識を強め、やがて前二二一年秦王政によって統一が完成された。かれは法家の学説を採用してあらゆる方面に改革を行ない、諡を廃して自ら始皇帝といい、国都咸陽（陝西省咸陽市）に豪華な宮殿を築いて大統一の天子たる威厳を示し、政治的には中央集権の実現を図り、封建制度を廃して郡県制度を施行し（はじめ三六郡、のち四八郡）、官制を定めて行政、軍事、監察の三権分立の体制を整え、経済的には貨幣、度量衡を統一して地方割拠の風を除き、社会的には民間の武器をとりあげて治安の維持を図り、思想的には焚書、阬儒を断行し、また文字を統一して秦篆（小篆）を定めた（秦代には別に、実用本位の隷書がつくられて漢代に流行し、楷書の源となった）。始皇帝の統一事業は、対外的にも強く現われた。当時、匈奴の勢力が強大となり、モンゴリア東方の狩猟牧畜民族の東胡（モンゴル系にツングースの混じた民族）、

第 13 図　万里の長城（八達嶺付近）

甘粛省方面に拠る月氏（げっし）と対立し、しきりに中国の北辺を侵したので、秦は匈奴を討ち、戦国諸国の長城を修築連結して万里の長城をつくり、また南方の越人を征した。かくて秦の領土は、北は満州、モンゴリアに接し、南はインドシナに達して、秦（しん）の威名が遠く西方に聞えてシナという名称の起原となった。しかし始皇帝の余り

万里の長城

シナの名称の起原

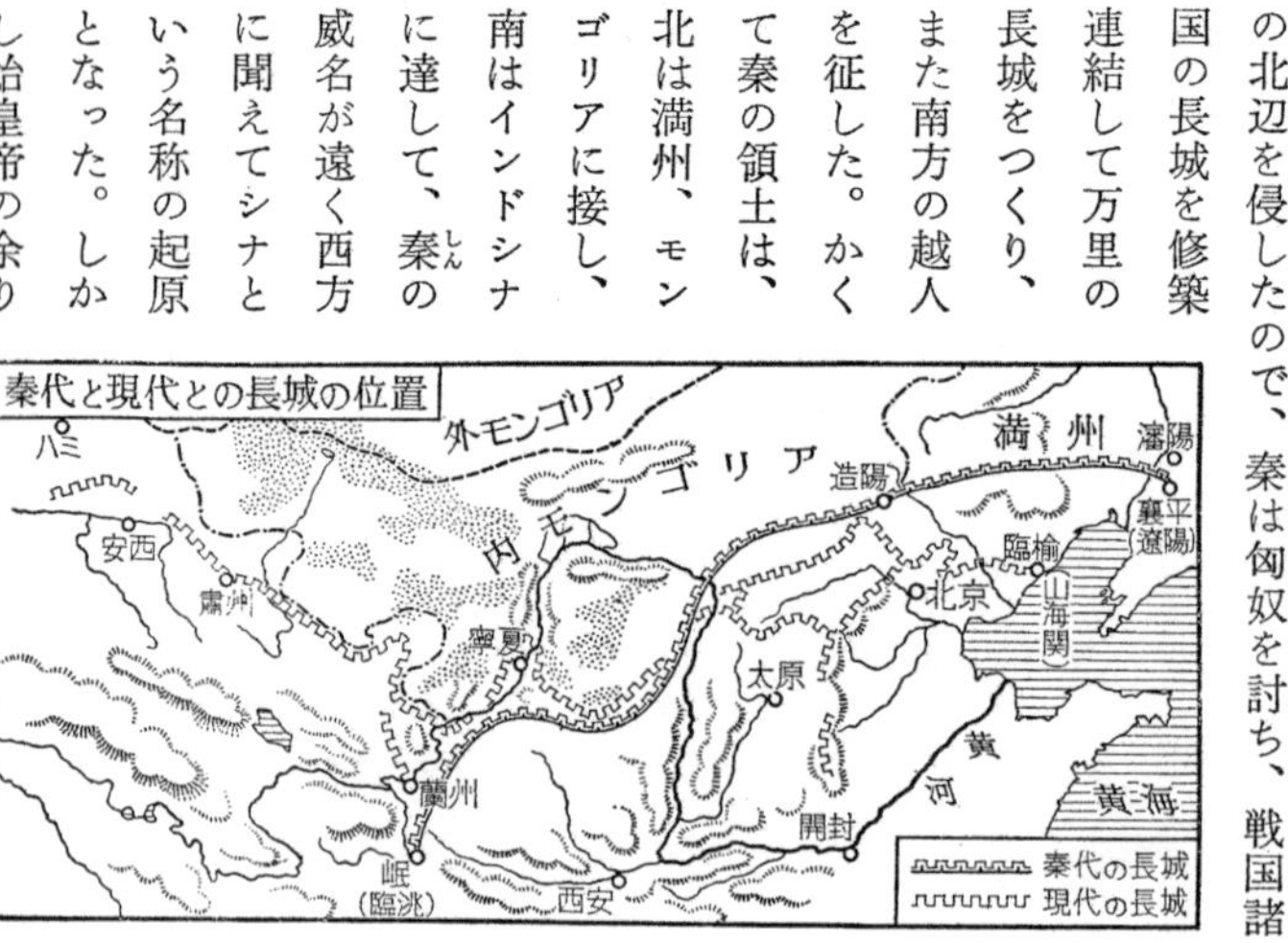

秦の滅亡

にも厳格な法律万能の統一政策と遠征、土木事業による誅求とは民衆を苦しめ、また旧封建貴族や新興の大土地所有者、商人らの反感をたかめた。やがて始皇帝の没後、反乱が各地におこり、前二〇六年、秦は混乱のうちに滅亡した。

漢の興起

これより旧貴族勢力を代表して封建制度の復活を図る楚の遺臣項羽と、新興勢力を代表する農民出身の劉邦との争いを経て、前二〇二年、劉邦が勝利をえ、国を漢（前漢・西漢）と称して長安（西安）に都した。これが漢の高祖で、かれは実に匹夫受命の新局を開いたが、それは時代の大勢が然らしめたのである。

郡国制度

前漢の政治　漢は秦の政策をついで中央集権の確立を図ったが、漸進策をとり、政治的には郡県、封建をあわせた郡国制度を採用し、しだいに諸侯王の実権を奪い、ために呉楚七国の乱がおこったが、それより諸侯王の領土には中央から官吏を派遣してこれを治めさせるようにした。

年号の創始　思想の統一　匈奴問題

このようにして武帝に至り完全な中央集権の実を挙げて年号を創始し、儒学を国家の学として思想を統一し、さらに充実した国力をもって、国初以来の匈奴問題を解決するため大規模な遠征を行なった。匈奴は秦末の乱に再び勢を張り、東は東胡をあわせて西は月氏を破り、東トルキスタンのオアシス国家群を支配下において漢の北境を侵してきたので、武帝は甘粛西部の地を略取するとともに、アム川北岸の大月氏、ついでイリ川方面に拠る烏孫と結んで匈奴を挾撃するため、

張騫

張騫を西域に派遣し、のちフェルガナ地方の大宛国を討った。

越人と西南夷　朝鮮の経略と楽浪郡　韓人と倭人

武帝はまた浙江、福建、広東の越人や四川、貴州、雲南地方の西南夷(西夷南夷)を経略し、前一〇八年には大同江流域に拠る衛氏の朝鮮を滅ぼし、楽浪など四郡をおいた。このころ南朝鮮には韓人が拠り、海を距てて倭人がいたが、いまや平壌に楽浪郡がおかれて、中国文化がこの方面に強く波及した。

朝鮮四郡と三韓

高句麗

一方、朝鮮東北部から満州にかけての地域に拠る半狩猟、半農耕のツングース系の濊貊民族も、漢民族の進出、楽浪郡の設置によって影響をうけ、特に漢の郡県に最も近い高句麗は、他の諸民族よりも早く国家的体制を整えた。

武帝の経済政策

漢民族は武帝のめざましい外征によって、東亜にゆるぎない地位を確保したが、外征と帝室の豪奢とは国家財政を窮乏させた。これがため武帝は貨幣を改悪して増税や塩、鉄、酒の専売を行ない、また政府が物資

前漢世系（劉氏十四代二百十四年　△印は呉楚七国）

- □—呉王濞△
- 曹夫人＝(一)高祖（劉邦）
  - □—菑川王賢△・膠東王雄渠△・膠西王卭△・済南王辟光△
- 呂皇后＝(一)高祖
  - (二)恵帝（盈）—(三)少帝・(四)少帝（弘）
- □—趙王遂△
- 戚夫人＝(一)高祖—趙王如意
- 薄姫＝(一)高祖—(五)文帝（恒）—(六)景帝（啓）
  - (七)武帝（徹）
    - 戾太子拠—□—(九)宣帝（詢）
      - (一〇)元帝（奭）
        - 傅昭儀—□—(一二)哀帝（欣）
        - 馮昭儀—□—(一三)平帝（衎）
        - 王皇后（元后、政君）—(一一)成帝（驁）
      - □—□—□—(一四)孺子嬰
    - 昌邑王髆—廃帝賀
    - (八)昭帝（弗陵）
  - 長沙定王発（後漢世系に続く）
- 王禁—王皇后（元后、政君）・鳳・曼—莽
- □—□—楚王戊△

の買上げや販売を行なう均輸法、物価の調節を図る平準法によって国庫の増収につとめた。これは経済面での中央集権を図ったものであるが、極端な経済統制と重税とは産業を破壊し、徴発、賦役の過重は農民を窮乏させ、しだいに社会が不安になってきた。

外戚と宦官

武帝末年の危機は、かれの死後辛うじて脱しえたが、宣帝以後、権力が天子の親近に移って外戚、宦官が勢力をえ、元帝の世、外戚の王氏が宦官らの反対勢力を押えて政権を握った。当時、儒学が流行し、讖緯説などの迷信が社会を風靡し、また功利思想がはびこって官界の風紀が乱れていたが、王氏の一族の王莽は、

王莽の簒奪

このような風潮を巧みに利用し、西紀後八年、漢にかわって国を新と称した。王莽は儒学を信奉して周代社会の復活を夢み、制度、貨幣を改めて奴婢の売買を禁じ、土地を国有としてその所有に制限を加え、商業利潤の国家独占を図ったが、現実にそぐわないその政治は社会の混乱を招き、ことに豪族らの強い反抗をうけ、新は僅か十六年で滅びた。

後漢の建国

後漢の大勢　王莽の末年、各地におこった群雄の中には漢の後と称するものが多く、その一人である劉秀が地方豪族らの援助の下に、二五年洛陽に都して漢室を復興した。これが後漢（東漢）の光武帝である。これよりさき、匈奴は前漢武帝に討たれて勢弱まり、東西に分裂した。東匈奴は漢に帰服したが、やがて匈奴を統一し、王莽の外交政策の失敗に乗じ、再び後漢の北境を侵してきた。後漢では明帝の時から積極的に匈奴を討ち、さらにそれを完全に押えるために班超を西域に遣した。かれは東西トルキスタンのオアシス都市国家群を支配下におき、またクシャーナ朝の軍を破り、さらに部下の甘英をローマの東方領土である大秦国（一説にローマ帝国）に派遣した。一方、匈奴は南北に分裂し、南匈奴は後漢に服属したが、北匈奴は後漢に討たれて西走し、のちヨーロッパに入ってフンの名で知られた。

後漢の対外経略

班超

後漢世系（一四代一九六年、天子名の右の人名は、その時の外戚と宦官、左の数字は即位および没した時の年齢を示す）

（前漢）景帝―長沙定王発―□―□―□―□―更始帝（劉玄）
　　　　　　　　　　　　　└□―□―□┬劉縯
　　　　　　　　　　　　　　　　　　└(一)光武帝（劉秀）(31―63)―(二)明帝（荘）(30―48)―(三)章帝（炟）(20―33)

後漢の衰退

しかし後漢の全盛期は一世紀の末までで、以後幼弱の天子が多く立って外戚、宦官が勢をえてきた。光武帝は前漢末の風潮にかんがみて節義を奨励したので、後漢末には気節の士とよばれる官僚の一派が、宦官専横の悪風潮に対抗して立ったが、弾圧されて政治の乱脈がはなはだしくなった。ところで、後漢の建国に力があったのは豪族である。前漢時代には豪族の勢力が大いに伸び、特に武帝の世の経済界の混乱に乗じて巨利を博したものや官僚らが、その富や政治的地位を利用して盛んに土地の獲得につとめた。漢朝は広大な土地を占有して地方に勢力を張る豪族と対立し、しばしばかれらを弾圧し、また限田の必要が論ぜられたが、その実行

豪族勢力の発展

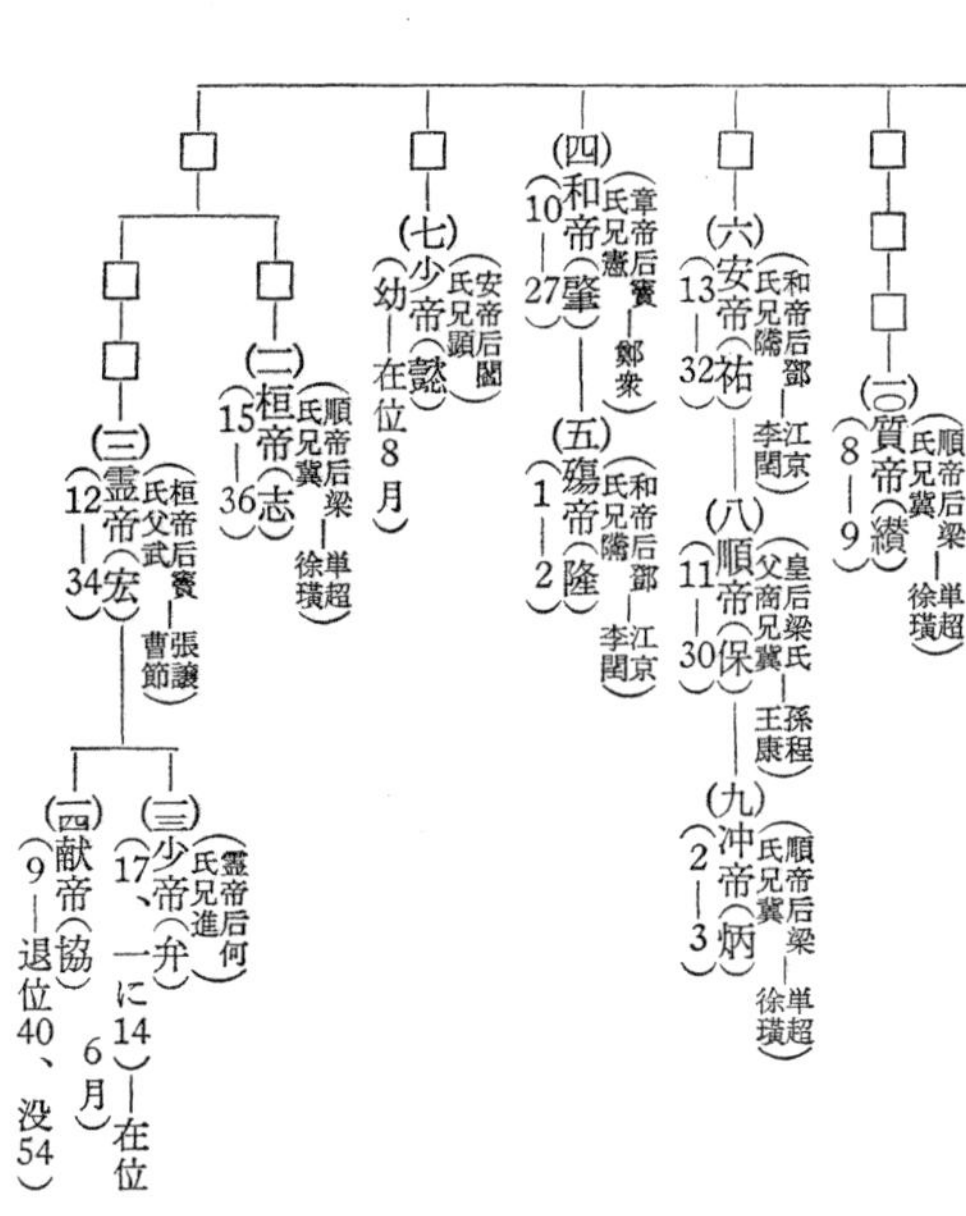

を見るに至らなかった。この国家権力と豪族勢力との関係は、やがてしだいに弾圧から妥協へと転じ、豪族との連合政権ともいうべき後漢では、豪族が大いに優遇された。かれらの中には政府と結んで有力な官吏の地位を占有し、政治的に身分を保証されて地方の名望家となり、ひいては代々有力な官僚を出し、門閥として特権階級化したものもあった。このようにして勢力をえた豪族は、またしきりに土地の兼併につとめたので、土地を失った貧農や流民が増大し、その多くが豪族の下に走って永久的な主従関係を結んだ。土地兼併

門閥の成立

第 14 図　方格規矩禽獣文鏡（漢）

黄巾の賊

の発展は貧富の差を顕著にして窮乏農民を増大させ、しかも中央政界の混乱に加えて、飢饉、水害がしばしばおこってしだいに不安な空気が流れてきた。時に勃発したのが黄巾の賊といわれる反乱である。後漢の中期、道教の萌芽とされる太平道と五斗米道（始祖張陵）との宗教団体が現われた。黄巾の賊は太平道の主唱者張角を首領とし、一八四年窮乏農民をかりたてて政府に反抗し、その平定後、残党が四散して各地に騒動の種子をまいたので、後漢では治安維持のため、地方官に大きな権限を与え、豪族に軍備をもつことを許した。この結果、地方分権的勢力が強くなり、群雄割拠の形勢を現出した。

産業の発達と漢代の文化　漢代四百余年間は、中国史の上で重要な一時期をなし、西方との交通が開かれてその文化が輸入され、中国文化の内容が豊富となった。しかし概していえば、漢代の文化は古来のそれを

漢文化の特色

第 15 図　楽浪出土人物図漆篋

大成し、中国的な点が濃厚で、春秋戦国時代に自由に発達した諸般の文物が立派に結実したのである。そして大統一国家漢の出現とその対外発展とは、東亜の諸民族をめざまし、かれらに国家をつくることを教えた。

農業の発達
美術工芸
商業と貿易
製紙法の発明

漢代には比較的平和な時代が多かったので、人口が増加し、産業や技術の進歩が著しかった。鉄器の製作が発達して鉄製農具が普及し、牛耕も一般化し、前漢に代田法（だいでんほう）、後漢に区種法（くしゅほう）が行なわれて農業生産が増加した。絹織物や漆器、銅鏡の製作技術の進歩もめざましく、特に楽浪郡治の平壌の古墳から発見された漆器の絵画、蒔絵や銅鏡は、美術工芸の驚くべき進歩を示している。産業の発達は商人の活躍を見たが、また西方、南方の諸国との貿易もおこった。なお漢代の物質文化の誇りとすべきは、二世紀のはじめ、後漢の宦官蔡倫（さいりん）が、従来の絹帛や竹簡木牘（ちくかんもくとく）に代わる紙の製法を発明したことで、それは世界の文化発達の上に大きな功

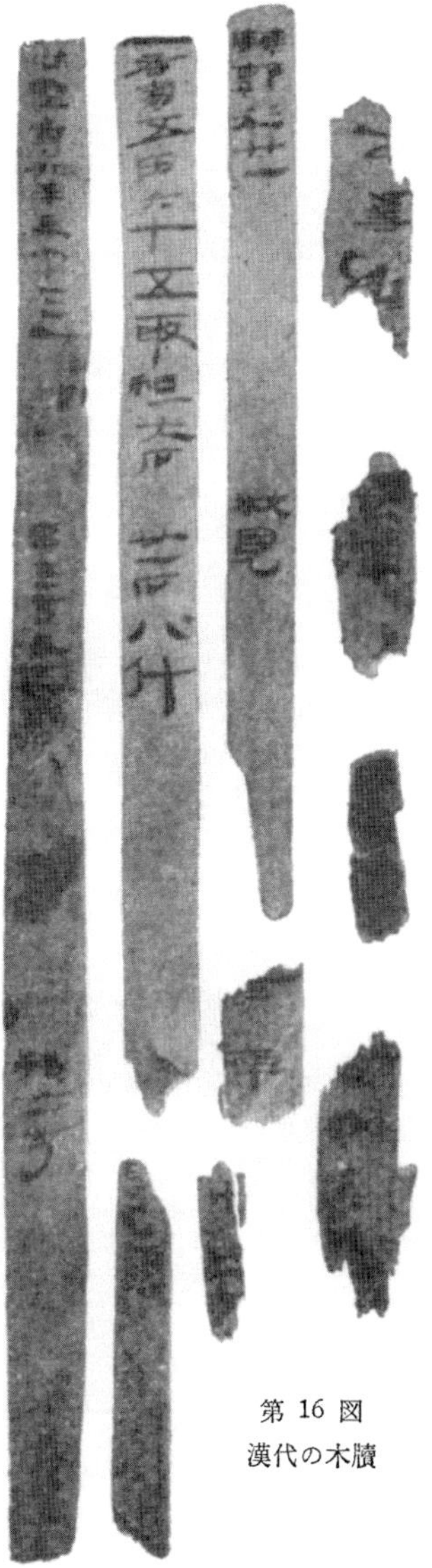

第16図
漢代の木牘

中国正史（二十五史。記述の体裁は本紀，列伝を主とする紀伝体）

書名	巻数	撰者
◎史　記	130 巻	前漢，司馬遷撰
◎(前)漢書	100 巻	後漢，班固撰
◎後漢書	120 巻	南朝宋，范曄撰
◎三国志	65 巻	晉，陳寿撰
晉　書	130 巻	唐，房玄齢等奉勅撰
宋　書	100 巻	梁，沈約撰
南斉書	59 巻	梁，蕭子顕撰
梁　書	56 巻	唐，姚思廉等奉勅撰
陳　書	36 巻	唐，姚思廉等奉勅撰
魏　書	114 巻	北斉，魏収奉勅撰
北斉書	50 巻	唐，李百薬等奉勅撰
周　書	50 巻	唐，令狐徳棻等奉勅撰
隋　書	85 巻	唐，魏徴等奉勅撰
南　史	80 巻	唐，李延寿撰
北　史	100 巻	唐，李延寿撰
△○旧唐書	200 巻	後晉，劉昫等奉勅撰
(新)唐書	225 巻	宋，欧陽脩，宋祁奉勅撰
△○旧五代史	150 巻	宋，薛居正等奉勅撰
新五代史	75 巻	宋，欧陽脩撰
○宋　史	496 巻	元，脱脱等奉勅撰
○遼　史	116 巻	元，脱脱等奉勅撰
○金　史	135 巻	元，脱脱等奉勅撰
○元　史	210 巻	明，宋濂等奉勅撰
新元史	257 巻	民国，柯劭忞撰
△○明　史	332 巻	清，張廷玉等奉勅撰

注意　◎印のものを前四史，二十五史より新元史を除いたものを二十四史という。二十四史より○印のものを除いたのを十七史，△印のものを除いたのを二十一史という。

績を残した。

儒学

春秋戦国時代にはめまぐるしい思想の動きがあったが、漢代には思想界も落ちつき、前漢武帝の時、儒学が董仲舒（とうちゅうじょ）の意見により、官学に認められて五経博士がおかれ、国家統治の理念としての地位を固めた。しかし当時儒学の経典が多く散逸していたので、漢代の学者は古い経文の復活や定本の作成に努力し、経典に今文（きんぶん）（漢代の文字の隷書）、古文（こぶん）（先秦の篆書）の二系統を生じたが、王莽のころから、古文が今文に代って正統とされた。後漢では

今文と古文

訓詁学

前代の学説を集成し、経典の字義の解釈を主とする訓詁学（くんこがく）が流行して儒学の真精神が失われ、そのため道家

史記と漢書 文学

の思想が盛んとなり、のちの仏教発展の素地がつくられた。訓詁学の流行は漢代の思想界を貧弱にしたが、しかし前漢に塩鉄論、淮南子、後漢に説文、論衡などがでたのは注意すべく、ことに漢の大統一は歴史意識をたかめ、中国正史の首位におかれる前漢の司馬遷の史記、後漢の班固の漢書(前漢書)が現われ、それは文学的にも名著とされている。文学では漢文といわれるように、事実を記し道理を説く文章が発達して論策に特色を示し、韻文では賦が流行したが、純粋文学には見るべきものがなかった。

〔参考文献〕

三笠宮崇仁著　帝王と墓と民衆―オリエントのあけぼの　光文社
秀村欣二編　文明の発生(世界史大系2)　誠文堂新光社
榎一雄編　イスラーム(世界史大系7)　誠文堂新光社
前嶋信次編　西アジア史(世界各国史)　山川出版社
深井晋司著　ペルシャの芸術　創元社
山本達郎編　インド・東南アジア(世界史大系6)　誠文堂新光社
鈴木俊編　中国史(世界各国史)　山川出版社
貝塚茂樹著　中国古代史学の発展　弘文堂
小島祐馬著　古代支那研究　弘文堂
岡崎文夫著　古代支那史要　弘文堂
内藤虎次郎著　支那古代史　弘文堂
鎌田重雄著　漢代史研究　川田書房
宇都宮清吉著　漢代社会経済史研究　弘文堂
陶希聖著 天野元之助訳　西漢経済史　生活社
吉田虎雄著　両漢租税の研究　大阪屋号書店
増淵竜夫著　中国古代の社会と国家　弘文堂
加藤常賢著　支那古代家族制度の研究　岩波書店
守屋美都雄著　漢代家族に関する考察(東方文化講座二)　東方文化講座委員会
小島祐馬著　中国の政治思想(東方文化講座一)　東方文化講座委員会
安部健夫著　中国人の天下観念(東方文化講座六)　東方文化講座委員会

中江丑吉著　支那古代政治思想　岩波書店
武内義雄著　諸子概説　弘文堂
重沢俊郎著　周漢思想の研究　弘文堂
重沢俊郎著　原始儒家と経学　岩波書店
津田左右吉著　儒教の研究　岩波書店
鈴木由次郎著　周易（アテネ新書）　弘文堂
津田左右吉著　道家の思想とその展開　岩波書店
貝塚茂樹著　孔子（岩波新書）　岩波書店
武内義雄著　老子と荘子　岩波書店
吉川幸次郎著　漢の武帝（岩波新書）　岩波書店

岡崎文夫著　司馬遷（教養文庫）　弘文堂
目加田誠著　詩経（岩波新書）　岩波書店
橋川時雄著　楚辞（東洋思想叢書）　日本評論社
竹内照夫著　春秋（東洋思想叢書）　日本評論社
小竹文夫
小竹武夫著　現代語訳史記　弘文堂
平岡武夫著　漢字の形と文化（東方文化講座一四）　東方文化講座委員会
原田淑人著　漢六朝の服飾　東洋文庫
江上波夫著　ユウラシア古代北方文化　全国書房
江上波夫著　ユウラシア北方文化の研究　山川出版社
内田吟風著　匈奴史研究　創元社

第三章　アジア諸文化の発展と交流

第一節　イスラム文化圏の形成

アラビアの形勢

イスラム教の成立とアラビア人の活躍　アラビア半島は南部を除いて大部分が不毛の砂漠であるので、そこに住むセム系のアラビア人は、多く遊牧の生活を営んで、ベドウィン（砂漠の民）といわれていた。かれらは多くの部族にわかれて争い、久しく未開の域を脱しなかったが、かれらの中から商業に従事するものが現われ、陸上では隊商を組織し、また海上への発展を試みるようになった。六世紀におけるササン朝ペルシァと東ローマとの抗争は、三日月地帯の東西交通を途絶し、代ってアラビア西海岸の海陸の交通が盛んになり、外来文化の流入はアラビア人をめざまし、メッカ、メディナなどが隊商や仲継貿易の中心都市として栄えてきた。

アラビア人の商業活動

アラビア人の覚醒

マホメットの出現

　このようにしてアラビアでは、商業貴族ともいうべきものが現われ、一般民衆を犠牲として利益を独占し、ことにメッカでは貧富の懸隔がはなはだしく、その地の商業貴族は商業、高利貸のほか、宗教でも搾取をほしいままにしていた。マホメット（ムハンマド）はこのメッカに生まれ、隊商に従ってシリア方面に往復している間に、キリスト教、ユダヤ教に接し、また当時の世相を痛憤して民衆の救済を思いたち、遂に神アラーの

イスラム教の成立

啓示をうけ、自らを神の遣わした最後の最もすぐれた予言者であるとし、唯一神アラーと予言者の教とに従うべきを説いてイスラム（従うの義）教をはじめた。かれがイスラム教を唱えたことは、宗教改革であると同時に社会革命であり、また政治革命でもあった。かれは神の前では一切の人間が平等であるとして階級の存在を認めなかったので、異端としてメッカの名族たちから迫害され、六二二年信者を率いてメディナに逃れた。これをヘジラ（ヒジュラ）といい、この年をイスラム暦（太陰暦）の紀元元年とする。

ヘジラ

これよりマホメットは新教団の指導者としてメディナの政教両権を握り、やがてメッカを攻略して政敵を倒し、進んでアラビア全半島を統一した。このアラビア人の国家的統一の実現を支えたものはイスラム教であるが、イスラム教の中心は、マホメットがうけた啓示を集めたコーラン（クルアーン）で、それはイスラム教の経典であるとともに、イスラム教徒の指導原理であり、その一切の生活を規定する法典でもある。

アラビア半島の統一

コーラン

第 17 図　メッカにあるイスラム教の総本山
（中央黒色の建物がカーバ）

カリフ政権とその発展　マホメットの死後、アラビア人は宗教的熱情と生活圏拡大の欲求とから、シリア、エジプトを征服し、七世紀中葉、ササン朝ペルシァを滅ぼし、進んでインド西北部を略して中央アジアに侵入し、小アジアでは東ローマ帝国に圧迫を加えた。アラビア人は征服地に総督としてアミールをおき、その

アラビア人の征服地の支配

下に行政長官のアーミルがあって徴税などに当らせ、異教徒を無理に改宗しないでジズヤ（人頭税）とハラージュ（地租）とを納めさせ、これに対してイスラム教徒はザカート（宗教税）を納めるが、種々の特権があったので、被征服民は続々とイスラム教に改宗した。

アラビア勢力の発展

カリフ　**正統カリフ時代**　**ウマイヤ朝**　**スンニー派とシーア派**

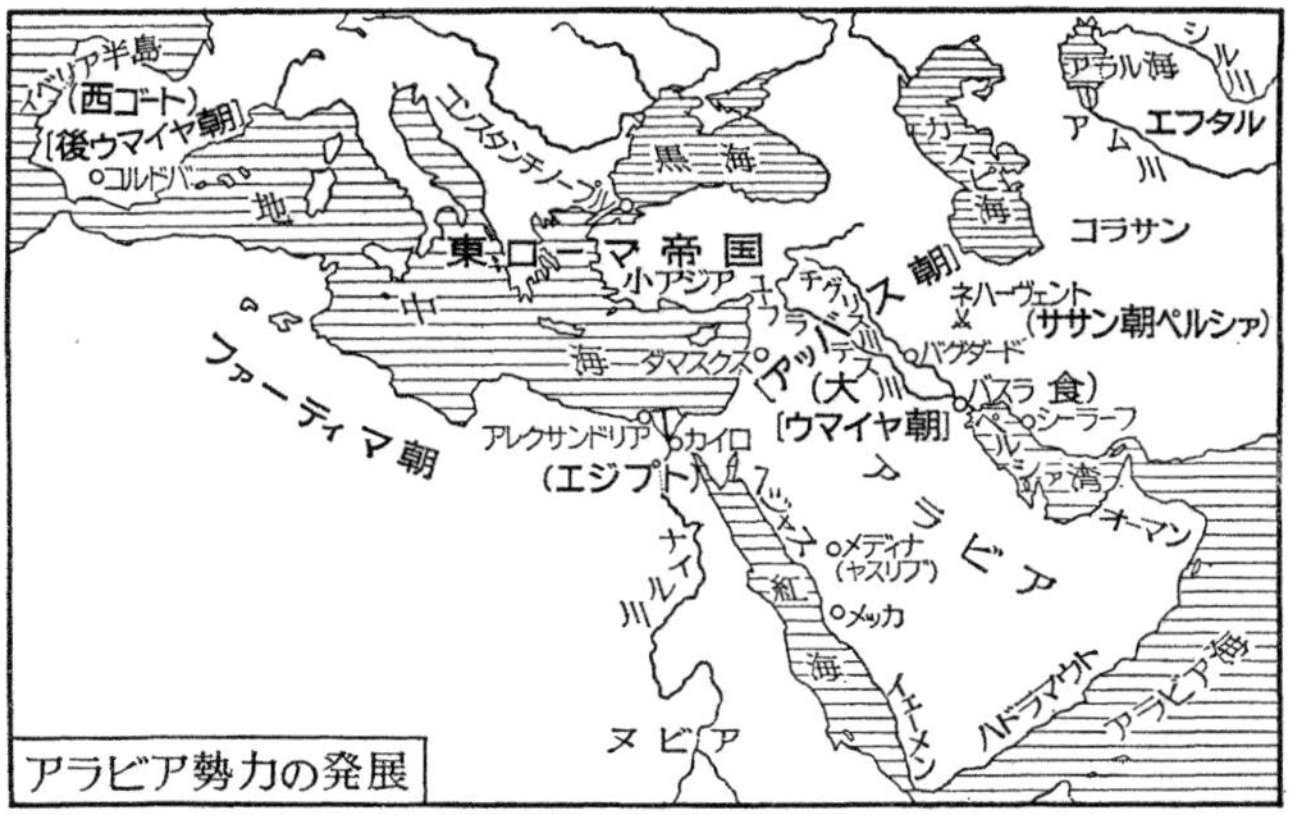

ところで、マホメットの後継者はカリフとよばれ、政教両権を握り、その推戴は有力者の選挙により、マホメット以後、メディナを都として四代（アブー＝バクル、ウマル、ウスマーン、アリー）の正統カリフ時代が続いた。七世紀の中ごろ、最後のカリフのアリーが暗殺されたので、かれに対立するシリアのアミールのムアーウィアがカリフとなり、ダマスクスに都してウマイヤ朝（前ウマイヤ朝。中国人のいう白衣大食である）を開き、カリフの推戴を世襲制に改めた。これに対してアリーの党派がウマイヤ朝に反抗し、ここにイスラム教の二大宗派のスンニー派（カリフを首長とす）、シーア派（アリーの党派）の対立を見た。ウマイヤ朝時代、イスラム勢力はさらに発展し、東は唐と領土を接し、西はアフリカ北岸を進んでイベリア半島を征服した。

ウマイヤ朝は政治機構を整え、アラビア語を全領土の公用語とし、貨幣制度を改めてその統一を保ったが、多年の外征による民衆の窮乏と不平とを招き、またシーア派などの反抗運動がたかまり、

アッバース朝
新ウマイヤ朝
ファーティマ朝
東西カリフ国の発展

これに乗じて八世紀の中葉、マホメットの一族の後のアブール＝アッバースが反ウマイヤ勢力を結成してウマイヤ朝を倒し、バグダードに都してアッバース朝（東カリフ国。中国人のいう黒衣大食）を開いた。これがためウマイヤ朝の一支族アブドゥル＝ラーマンがイベリア半島に拠り、コルドバに都して後ウマイヤ朝（西カリフ国。新ウマイヤ朝）をたて、ここにイスラム教団が東西に分裂したが、のちさらにアッバース朝から独立して、エジプトにファーティマ朝がおこった。東西のカリフ国はともに産業につとめたので、農業、工業の発達が著しく、また船舶、隊商によって、東は中国、インド、南洋方面、西は大西洋、北はロシア、南はアフリカに至る広い地域にわたって貿易を営み、唐代の中国人に大食（タージー）とよばれた。

イスラム文化の特質

イスラム文化　サラセン（ギリシァ、ローマ人がアラビア人をよんだ語）文化、すなわちイスラム世界の文化は、イラン、エジプト、インドのほかに、ギリシァ、ローマの文化の遺産を継承し、それをイスラム教とアラビア語とで渾然と融合した国際的なものである。

イスラム文化圏
コーラン研究
ギリシァ文化の輸入

イスラム文化の根本はイスラム教であるが、イスラム教には伝道専門のものがなく、伝道に大きな貢献をしたのはイスラム商人で、かれらの活動によって、広い地域にイスラム文化圏が成立した。このイスラム文化圏を強く結合したのは、イスラム教とコーランとで、このコーラン研究がギリシァ、インドの宗教、哲学の影響をうけてイスラム神学、哲学の成立、発展を見、さらに法学、文法学が発達した。ギリシァ文化の輸入が盛んに行なわれ、アラビア人は哲学のみならず、ギリシァの科学書をアラビア語に翻訳したが、ヘレニズム文化に深い理解をもってこれを保存し、中世末期の西欧文化に強い影響を与えて、文化史上に大きな功

自然科学

績を残した。ギリシァの自然科学とアレクサンドリアの実証科学、古代インドの研究成果とを綜合した諸科

第18図　アラベスク文様の壁面装飾

歴史と地理

文学、建築、美術

学の発達はことにめざましく、天文、暦法、数学、理科学、医学、博物学が著しく進歩した。歴史学ではイブン＝ハルドゥーン、地理学ではイブン＝ホルダーズベー、イドリシー、アブール＝フィダーなどが現われ、文学ではイラン文学の影響をうけて散文学に見るべきものがあり、千夜一夜物語（アラビアン＝ナイト）のような傑作が生まれ、建築は円蓋（ドーム）と光塔（ミナレット）とを基調とするモスク（イスラム寺院）に人工的組織美を発揮し、美術はアラベスクとよばれる精妙な図案に新機軸をだした。

第二節　インド文化圏の発展

グプタ朝の成立

グプタ朝とその文化　マウルヤ朝の崩壊後、インド内部では約五百年の混乱の後、三二〇年マガダ地方にパータリプトラを都としてグプタ朝がおこった。この王朝はガンジス中流域の一小国であったが、クシャーナ朝の衰退に乗じて力をのばし、チャンドラグプタ二世（称号ヴィクラマーディティヤ、漢訳仏典にいう超日王）が現われるにおよんでその全盛時代を現出した。グプタ朝は外国勢力を除いて統一国家をつくったので、この時代には民族的な色彩が強く

グプタ朝世系（スカンダグプタ以後の世系は明確でなく、その全体を表示しえない。グプタ朝は六世紀ごろマカダ地方の一小国となり、八世紀後半パーラ朝に滅ぼされた。）

(一)チャンドラグプタ一世—(二)サムドラグプタ—(三)チャンドラグプタ二世(超日王)—(四)クマーラグプタ一世—
- (五)スカンダグプタ
- (六)プラグプタ—(七)ナラシンハグプタ—(八)クマーラグプタ二世
- (九)ブダグプタ

文学　なり、インド固有の文化が復興した。文学では古典サンスクリットが普及してラーマーヤナ、マハーバーラタが集大成され、カーリダーサが現われてメーガドゥータ、シャクンタラーなどの傑作を書いた。ことにバラモン教復興の気運が促がされて、ウパニシャッド以下の経典に関する権威ある註釈書がつくられ、またバラモン中心主義のカストの義務、権利などを規定したインド人の生活指導書であるマヌの法典が大成され、さらにバラモン教の後身のヒンドゥー教が、インド的生活を背景として発展した。この宗教はバラモン教がインドの土俗信仰と結びついて偶像崇拝の色彩が強く、仏教の影響をうけ、シヴァ神やヴィシヌ神を中心に形を整えたものである。ヒンドゥー教の発展によって仏教の光がやや薄れたが、なお仏教研究の最高学府であるナーランダー僧院がたてられ、このころ求法のためインドに赴いた中国僧としては、仏国記を書いた東晋の法顕が名高い。芸術では仏教美術が完成の域に達し、ガンダーラ美術に見られたギリシァの影響が消化されてインド化し、いわゆるグプタ式を生んだ。その代表的な作品であるアジャンター、エローラ窟院の壁画は名高く、後者はヒンドゥー教の色彩が強い。また自然科学では、天文学、数学、医学が進歩してアラビアの学術に影響を与えた。

（側注：カーリダーサ／マヌの法典／ヒンドゥー教／ナーランダー僧院／法顕／グプタ式／アジャンターとエローラ／自然科学）

エフタルの侵入

ヴァルダナ朝

チャールキャ朝

カルナスヴァルナ

ヴァルダナ朝の繁栄　グプタ朝は五世紀の中葉、西北辺から侵入してきた遊牧民エフタル（フーナ族、トルコ系とする説がある）のために領土がマガダ地方に縮まったが、六世紀のころヴァルダナ朝が台頭してエフタルを破り、四方を征服してグプタ朝を臣属させ、七世紀のはじめ、ハルシャ＝ヴァルダナ（漢訳仏典にいう戒日王は、その称号シーラーディティヤによる）がでて勢を張った（文化史上、このハルシャ王時代までを含めてグプタ朝としている）。これよりさき南インドではアンドラ国が没落し、六世紀中葉、デカン高原にチャールキャ朝がおこり、プラーケーシン二世の時代がその全盛期で、ハルシャ王の南進を退けた。またベンガル地方では、農業の発展によってカルナスヴァルナ王国が発展してきた。ハルシャ王はチャールキャ征討に失敗したが、カルナスヴァルナを征してインダス、ガンジス両流域の地を平定し、カンヤークブジャ（カノージ曲女城）

第19図　アジャンター第一窟観音像壁画

第20図　エローラ第三窟，第四窟外観

玄奘と大唐西域記

インド・東南アジアの形勢

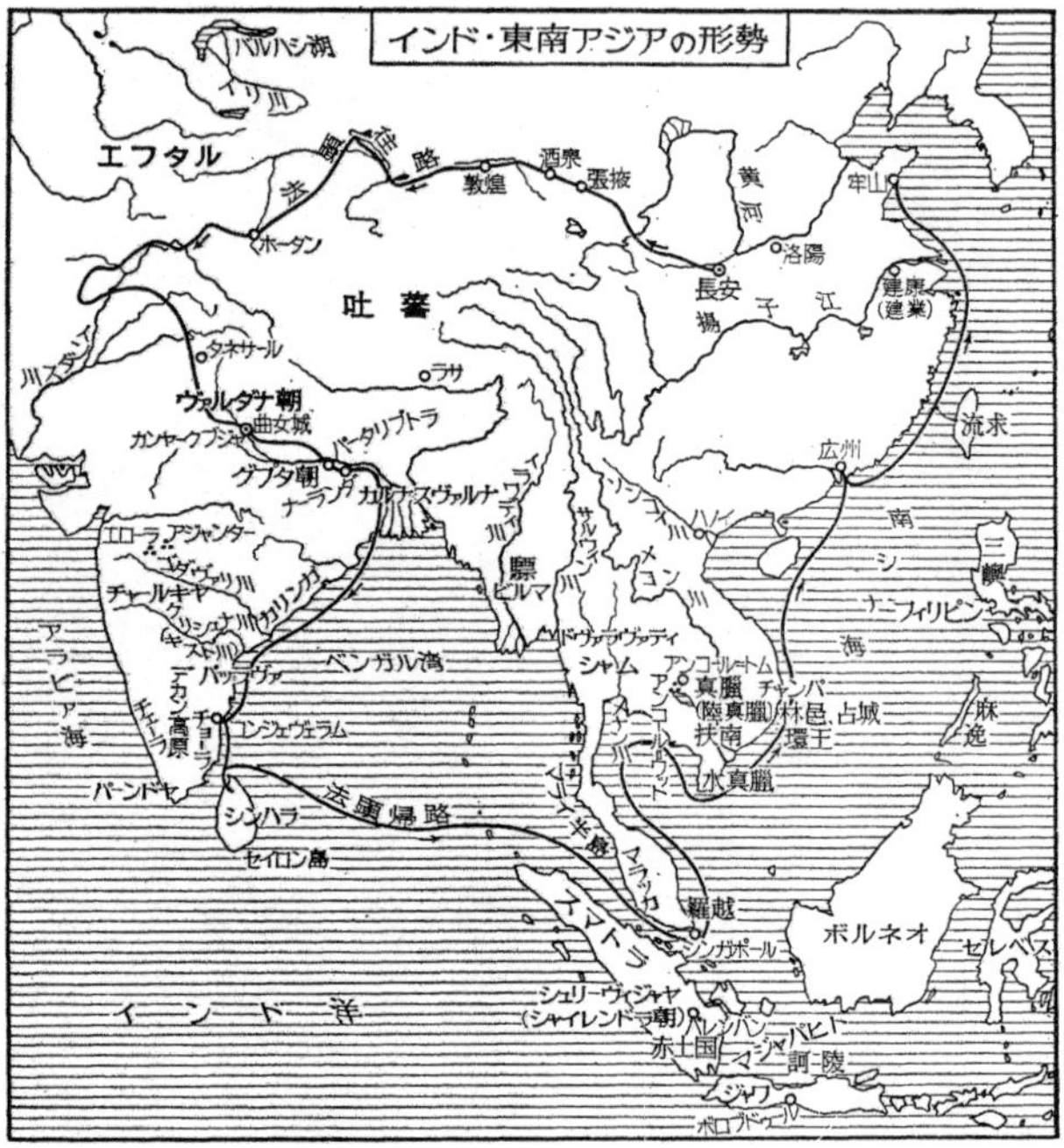

に都してグプタ朝の栄光を再現した。当時、仏教は衰えてきたが、唐と使節の交換が行なわれ、求法のためインドに至った玄奘がナーランダー僧院に学んだ（大唐西域記は玄奘の旅行の始末を書いたものである）。そしてヴァルダナ朝はハルシャ王以後国土が崩壊し、北方からはラージプート族の侵入があって、インドはしばらく分裂抗争の暗黒時代が続いた。

真臘

アンコール＝ワット

インド文化の波及　グプタ、ヴァルダナ両朝の盛時には、文化が内に充実したばかりでなく、その文化が中国やアラビア方面にも大きな影響を与え、また東南アジアの諸地域では仏教やヒンドゥ教がひろまり、インドの文化圏がいっそう拡大された。すなわちインドシナ南部のチャンパ以西の地域では、インド文化が強く波及し、六世紀ごろクメル人がメコン中流域にたてた真臘では、仏教、ヒンドゥー教が栄え、九世紀ごろからその国勢が大いに盛んになった。この国では一二世紀ごろ、都のアンコール＝トム付近にアンコール＝ワットの大寺院をたてられたが、その巨

ドヴァラヴァティ
驃国
シュリーヴィジャヤ
吐蕃
ラマ教

第21図　アンコール＝ワット全景

大な石造建築と壁面の彫刻とは、インド文化を基底とするクメル人の芸術をよく伝えている。この真臘の西、メナン川流域方面に南下してきたタイ族は、六世紀ごろクメル人に刺激されてドヴァラヴァティ国をたてて仏教が栄え、またビルマには驃(ピュー)国がおこってインド文化の強い影響をうけ、唐とも交渉をもった。またインド勢力はインドネシアの島々にもおよび、七世紀ごろ、スマトラにインド東岸からの移民によってたてられたシュリーヴィジャヤ国がパレンバンを中心として台頭し、のちジャワにおこったシャイレンドラ朝がこれに君臨した。なおインドの文化はチベットの吐蕃(とばん)にもおよんだが、吐蕃では七世紀に英主スロンツァン＝ガンポがでてラサに都し、このころ唐およびインドからはいった仏教が、土人の信仰と混合してラマ教を成立させ、またインドの文字に模して、チベット文字がつくられた。

第三節　中国の分裂と東亜文化圏の形成

三国の対立と東方諸国　後漢末には、地方官が勢を張り、私兵をもつ豪族がその勢力の背景となって群雄

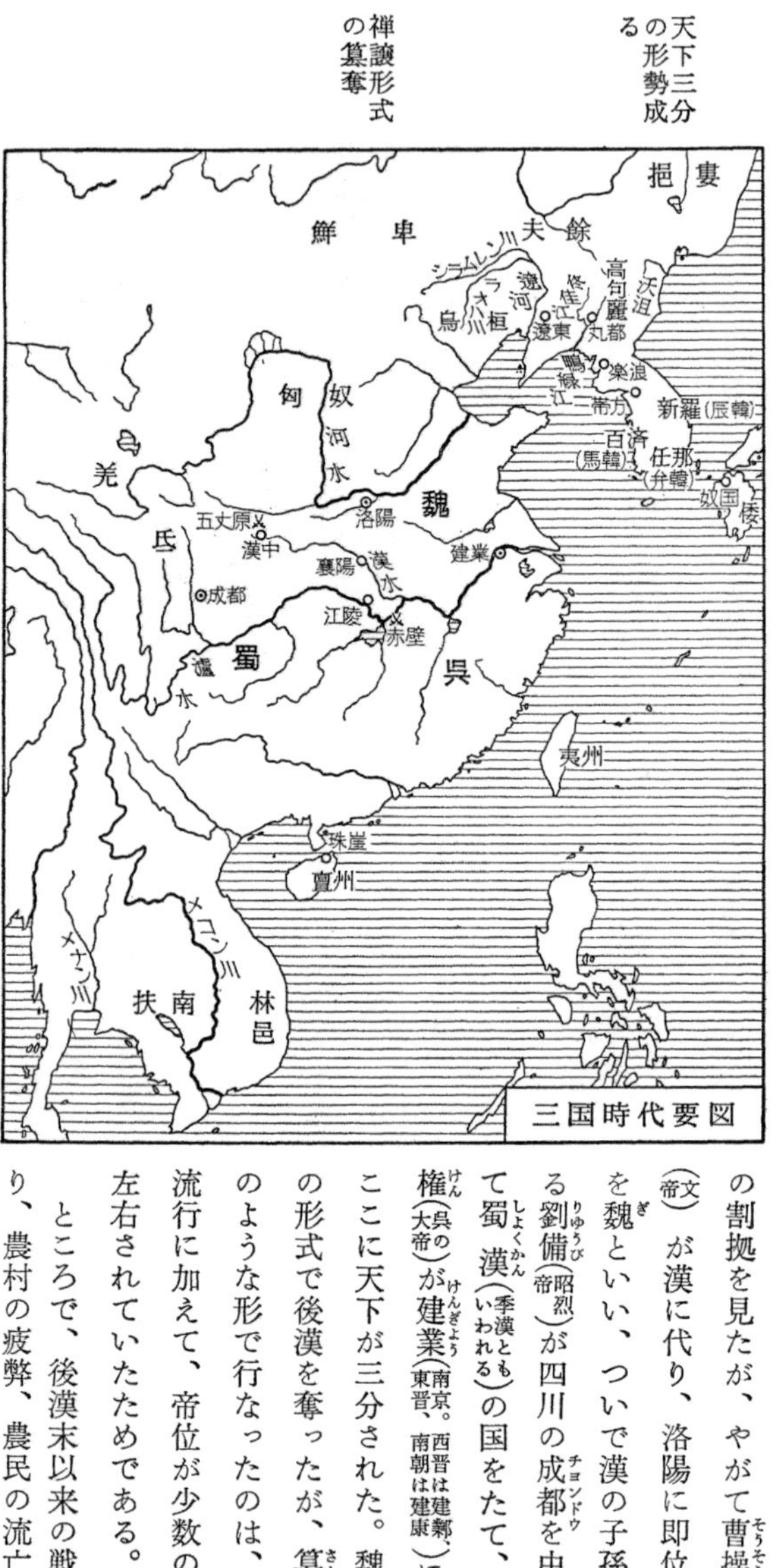

三国時代要図

天下三分の形勢成る

の割拠を見たが、やがて曹操の子丕(文帝)が漢に代り、洛陽に即位して国を魏といい、ついで漢の子孫と称する劉備(昭烈帝)が四川の成都を中心として蜀漢(季漢ともいわれる)の国をたて、また孫権(呉の大帝)が建業(南京。西晋は建鄴、南朝は建康)に拠り、ここに天下が三分された。

禅譲形式の簒奪

魏は禅譲の形式で後漢を奪ったが、簒奪をこのような形で行なったのは、儒学の流行に加えて、帝位が少数の門閥に左右されていたためである。

屯田策

ところで、後漢末以来の戦乱により、農村の疲弊、農民の流亡がはなはだしかったので、魏では荒廃した土地を国有として流民を募集し、それを開墾させる屯田策を行なって財政の充実を図った。これは国家が農民を豪族的に支配したもので、呉、蜀もこれにならった。

三国の大勢

そして三国の関係は、江南に拠る呉と領土の最も小さい蜀とが協力し、華北の全域を占めて最も優勢な魏に当るのが大勢で、蜀

蜀の滅亡

相諸葛亮はしばしば魏を攻めたが、かれの死後、蜀は魏に滅ぼされた。しかし魏は王室が孤立していたので、こ

魏世系（曹氏五代四十六年）

曹操─┬(一)文帝(丕)─┬(二)明帝(叡)─(三)廃帝(斉王芳)
　　　│　　　　　　　└□─(四)廃帝(高貴郷公髦)
　　　└□─(五)元帝奐

呉世系（孫氏孫権が黄武の年号をたててから四代五十九年）

孫堅─(一)大帝(権)─┬□─(四)烏程侯皓
　　　　　　　　　　├(二)廃帝(亮)
　　　　　　　　　　└(三)景帝(休)

蜀漢世系（劉氏二代四十三年）

前漢景帝……(一)昭烈帝(前主備)─(二)後主(禅)

晋の統一と呉の滅亡

れに乗じて部将の司馬氏が魏に代って国を晋(西晋)と称し、ついで二八〇年南方の呉を倒して統一を完成した。

蜀漢の開発事業

呉の開拓事業と南海貿易

三国時代には各国が競って領土の開拓、拡大につとめたので、地方の開発が進んで対外的にも漢民族の勢力が大いに発展した。蜀漢は雲南方面に兵を用い、また漢中(ハンチュン)を取ってその地の開発を図り、呉は湖南(フーナン)、江西(ジャンシー)、福建(フージエン)を開拓したばかりでなく、台湾(夷州)、海南島(亶州)を攻め、扶南(カンボディア)に使者を派遣して南海貿易の発展を図った。

魏の東方経略

これに対して魏は東胡の後の烏桓(烏丸)を破り、さらに遼東に拠って背後を脅かす公孫氏を滅ぼし、東方の高句麗をも征した。

三韓

朝鮮の三国と倭人

南朝鮮では馬韓(全羅道、忠清道)、辰韓(慶尚北道)、弁韓(弁辰、慶尚南道)の三韓があって、農耕を主とする部落生活が営まれていたが、四世紀ごろ、馬韓が百済に、辰韓が新羅に統一されて北方の高句麗と対立した。

邪馬台国

大和朝廷

また倭人も多くの部落国家にわかれ、古くから南朝鮮と交通し、また楽浪郡を通して中国に入貢し(志賀島発見の漢委奴国王の金印は、かかる事実を物語る)、三世紀のころには女王卑弥呼の統治する邪馬台国が強大であったというが、大陸文化の影響をうけ、統合がしだいに進んで大和朝廷が成立した。四世紀ごろ、大和朝廷は朝鮮に進出し、弁韓すなわち任那を基地として百済を服属させ、晋、南北朝時代には高句麗、新羅と半島の霸権を争うとともに、盛んに中国に通貢し（讃、珍＝弥、済、興、武のいわゆる倭の五王が、しきりに南朝に朝貢した）、その任那基地は六世紀まで続いた。

北方民族の侵入と晋

五胡の発展

三国時代には漢民族の勢力が国外にのびたが、一方、雑居の異民族がしだいにめざましい動きを示してきた。異民族の中国進出はすでに漢代からのことで、曹操は後漢に帰服して山西省方面にひろがってきた南匈奴を五部にわけ、たがいにおさえさせたが十分の成功を見ず、またそれと同系統の羯も山西方面に力をえ、一方、シラムレン流域の東胡の後の鮮卑（宇文、慕容、乞伏、禿髪、拓跋などの諸部がある）が北匈奴の故地のモンゴル高原に拠って勢をのばし、なおチベット系の羌が青海方面に、氐がその南におり、しだいに四川、甘粛、陝西方面にはいってきた。この匈奴、羯、鮮卑、氐、羌を五胡といい、かれらは久しい間にわたって中国の内地に入り、漢人と接して中国の文化を学び、すでに農耕を行なっていた。このような異民族の内地雑居に対し、晋は何等の策をたてず、統一後軍備を怠って宮廷が淫逸、政争の巣となり、また一族を各地に封じて帝室の守りとしたが、かえって八王の乱をひきおこし、しかも清談（清言 清弁）が流行して士風が不健全であった。

八王の乱

清談

清談とは一切の俗事をすて、老荘を談じて名利、道徳を軽視するものである。漢代の訓詁学は形式化して思想性に乏しく、王莽の簒奪、後漢末の混乱は儒学で理論づけた漢室の永遠性に対する信仰をくずし、現実の政治、国家についての疑問から、儒学に道家的な考がとられるようになった。また人々は儒学の教養ある気節の士が逆境に苦しみ、有為の士が世にいれられず、門閥のみ光り輝く世相に失望して処世の道に疑問をもち、保身の根拠を老荘に求め、個人主義的自由を求めて社会から逃避しようとした。このような風潮が、後漢末ごろから盛んになった談論の風と合して魏晋時代の清談の流行となり、竹林の七賢（阮籍、嵇康、阮咸、山濤、王戎、向秀、劉伶）などがでて老荘の虚無を喜んで儒学の礼節を退け、これは南朝におよんで放縦な享楽主義に陥った。晋代、清談の流

竹林の七賢

行は官僚、士人をも風靡したが、それは国家の急を救うものではなかった。時に華北に大饑饉がおこって雑居の異民族が中原への侵入をはじめ、八王の乱に際して漢王を称した南匈奴が、晋都洛陽についで長安を陥れて晋を滅ぼした（三一一年の洛陽陥落の事件を、時の年号によって永嘉の乱という）。時に江南にあった晋の一族の司馬睿（東晋の元帝）が西晋の遺臣や豪族に推戴され、建康（南京）に都して東晋の国をたてた。この晋室の南渡は、江南の開発に大きな意義があった。

晋室の南渡と江南の開発

江南の開発は古くから行なわれ、呉が建業（南京）に都してそれに一歩を進めたが、晋室の南渡はそれをいっそう促がし、黄河流域の中原文化が揚子江流域に移植され、はなやかな六朝（呉、東晋および南朝の宋、斉、梁、陳の六朝が南京に都したのによる語）の文化を展開した。

五胡十六国

晋室の南渡以来、江北は五胡活躍の舞台となり、百余年の間に十数国が興亡して五胡十六国の乱闘時代を現出し、一時前秦が江北統一の勢を示したが、淝水（安徽鳳台）の戦で東晋に破れて国土崩解し、やがて鮮卑の拓

淝水の戦

晋世系（司馬氏西晋四代五二年、東晋一一代一〇四年、△印は八王の乱関係者）

- 司馬懿
  - □—□—河間王顒△
  - □—□—東海王越△
  - 師
  - 昭
    - 西晋(一)武帝(炎)
      - (二)恵帝 ＝ 賈皇后（賈充—賈皇后）、＝ 羊皇后、謝才人 — 遹
      - 楚王瑋△
      - 長沙王乂△
      - □—(四)愍帝(鄴)
      - 成都王穎△
      - (三)懐帝(熾)
    - □—斉王冏△
  - 汝南王亮△
  - □—□—東晋(1)元帝(睿)
    - (2)明帝(紹)
      - (3)成帝(衍)
        - (6)哀帝(丕)
        - (7)廃帝奕
      - (4)康帝(岳)—(5)穆帝(聃)
    - (8)簡文帝(昱)—(9)孝武帝(曜)
      - (10)安帝(徳宗)
      - (11)恭帝(徳文)
  - 趙王倫△

北魏の江北統一

跋部の勢が強くなり、三八六年国を魏（北魏、後魏、元魏、拓跋魏などとよばる）と称して平城（山西大同）に都し、四三九年江北を統一した。

黄籍と白籍　土断

一方、嵐のような五胡の乱入により、華北の名門、豪族の多くは難を避けて江南に移ったが、多数一般の人々も行主とよばれる指導者に率いられて南下した。かれらは北帰を口実に僑郡、僑州を設け、江南の土着人の戸籍（黄籍）とは別に、かれらだけの戸籍（白籍）をつくって租税を払わず、豪族らはこれを利用して土地と人民とを私有した。これがため東晋の末には土断とよばれる戸籍の整理を行なって僑主の別を廃し、人民に土地を割りあてて租税を課するとともに、豪族の力を押えようとした。しかし北来の名族と江南土着の豪族との合作の上に立つ東晋は、何等の効果も挙げえなかった。

宋の建国

そして東晋は前秦を破って一時気勢をあげたが、それはかえって上層階級の無気力、安逸を招き、門閥貴族の政権をめぐっての紛乱が絶えず、これに乗じて四二〇年、武将の劉裕（武帝）が東晋に代って宋朝を開いた。

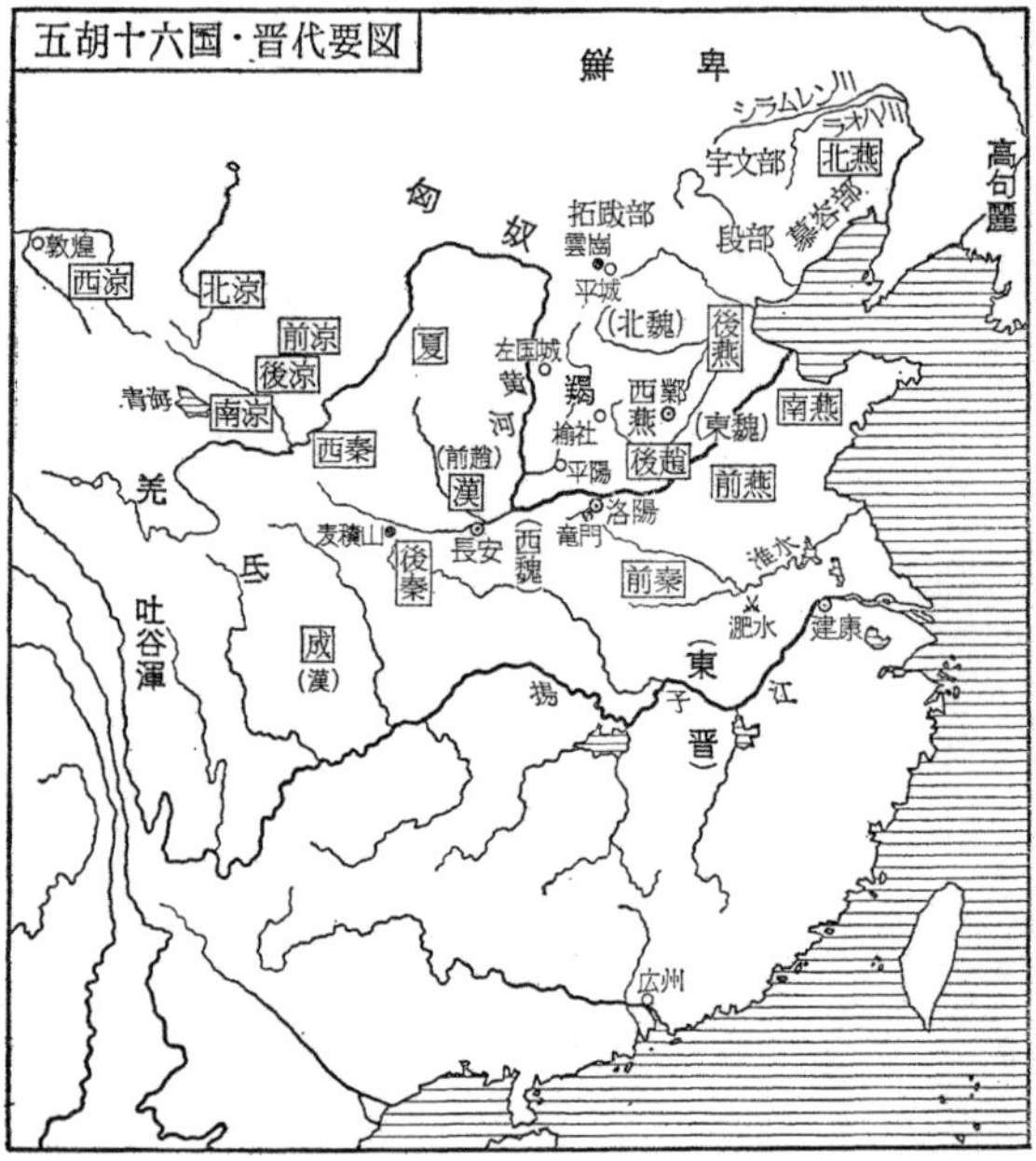

五胡十六国・晋代要図

南北朝の対立　宋の建国につぐ北魏の江北統一により、南北朝対立の形勢となった。こ

五胡十六国興亡表

西晋 265 ― 316 ― 東晋 317 ― 420 宋

巴 成（李氏）304 ―（漢）― 347 → 東晋

匈 漢（劉氏）304 ― 316 → 西晋；前趙（石氏）― 329 → 後趙

羯 後趙 319 ―（冉魏）351 ― 352 → 前燕

鮮 前燕（慕容氏）337 ― 370 → 前秦

氐 前秦（苻氏）351 ― 394 → 後秦

漢 前涼（張氏）313 ― 376 → 前秦

氐 後涼（呂氏）386 ― 403 → 後秦

羌 後秦（姚氏）384 ― 417 → 東晋

鮮 西燕（慕容氏）384 ― 394 → 後燕

鮮 後燕（慕容氏）384 ―（高氏）409 → 北燕

鮮 南燕（慕容氏）398 ― 410 → 東晋

漢 北燕（馮氏）409 ― 436 → 北魏

（代）北魏（拓跋氏）386

鮮 西秦（乞伏氏）385 ― 431 → 夏

鮮 南涼（禿髪氏）397 ― 414 → 西秦

匈 夏（赫連氏）407 ― 431 → 北魏

匈 北涼（沮渠氏）397 ― 439 → 北魏

漢 西涼（李氏）400 ― 421 → 北涼

（注意）国名の上に民族名の略称を付したのは十六国。巴は巴蛮で氐の一種。北魏(代)および存続短い西燕を除き、前涼、西涼、北燕の漢人の国をいれて十六国とする。↓は滅亡の次第を示す。

― 十六国 ―

成（漢），夏，二趙（前趙＝漢，後趙）

三秦（前秦，後秦，西秦）

四燕（前燕，後燕，南燕，北燕）

五涼（前涼，後涼，南涼，北涼，西涼）

の時代は、五胡乱闘ののちをうけて社会が動揺し、政治も不安定であったが、前代よりは混乱が緩和されて文化の発展に見るべきものがあり、しだいに統一の気運が見えてきた。

南朝の大勢

南朝での著しい現象は、門閥が世族、勢門などとよばれ、貴族としての地位を固めたことである。東晋時代には、戸籍に黄白の別があり、北来の名姓と江南の豪族とが円満を欠き、北人は東晋の政権に結びついてその優越を保とうとした。これが南朝貴族制発生の第一歩と考えられるが、貴族制の発展に大きな力となったのは、三国魏にはじまる九品官人法（九品中正の法）である。これは地方の門閥や人望ある有力者を中正の官とし、かれらにその地方の人材を品別させ、それによって官吏を採用するもので（官品に九品あり、中正の品別を基礎として九品官のうちの適当な官に任用する）、家柄の高下が品別の基準となり、主な官吏の地位が門閥に占められる結果になった。南朝最初の宋は、土断を行なって南北の差別撤廃につとめたので、江南の豪族もしだいに貴族社会にはいり、北来の名族の政治的優越のうちに、ここに南朝の貴族制が成立した。貴族はその家柄に応じて種々の特権が与えられて一般庶民とは厳重に区別され、有力なものは政治の中枢に参画した。宋は貴族勢力との妥協によって、一時その社会の安定を見たが、のち北魏との抗争による疲弊、宮廷の乱脈と帝室内部の争いのうちに、斉のために国を奪われ、斉も一族の争いがはなはだしくして滅びた。つぎの梁は貴族との協調に成功し、一時治績を挙げながら、あまりにも仏教に熱中して政治が乱れ、内乱がおこって陳がこれに代った。

（九品官人法）

（南朝の貴族制）

宋世系（劉氏八代六〇年）

- (一)武帝（裕）
  - (二)少帝（義符）
  - (三)文帝（義隆）
    - (四)孝武帝（駿）＝文穆王皇后
      - 山陰公主
      - (五)前廃帝（子業）
    - (六)明帝（彧）
      - (七)後廃帝（昱）
      - (八)順帝（準）

（北朝の大勢）

一方、北朝は新興の意気に燃えて、その政治が南朝よりも健実であった。華北では残存の漢人の豪族、門閥が異民族に軽侮の念をもち、これに仕えることを欲しなかったが、政治の安定を求める北魏は、漢人の家柄を認めてかれらを仕進させるとともに、北魏王朝の建設に力あった諸部族を解散させてその酋長の子孫に官爵を授け、この両者を融合して貴族制度をつくった。北魏の政治の特徴は漢化政策による中央集権の確立に

（北朝の貴族制）

孝文帝の漢化政策

あり、孝文帝はまず新律を定め、ついで三長制（五家を一隣、五隣を一里、五里を一党とし、それぞれに長をおく制度）をたて、儒家の井田法に範を求めて均田法を行ない、さらに反対をおして都を平城から漢人の旧都洛陽に移し、辮髪や鮮卑族の衣服、言語を禁じて官制、儀礼などをすべて中国風にした。

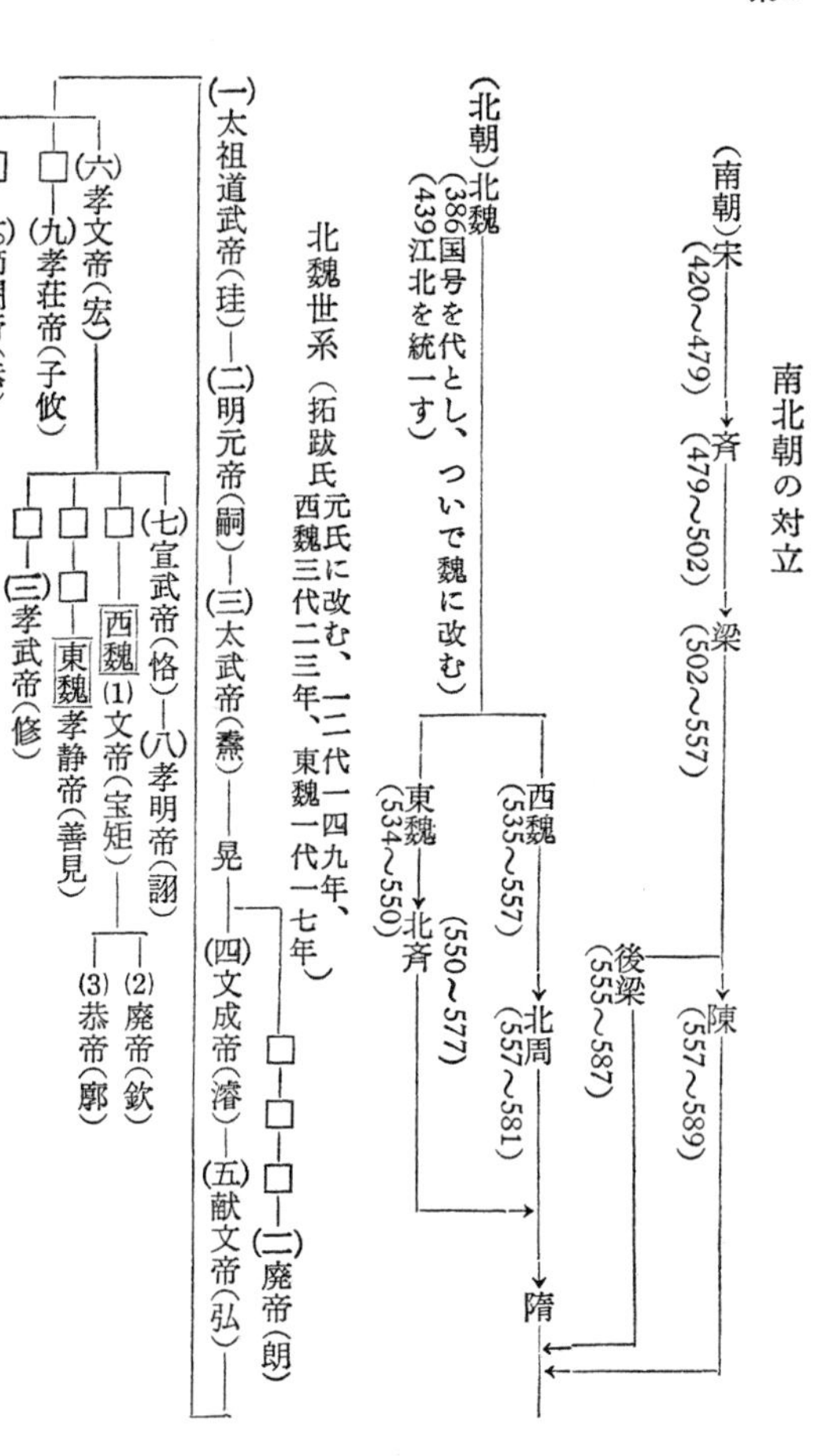

北魏の均田法

これよりさき、西晋では国家経済や農村の安定のため、三国魏の屯田策にもとづき、土地国有を前提条件とする耕地分配制度の占田、課田の制を行ない、租税として戸調を定めたが、北魏の均田法はこの精神を継承して土地を国有とし、年齢に応じて男女に一定の土地を給し、その一部を世襲、他をその人一代の使用に限ったのである。これは土地均分による農民生活の安定、労働力と土地との平均を

北魏、唐の均田法における一般の受田額

北魏			唐	
土地の種類＼男女、年齢関係	丁男（十五歳以上六十九歳）	丁男の妻	土地の種類＼年齢関係	丁男（二十一歳以上五十九歳）、十八歳以上中男
露田（穀物栽培地、桑土、麻土同じ）	四〇畝（ほかに倍田四〇畝）	二〇畝（倍田二〇畝）	口分田（穀物栽培地）	八〇畝
桑田（桑、楡、棗の栽培地、桑土において給す）	二〇畝		永業田（桑楡棗栽培地）	二〇畝
麻田（麻の栽培地、麻土において給す）	一〇畝	五畝		
桑田（楡、棗の栽培地、麻土において給す）	一畝			

図り、農民を土地に縛りつけて国家の奴隷、小作人とするとともに、豪族らの土地兼併を押えようとしたものであるが、奴婢、耕牛にも土地を授けたので、豪族らは何等打撃をうけず、しかも当時荒廃した田土が多かったので、本法は一応の成績を挙げ、以後北朝の諸朝もこれを継承し、隋はそれを全国に施行した。しかし北魏の極端な漢化政策は鮮卑武人らの不満を招いて鎮軍の反乱を見、遂に北魏は東西に分裂した。

北魏の分裂

鄴（河北磁県）を根拠とする東魏は、漢化反対の武人らの勢力を背景とし、長安を根拠とする西魏は漢化鮮卑人の支持をうけてたがいに争い、やがて東魏に代って北斉、西魏に代って北周がおこり、ついで北周が北斉を滅ぼしたが、間もなく北周の外戚楊堅が北周に代って国を隋と称し、五八七年北朝の保護国後梁をくだし、五八九年南朝の陳をあわせて統一を完成した。これが隋の高祖文帝である。

隋の統一

六朝の文化　魏晋南北朝の世は、政局が不安定を極めたが、晋室の南渡によって移植された黄河流域の文

文化の特色

化が、江南の温雅な風土に育てられて六朝文化の花を開いた。又江北では異民族が支配して漢民族を軽侮したが、かれらは久しく中国文化に接していたので、文化は必ずしも破壊されず、かえって残留の漢民族に同化し、中国文化の伝統がよく保たれた。当時、江北と江南とは人種、風俗を異にし、北人の剛健に対して南人は優雅を称せられ、北方は漢代の伝統に満足したが、

北周、隋世系（北周、宇文氏、五代二五年 / 隋、楊氏、四代三九年）

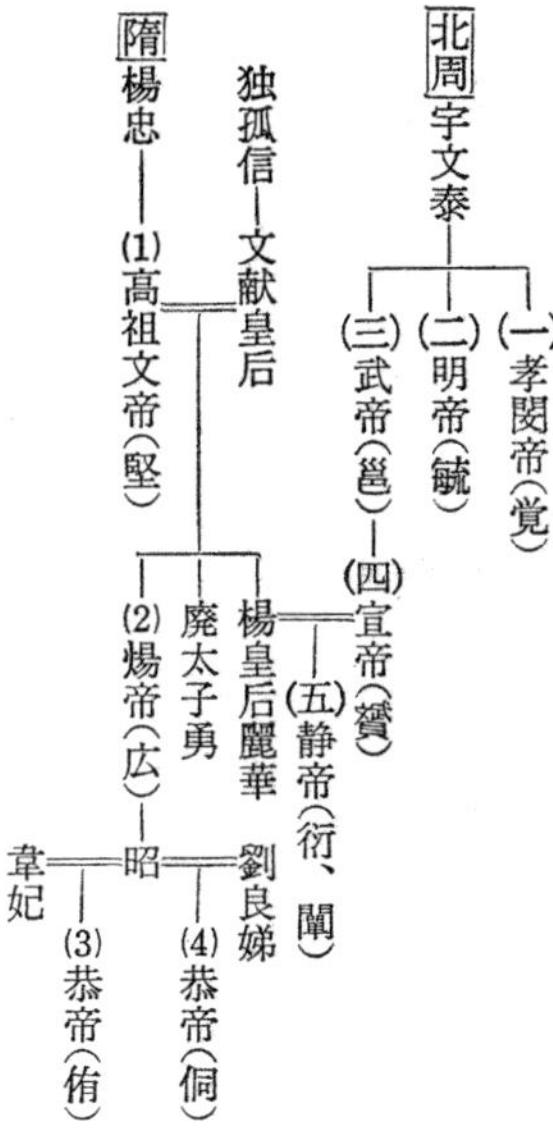

南方は従来の伝統を一歩進め、文学、芸術などにその特色を示した。

儒学

儒学は魏晋の世、老荘思想による新解釈が行なわれて新生面が開かれたが、南朝ではあまり振わず、北朝では訓詁を主とする儒学が重んぜられた。そして魏晋の世の清談の流行は、文学、芸術にも反映して自然を味わおうとする風潮が強く漂っている。

文学と芸術

陶淵明と謝霊運

文学は従来の政教の束縛から離れて自然美を楽しみ、晋、宋のころに陶淵明（とうえんめい）、謝霊運（しゃれいうん）が現われ、また詩文の文学的評論がおこり、文学そのものの価値を認めるようになった。

顧愷之

絵画では老荘の自然主義にあこがれた東晋の顧愷之（こがいし）が人物画に一時期を画し、書も芸術的趣味から鑑賞するようになり、

王羲之父子

東晋の王羲之（おうぎし）が書聖としてその子献之（けんし）とともにその名を伝えられ、六朝には楷、行、草の諸体が整った。南朝になると、江南の風物と物資の豊富とが南朝人の享楽的風潮を強めるとともに、美的趣味をいっそうたかめた。清談は放縦な享楽主義に流れたが、南朝人の享楽的風潮は文学の上にも現われ、文章の表

四六駢儷体

文選と玉台新詠

古画品録

学術

仏教

クマーラジーヴァ

第 22 図　伝顧愷之筆，女史箴図巻（一部）

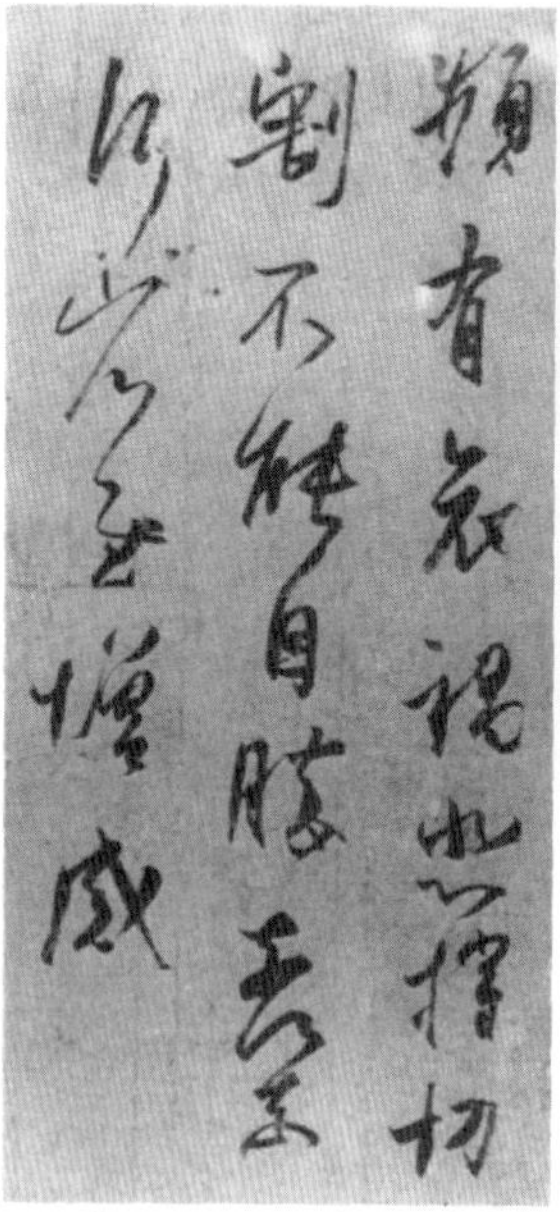

第 23 図　王羲之孔侍中帖

現形式に苦心が払われ、四字、六字の対句を用いる華麗な四六駢儷体が流行し、南朝文学の精粋を収めた文選、玉台新詠がつくられ、駢儷体の盛行は音韻学の進歩を見た。絵画では江南の山水美が山水画を生み、また美的趣味が洗練されて南朝斉の謝赫が古画品録を著わして画の六法を論じた。学術方面では、歴史に三国志、後漢書、宋書、南斉書、魏書などの正史、地理に水経注、農業技術に斉民要術などが現われ、また家柄の尊重によって譜学が流行した。

南朝人はこのように美的趣味が洗練された一面、現世の安逸な生活を楽しもうとする気持が強く、それがため仏教の流行と道教の組織とを見た。仏教が中国にはいったのは後漢の中葉と考えられるが（前一世紀前後ともす）、三国ごろには訳経、造寺も行なわれ、特に老荘思想や清談の流行が仏教を迎えるのに都合よく、はじめは老荘の説で仏教が説かれた。五胡の君主には仏僧を尊信して政治の顧問とするものもあって、インド、西域から来朝する僧侶がすくなくなく、そのうちブダチンガ、クマーラジーヴアが名高く、また法顕、宋雲、慧生らの中国僧も、インドから多くの仏典をもち帰った。

道安と慧遠

ブダチンガの門下から道安が現われ、その弟子慧遠は念仏を唱え、かれを中心として白蓮社がつくられ、クマーラジーヴァは訳経に不朽の功績を残し、道安のころになると、仏教は老荘思想との妥協を離れ、しだいに着実な仏教研究がおこって多くの宗派が成立した。しかし当時の人々は、ただ仏教の慈悲にすがって現世の幸福をえようと願っていたに過ぎなかった。

敦煌千仏洞

雲崗、竜門の石窟

南北朝時代には国家の保護や貴族、豪族の支持をうけ、仏教は貴族的性格が濃厚で、北魏の太武帝、北周の武帝の排仏もあったが、南北両朝の君主の多くは仏教を尊信し、すでに五胡の時代に壁画、仏像で名高い敦煌(甘粛)の千仏洞(莫高窟)がつくられたが、北魏では雲崗(山西大同)、竜門(河南洛陽)の石窟を開掘して多くの仏像を刻んだ。前者の仏像は中国本来の伝統にガンダーラやアジャンターおよび中央アジアの種種の要素を加えて巧みに調和し、後者のそれは西方の色彩を減じて中国的になっているといわれ、千仏洞とともに、その開掘は隋唐時代に及んでいる。

麦積山石窟

なお近時、四川に近い麦積山石窟(甘粛天水)も人々の注意するところとなっている。

道教

仏教の発展によって著しい影響を受けたのは道教である。道教は道家の学説から直接展開されたのではなく、神仙説に陰陽五行説、讖緯説その他民間の雑多な信仰を加え、仏教の影響をうけ、道家の説で潤飾して成立し、徹底した中国人の現実主義から生まれたものである。後漢の中期、その萌芽として太平道(黄巾の賊)、五斗米道が現われ、のち五斗米道が太平道を吸収して天師道とよばれ、仏教と衝突して老子化胡経などが偽作されたが、仏教との論争によって教理の発達がうながされ、北魏の世には寇謙之が教団の組織、発展につとめ、新天師道を唱えて太武帝に尊信され、ここに道教が組織ある教団となった。

隋の統一工作

隋朝三十年　多年にわたる南北の分裂を統一した隋は、中央集権の強化と南北の合一とにつとめ、それが

第 26 図　麦積山石窟造像碑（部分）

第 24 図　敦煌千仏洞壁画

第 25 図　雲崗石窟の大仏

隋の大運河

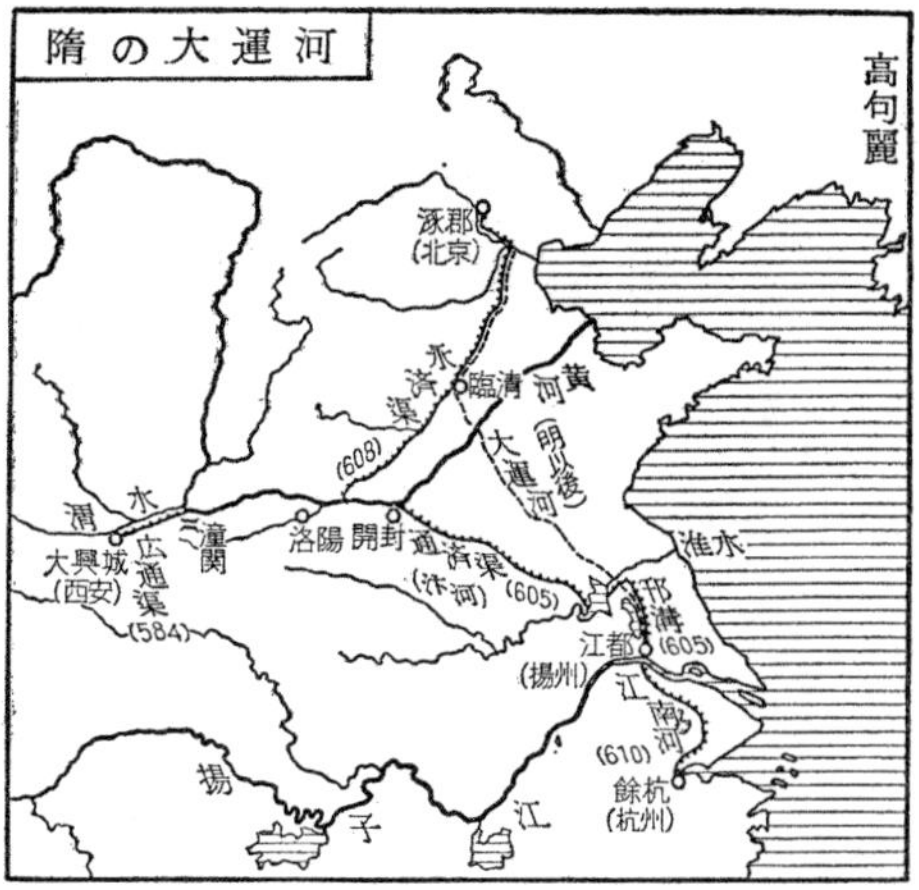

ため律令を定めて官制を整え、郡をやめて県を州に直属させ、州の長官の刺史のもつ兵権を奪い、西魏にはじまる府兵制度を広く行なって兵農一致の制を確立し、また土地制度、税制を改革し、官吏の登用を学科試験による選挙に改めて門閥の勢力を押えた。これらはいずれもつぎの唐の制度の基礎となったが、なお隋が江南の物資を中央に運ぶために大運河を開き、それを華中、華北と連絡する経済的幹線としたのも、統一政策の現われにほかならない。

隋の対外発展

隋はまた外部に対しても著しい発展を示した。当時、北辺の憂をなしたのはトルコ系の突厥で、隋はその東西に分裂したのに乗じ、内外モンゴリアに拠る東突厥を服従させ、イリ地方の西突厥の懐柔に成功し、また西は鮮卑系のドルッグ(吐谷渾)を征して西域の交通路を安全にし、南はチャンパ(林邑)、流求(台湾)を征し、赤土国(スマトラ島パレンバン付近)を朝貢させた。

隋唐の交替

隋は文帝の努力によって社会安定の緒についたが、つぎの煬帝は豪奢を好んでしきりに外征を行い、盛んに土木をおこしたので、激しい誅求、徴発が農民を苦しめ、特に高句麗遠征の失敗は隋の政治的権威を失墜した。それがため各地に破壊的な農民暴動が蜂起し、それはやがて群雄割拠の形勢となり、六一八年、隴西(甘粛)の豪族李淵が隋に代って国を唐と号した。これが唐の高祖で、隋は統一後三十年にして滅亡した。

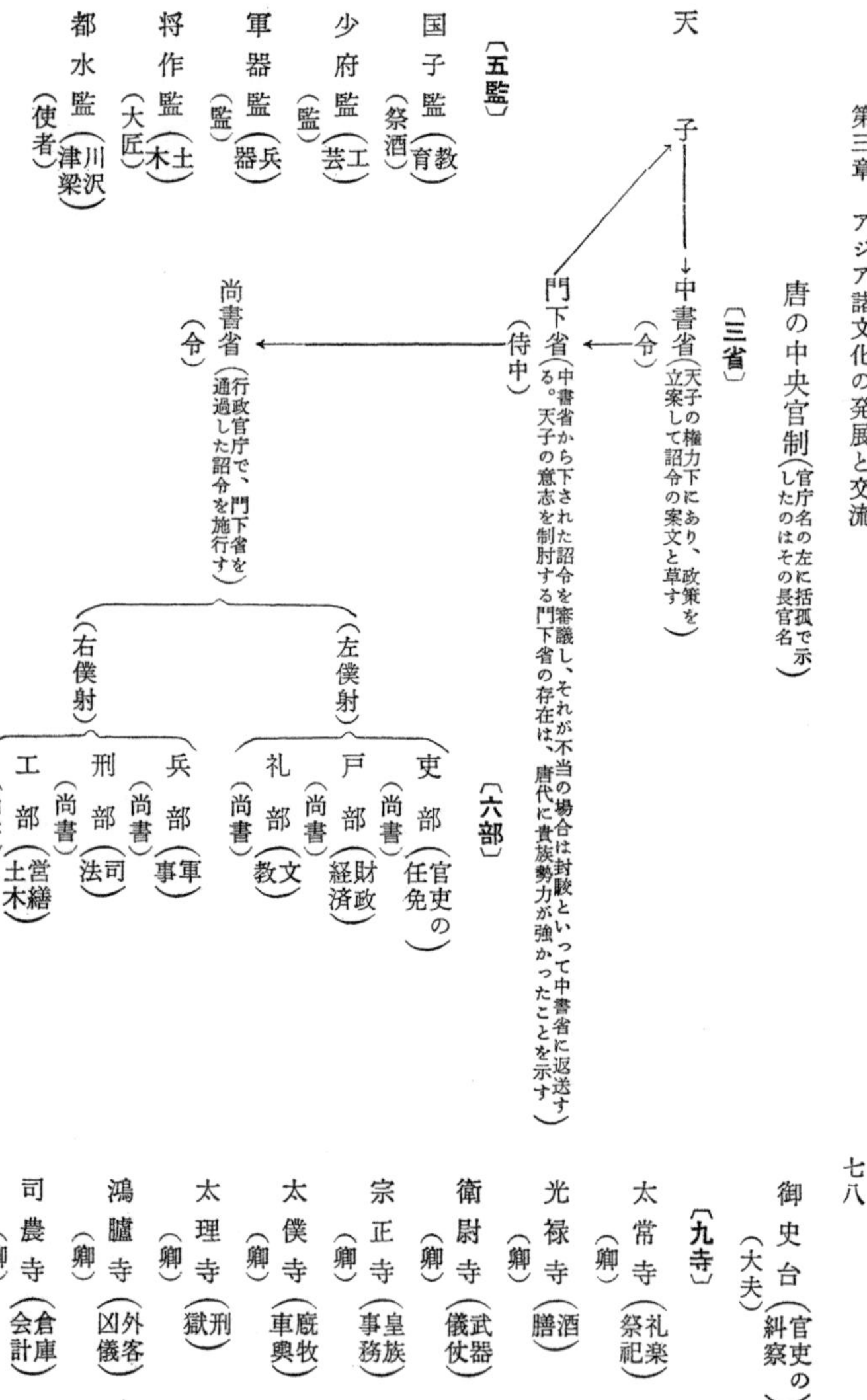
唐の中央官制（官庁名の左に括弧で示したのはその長官名）
〔三省〕
天子
中書省（令）（天子の権力下にあり、政策を立案して詔令の案文を草す）
門下省（侍中）（中書省から下された詔令を審議し、それが不当の場合は封駁といって中書省に返送する。天子の意志を制肘する門下省の存在は、唐代に貴族勢力が強かったことを示す）
尚書省（令）（行政官庁で、門下省を通過した詔令を施行す）
（左僕射）
（右僕射）
〔六部〕
吏部（尚書）（官吏の任免）
戸部（尚書）（財政経済）
礼部（尚書）（文教）
兵部（尚書）（軍事）
刑部（尚書）（司法）
工部（尚書）（営繕土木）
〔五監〕
国子監（祭酒）（教育）
少府監（監）（工芸）
軍器監（監）（兵器）
将作監（大匠）（土木）
都水監（使者）（川沢津梁）
御史台（大夫）（官吏の糾察）
〔九寺〕
太常寺（卿）（礼楽祭祀）
光禄寺（卿）（酒膳）
衛尉寺（卿）（武器儀仗）
宗正寺（卿）（皇族事務）
太僕寺（卿）（厩牧車輿）
太理寺（卿）（刑獄）
鴻臚寺（卿）（外客凶儀）
司農寺（卿）（倉庫会計）
大府寺（卿）（財貨）

租庸調(丁男に課す)

租	庸(役正)	調
粟(もみつきの穀物)二石	一年に二十日(閏年二十二日)、国家的な土木事業に従事させる。従事しない場合は、一日に絹あるいは絁ならば三尺、麻布ならば三尺七寸五分の割合で納めさせて、庸という。庸が正役であるのに対して地方的な臨時の労働を課したのが雑徭で、これは丁男、中男に負担させた。	綾、絹、絁いずれか二丈と綿(真綿)三両、あるいは麻布二丈五尺と麻三斤を納む

隋唐時代度量衡表

時　代	度(尺)	量(升)	衡(斤)
隋	29.51 cm	0.594 l	668.19 g
唐，五代	31.10 cm	0.594 l	596.82 g

長さの単位　丈=10尺　尺=10寸　寸=10分
布帛の単位に端=5丈　匹(疋)=4丈がある
面積の単位　頃=100畝　畝=240歩
歩=5尺(25平方尺)
唐代の1頃(100畝)は約わが5町5段余
ますの単位　斛(石)=10斗　斗=10升　升=10合
重さの単位　斤(觔)=16両　両=24銖　銖=10絫
なお真綿は6両を屯，絹糸は5両を絇，麻は3斤を綟とす
(注　意)　唐の度量衡に大小あるが，一般に用いられるのは大である

隋唐時代の丁中制度

年代		黄	小	中	丁	老
隋	582	1—3	4—10	11—17	18—59	60—
	583	1—3	4—10	11—20	21—59	60—
	煬帝初年	1—3	4—10	11—21	22—59	60—
唐	624	1—3	4—15	16—20	21—59	60—
	719	1—3	4—15	16—20	21—59	60—
	705～710	1—3	4—15	16—21 (16—22)	22—58 (22—57) (23—58)	59— (58—)
	737	1—3	4—15	16—20	21—59	60—
	744	1—3	4—17	18—22	23—59	60—
	763	1—3	4—17	18—24	25—54	55—

(表頭: 種別 / 年代)

唐の統一とその政治　唐は隋制をうけついで制度、武力を整え、中央集権を確立した。

律令

唐の法令は律と令とを根本とし、令には諸制度が詳しく定められている。

官制

官制は中央の最高機関として、三省(さんしょう)、六部(りくぶ)のほかに、御史台(ぎょしだい)と九寺、五監とがあり、地方を十道(のち十五道。道は巡察区域)にわけ、道の下に州(長官は刺史)

選挙と学校

県（長官は令）をおき、特別の地域（京兆、河南、太原）を府（長官は尹）とした。官吏の任用は選挙の制を採用し、受験資格に生徒（二館六学の生徒で、学館の予備試験に合格したもの）と郷貢（地方州県の予備試験合格者）とがあり（ほかに天子の親試による制挙があった。）、科目には明経、進士などが設けられ、学校には都の長安に六学（国子学、太学、四門学、律学、書学、算学。ほかに皇族や功臣の子弟のための弘文、崇文の二館があった）があって官吏の養成を目的とし、地方に郷学（府学、州学、県学）があった。選挙は宋以後科挙とよばれて永く行なわれ、中国文化の統一に役立ったが、形式化して学術の進歩をさまたげた。

均田法

また土地所有の最高限を定めるとともに、税制の確立、軍備の充実のため、戸籍を整備して均田法を行なった。これは隋制に基づき、一定年齢の男子に百畝の土地を与えるという形で、その一部を世襲、大半をその人一代の使用に限ることとして農民を土地に固着させ、国家の土地を授ける代りに、租、庸、調（ほかに雑徭とよばれる徭役がある）を徴し、王公、貴族、官僚にはこれらの負担がなく、官位に応じて多額な田土の所有が許された。

府兵制

軍備は隋制によって府兵制を行ない、全国に折衝府を設け、勇健な農民を選んで府兵とし、府兵は租、庸、調の負担が免ぜられる代りに、農閑期に武芸を練習し、衛士として交代に国都を守る義務があった。

貞観の治

このような諸制度の整備により、唐は太宗時代に貞観（太宗の年号）の治といわれる盛世を現出し（貞観政要は、太宗と臣下との政治問答を記したもの）、充実した国力によって対外的に著しい発展をした。

東突厥と鉄勒諸部

　唐は隋末の混乱に乗じて、東突厥が再び勢をえてきたので、その支配下の鉄勒諸部を利用してこれを滅ぼし、ついで鉄勒諸部の一である薛延陀部を破り、ウィグルを支配下においた。

ドルッグ　タングート

唐はまた青海、新疆、甘粛方面のドルッグやチベット系のタングートを下し、さらにスロンツァン＝ガンポに率いられて発展してきた吐蕃を破った。

吐蕃　高昌と西突厥

当時、西域のトルファン地方には中国人の植民国家高昌国が栄え、西域交通を阻害したので、唐はこれを滅ぼし、ついでイリ地方に勢力を張る西突厥を平定し、西域の貿易路を確保した。南方からはチ

南海諸国とインド

ャンパ(環王)、真臘(しんろう)の諸国が入貢し、また唐はヴァルダナ朝とも交通を開き、これによって仏教や美術をはじめとし、インドの学問、知識などをとりいれた。

朝鮮と日本

一方、東方の朝鮮に対し、新羅を助けて百済、高句麗を滅ぼし、任那の回復を図る日本の勢力を半島から一掃して新羅を支配下においた。日本はさきに隋と交通を開いて遣隋使を送ったことがあり、いまや外交方針を一変して唐との親善を図り、遣唐使を派遣して唐の文物、制度の輸入につとめた。

六都護府

このようにして唐は領土を大いに広め、その属地支配のために六都護府(とごふ)をおき、唐の天子は塞外の民族や西域諸国共同の大君主と仰がれて天可汗といわれた。しかし唐は属地支配を各民族の自治に任せる寛大な羈縻政策をとり、それはややもすれば放漫に流れたので、唐の勢力が衰退すれば、これら諸民族は離反する傾向があった。

羈縻政策

六都護府

都護府名	治所と設置年代	管轄区域
安東	平壌—六六八 遼東郡故城（遼寧省遼陽市）—六七六 遼東新城（遼寧省新民県あるいは撫順付近）—六七七	朝鮮 南満州
安北	故単于台（五原方面）—六四七 外モンゴリア、トラ川方面—六六三	外モンゴリア
単于	雲中故城（内モンゴリア自治区フフホト市附近）—六六三	内モンゴリア
北庭	庭州（ウルムチ付近）—七〇二	天山北路
安西	高昌（トルファン）—六四〇 クチャ—六五八	天山南路 西トルキスタン
安南	交州（ハノイ）—六七九	南海諸国

唐では貴族出身の官僚と選挙出身の官僚との対立があり、また太宗のつぎの高宗の晩年ごろから、いわゆる武韋（則天武后 韋皇后）の禍があって政治がゆるんできたが、一方、王公、貴族、官僚や豪商、寺観などが規定を無視して土地の兼併につとめたので、荘園の著しい発展を見た。荘園の耕作に従事するものは、部曲とよばれる奴隷のほか、多数の佃戸が使役されて小作制が発達しつつあった。これらの佃戸は、重税、徭役に加えて商業資本、高利貸資本の圧迫に苦しむ均田農民が、その土地をすてて荘園に流れこんできたものが多く、社会的にも、国家財政の上にも、大きな問題であった。こういう時期に即位した玄宗

荘園の発展

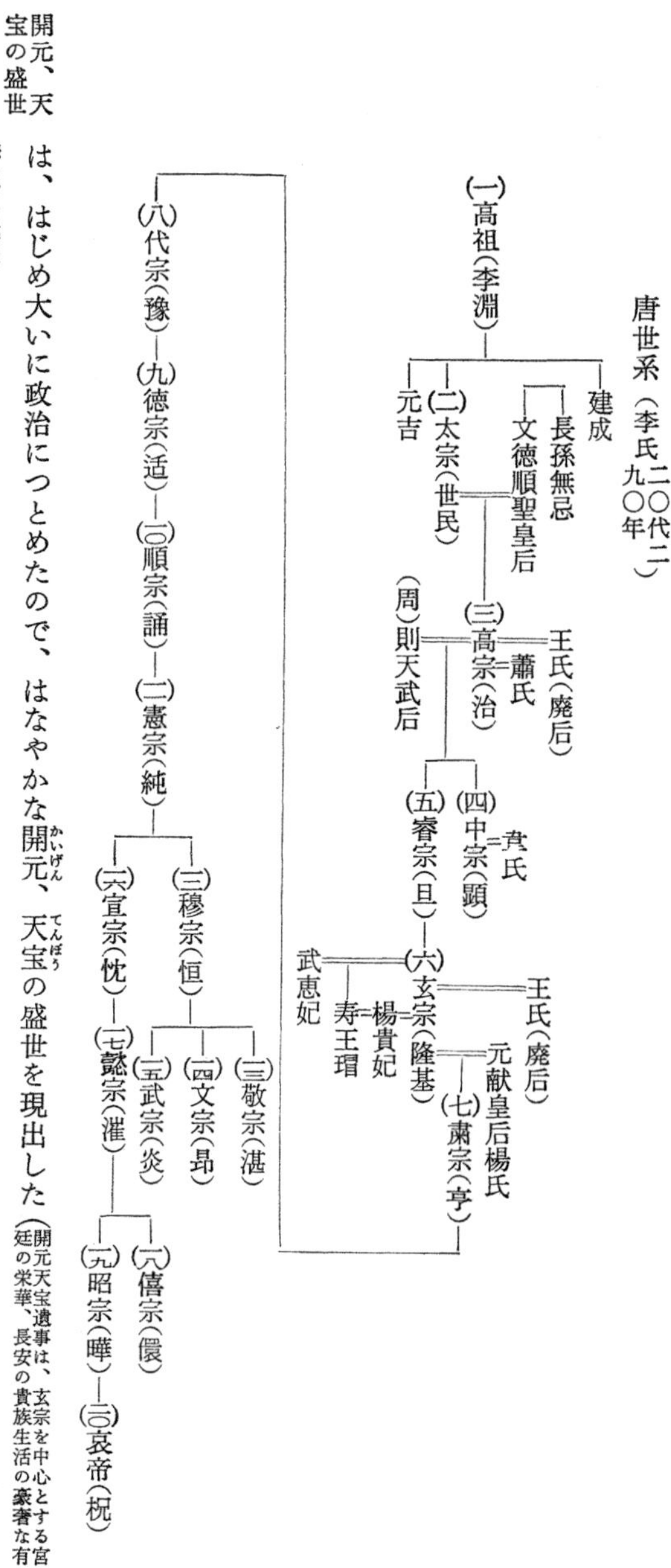

開元、天宝の盛世

は、はじめ大いに政治につとめたので、はなやかな開元（かいげん）、天宝（てんぽう）の盛世を現出した（開元天宝遺事は、玄宗を中心とする宮廷の栄華、長安の貴族生活の豪奢な有様などを述べたものである）。当時の長安は政治、文化の中心であり、年中行事がはなやかに行なわれ、泰平の縮図としてうららかな光に包まれていた。しかしこの繁栄の裏には、支配者階級の栄華の犠牲となり、激しい誅求に苦しむ多くの窮乏農民があり、社会転換の気運が急激にかもされてきた。

募兵制と節度使

唐は府兵制を採用したが、均田法の行きづまり、均田農民の減少、府兵の負担過重などによって制度がゆるみ、そこで玄宗は新たに募兵制を行なった。これよりさき、唐の対外勢力が衰えて異民族がしだいに進出してきたので、唐は多くの軍鎮を国境地帯

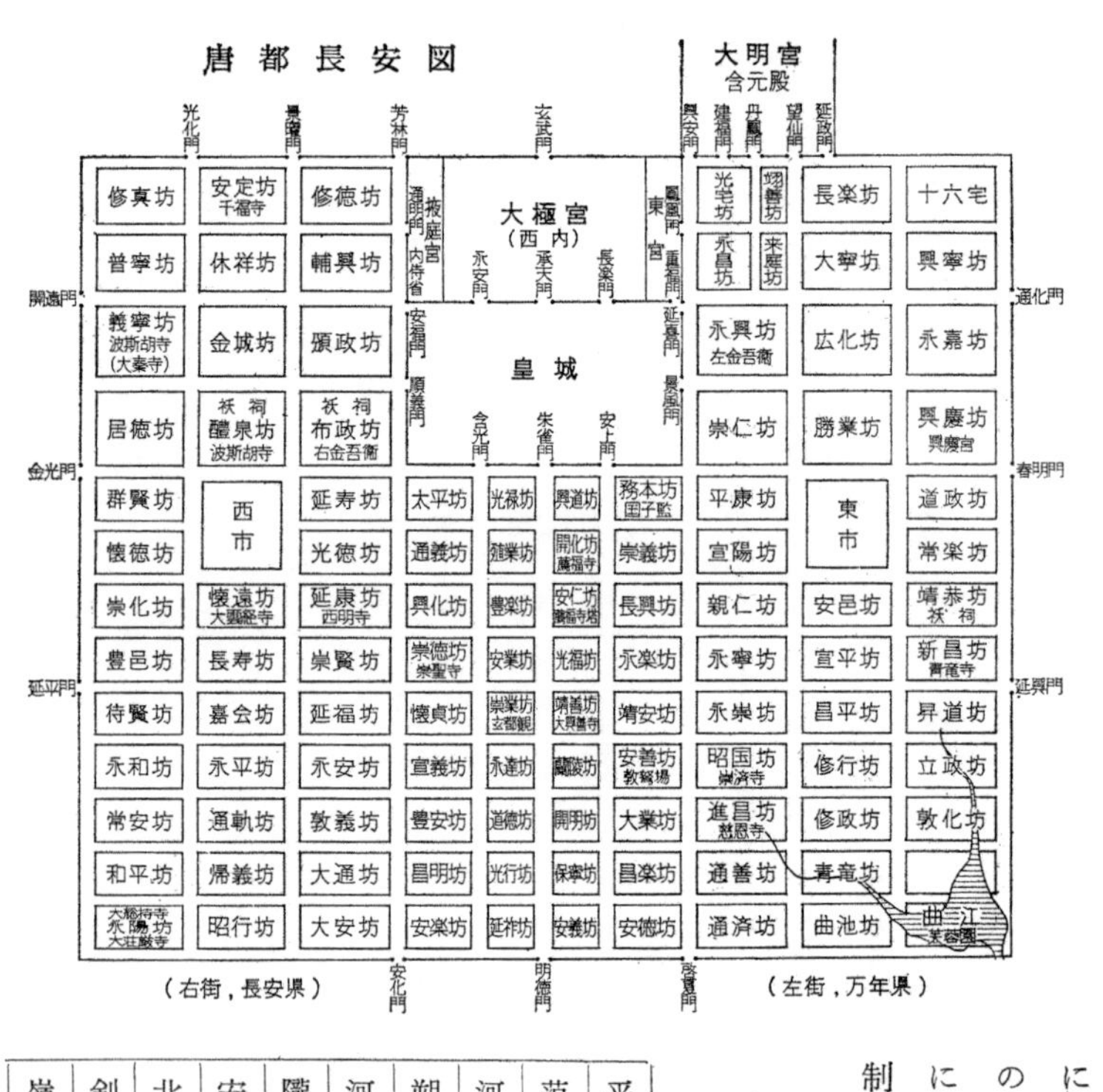

に設け、睿宗(えいそう)の時、河西節度使をおいたのを最初として、玄宗の時、辺要十箇所に節度使(鎮藩)を列置したが、いまや募兵制の採用によって節度使が自ら兵士を募

十節度使（六都護府の位置と比較して唐勢力の減退を知りえよう。嶺南は五府経略使という）

節度使	治所
平盧	営州（遼寧、朝陽）
范陽	幽州（北京）
河東	太原（山西、太原）
朔方	霊州（寧夏、霊武）
河西	涼州（甘粛、武威）
隴右	鄯州（青海、西寧）
安西	亀茲（新疆、クチヤ）
北庭	庭州（新疆、ウルムチ）
剣南	益州（四川、成都）
嶺南	広州（広東）

り、それと主従関係を結んで強大な勢力をもつようになった。時に三方面（平盧、范陽、河東）の節度使を兼ねる野心家の安禄山は、玄宗が楊貴妃をえ、政治を怠っていたのに乗じて挙兵した。この乱は禄山の部下史思明に継承されて安史の乱とよばれ、前後九年に及んだ。

安史の乱

均田法の崩壊

安史の乱は、中国の古代社会没落の第一歩をなした点に歴史的意義がある。均田法は租庸調と密接な関係があるが、唐ではその精神と矛盾する戸税、地税を徴してそれが重要な税目となり、また安史の乱後、塩、茶、酒を専売としたほか、種々の新税を設けたので、租税体系が複雑となって租庸調の意義が失われ、一方には荘園の発展がめざましく、ここに唐の支配の基礎をなす均田体制が行きづまった。そこで七八〇年、唐は均田、租庸調制を廃して両税法を断行した。これは従来の雑多な諸税をまとめ、予算を定めて夏秋二回に現住者の土地（田税、穀納）、財産（戸税、銭納）に応じて課税し、商人からも売上高に応じて租税（商税、銭納）を徴したものである。

両税法の成立

玄宗天宝年間の国庫収入の概算

（通典による。戸数890万，租庸調負担の課丁820万，租粟を布で納めたのは，粟で計算す）

租	…………	粟	1,640 万石
庸，調	…	絹	740 万疋
		綿	185 万屯
		布	1,035 万端
戸税	………	銭	222.5 万貫
地税	………	粟	1,246 万石

（注意）戸税は資産に応じて課したもの，地税は救荒用の義倉米の転化したものである。

節度使の専横

ところで、唐は辺防のために節度使を設けたが、安史の乱に際してそれが内地にもおかれてその数が大いに増した。また唐が塩、茶、酒の専売や両税法を行なったのは、荘園や商業の発展に対応する経済政策の転換であり、節度使の列置は地方の武力を増して中央集権を維持するにあり、要するに新しい組織の上に貴族中心の唐の支配を存続しようとするにあった。しかし両税法は荘園を公けに認めたものであり、しかも両税法施行後も唐の財政は依然窮迫して諸種の雑税が現われ、加うるに商業資本、高利貸資本の発展の結果、窮乏農民の荘園に流れこむものや、節度使の傭兵となるものが多かった。両税法時代の中央と地方との財政関係の主なものは、上供、留使（送使）、留州の三であったが、節度使はその必要に充てるための留使に加えて、上供を私する場合が多かった。これがため節度使は武力、財政に強大な力をもち、中央の命令に従わないでしばしば反乱をおこし、地方分権的な大勢力となった。当

宦官の専横と朋党

時、唐朝内部では宦官が専横を極め、かれらは官僚が私怨による朋党を結んで争っているのに乗じ、さらに勢力をのばしてしばしば天子の廃立さえした。ひるがえって、唐が安史の乱後、なお一五〇年間命脈を保ちえたのは、淮水から揚子江流域へかけての江淮の穀倉地帯が戦禍を免かれたことに大きな原因がある。唐は早くからこの地帯の確保につとめ、安史の乱および乱後の財政をその地の収入で補っていたが、激しい誅求は一般農民ばかりでなく、地主豪族層をも苦しめた。そのため江淮地方では、地主豪族層と結ぶ農民や流民

黄巣の乱

の反乱がしばしばおこった。時あだかも黄河平地一帯に饑饉が続き、それに乗じて王仙芝（おうせんし）が河北省に乱をおこし、山東省に挙兵してこれに応じた黄巣（こうそう）の大乱は前後十年におよび、唐の宝庫である江淮地方をふみにじった。この間、唐の貴族たちの多くは反乱の掠奪、殺害の対象となったが、やがて九〇七年、節度使の朱全（しゅぜん）忠（ちゅう）（後梁太祖）が唐を滅ぼして国を梁（りょう）（後梁）と号した。

国際的文化の発展

生産の発達

唐代三〇〇年、時に争乱があったが、全体から見れば平和な時代が続いたので、生産技術が進歩して産業が大いに発達した。中国では古くから華北で粟（あわ）や黍（きび）、稷（高梁）、麦、菽（まめ）の類、華中、華南で稲が作られていたが、隋唐時代には稲の品質が改良されて品種も増加した。揚子江下流沿岸では砂糖を産して製糖法が改良され、茶も黄河以南の各地で栽培されて飲茶の風が流行し（唐末、陸羽が茶経を著わす）、それにともなって窯業

も盛んとなり、三彩陶器（唐三彩）などが現われた。養蚕業は広く行なわれ、宮廷、貴族の管理下に絹織物の染織法が発達し、福建以南では、木綿が栽培されて綿布が織られ、漆器や金属工業も進歩した。また隋の大運河

第 27 図　閻立本筆歴代帝王図巻（一部）

第 28 図　欧陽詢　九成宮醴泉銘

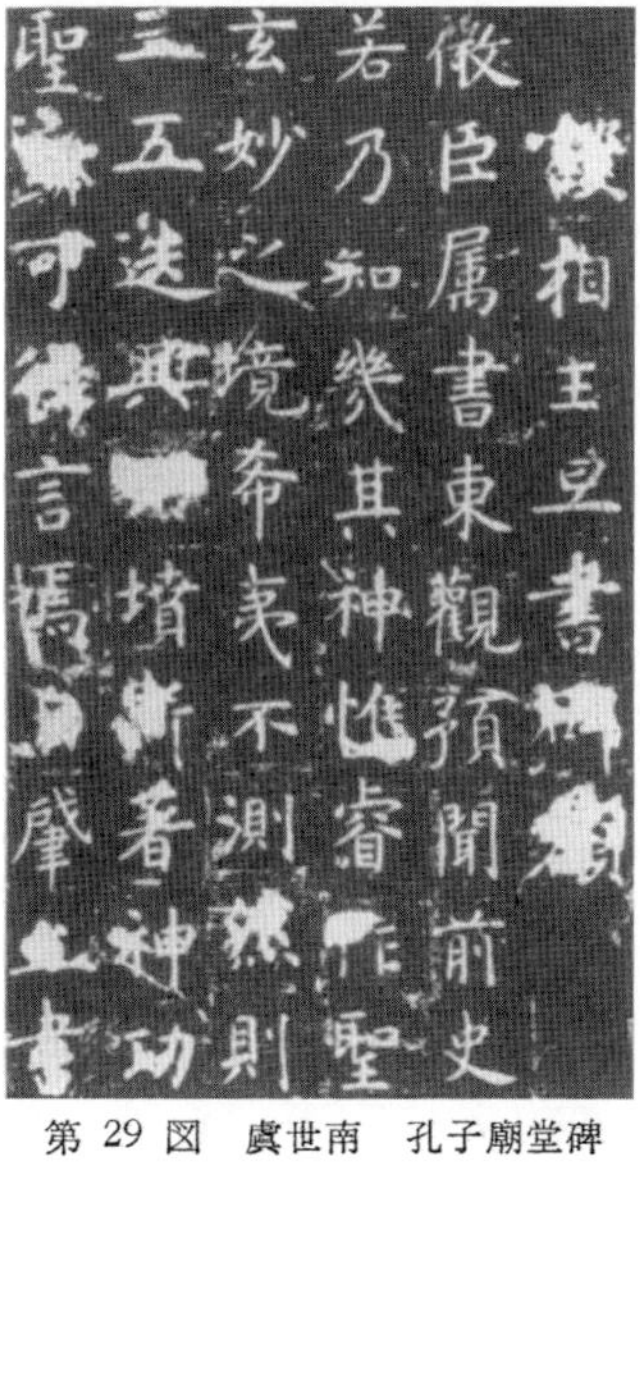

第 29 図　虞世南　孔子廟堂碑

国内交通と商業

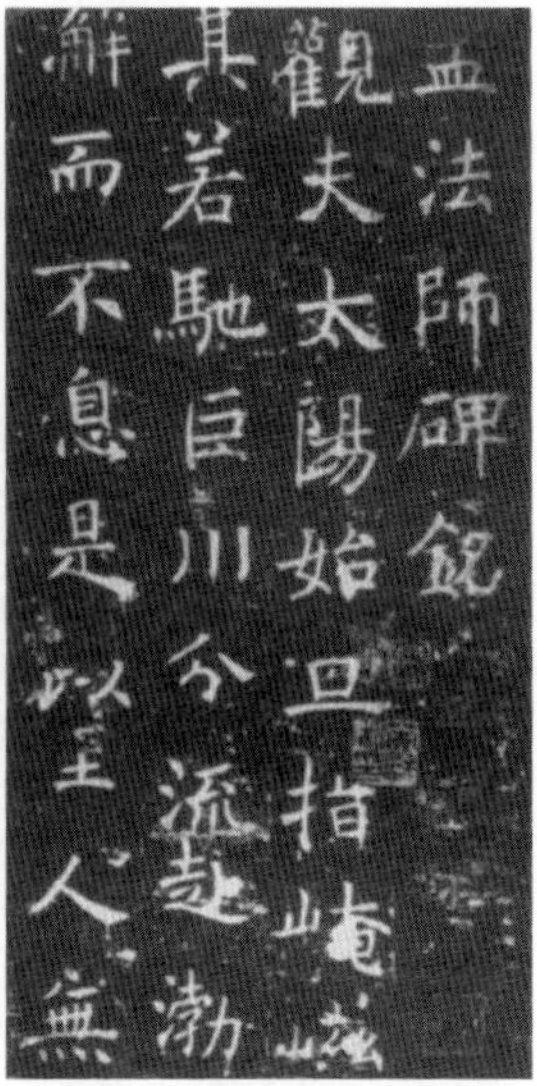

第 30 図　褚遂良　孟法師碑

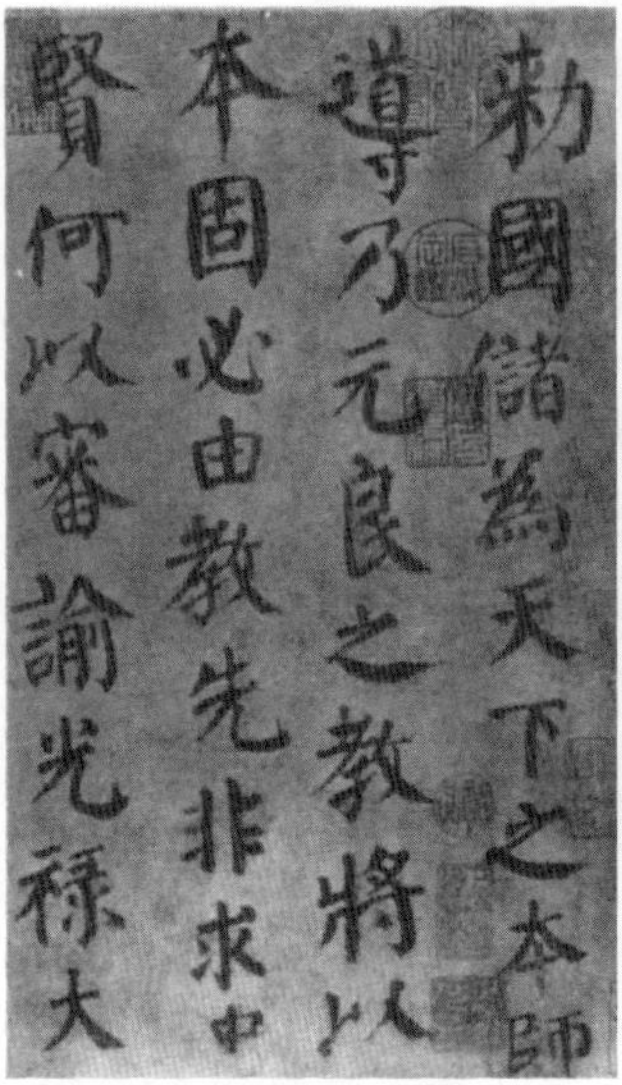

第 31 図　顔真卿　白書告

開元通宝銭と飛銭

が利用され、駅の制度が整い、生産、交通、運輸の発達は、商業の発展、都市の繁栄をうながし、長安、洛陽その他の大都会の市とよばれる商業区域には、同業商店の町である行があってにぎわい、貨幣経済も発達し、開元通宝銭のほか、いくつかの銅銭が鋳造されたが、唐末には便換という送銭手形制度がおこって飛銭とよばれた。

東西交通

外来宗教

東西の交通、貿易も、唐の対外発展によって大いに栄え、美術、工芸、音楽その他あらゆるものが諸外国から伝えられ、ゾロアスター教（祆教）、マニ教、イスラム教やキリスト教の一派の景教（ネストリウス派、明末に長安で発見された「大秦景教流行中国碑」は唐代につくられたものである）なども、在留の外来人の間に行なわれた。

唐代文化の特色

このようにして、従来南北にわかれていた文化が融合したばかりでなく、外来の要素によって文化が著しく国際的性格を帯びるようになり、その特色は、貴族的であるとともに、外形美と異国趣味とにあふれ、それは文学と芸術とによく現われている。

文学

唐代の文学は貴族文学として詩、文ともに著しい発展をとげ、韓愈、柳宗元がでて古文を復興し、また短篇で創作的価値には乏しいが、文語体小説が大成して文章の妙を称され、ことに詩は空前絶後の盛況を呈して絶句(五言、七言の四行詩)、律詩(五言、七言の八行詩)の形式が完成し、盛唐に李白、杜甫の二大詩聖をはじめ、詩画一致の妙を称せられた王維や孟浩然、高適、王昌齢らが現われ、中唐に白居易、元稹が平易な詩によって知られ、晩唐に杜牧、李商隠、温庭筠らがでた。

絵画、書道

絵画は唐初に閻立本が人物、仏像を画き、ついで呉道玄が従来の生硬な画風を一変し、李思訓、王維とともに山水画に長じた。六朝以来、芸術として発達した書も大いに流行し、虞世南、褚遂良、欧陽詢(初唐の三大家)、顔真卿などが唐代文化に花をそえた。

儒学

しかし儒学は低調を極め、太宗の時、経書解釈の基準を定めて五経正義をつくったが、それはかえって思想を束縛した。

学術

学術では南史、北史のほか、晋書、梁書、陳書、北斉書、周書、隋書などの正史が勅撰され、歴史理論に劉知幾の史通、地理に古今郡国県道四夷述、元和郡県図志、古今の制度を記して九通の首位におかれる通典、百科辞典的なものに北堂書鈔、芸文類聚などが現われた。

仏教

唐代にはまた外来の宗教である仏教が発展し、玄奘がインドから多くの経典をもたらして仏教に新しい生命を吹きこんだ(玄奘は弟子の道宣らと訳経につとめ、それは六朝の旧訳に対して、新訳といわれた)。当時、玄奘、義浄ら中国僧のインドに行くもの、インド僧の中国に至るものが多く、教理の研究が進歩して多くの宗派(地論、摂論、倶舎、成実、三論、華厳、天台、法相＝唯識宗、禅、浄土、真言、三階。宗派の分立は南北朝にはじまる)がならび、帝室、貴族の尊信をうけて仏教は全盛を極めた。その一面、脱税、営利のための出家や貴族の寺院経営などが行なわれ、寺院

九　通

書名	撰者
○通典(二〇〇巻)	唐、杜佑撰
○通志(二〇〇巻)	宋、鄭樵撰
○文献通考(三四八巻)	元、馬端臨撰
続通典(一五〇巻)	清、乾隆中勅撰
続通志(六四〇巻)	〃　〃
続文献通考(二五〇巻)	〃　〃
皇朝通典(一〇〇巻)	〃　〃
皇朝通志(一二六巻)	〃　〃
皇朝文献通考(三〇〇巻)	〃　〃

○印のものを前三通ともいう。九通に清，劉錦藻撰の皇朝続文献通考320巻を加えて十通とするものもある。なお，類似の書に，明，王圻撰の続文献通考254巻がある。

は道観とともに多くの社会問題をおこしたので、政府は度牒（どちょう）によって僧尼の数を制限し、武宗の大迫害ののち、仏教の教理、教論の研究が衰えた。道教は老子の姓が唐室と同じなので、大いに帝室の尊信をうけ、その服薬長生の法が人心をとらえ、社会に行なわれた実際は仏教にまさったが、教理の方面の発展はなかった。

道教

〔参考文献〕

前嶋信次編　イスラーム（世界史大系7）　誠文堂新光社
前嶋信次編　西アジア史（世界各国史）　山川出版社
前嶋信次著　アラビア史　修道社
前嶋信次著　サラセン文化（アテネ文庫）　弘文堂
回教圏攷究所編　回教圏史要　四海書房
回教圏攷究所編　概観回教圏　四海書房
ワシントン＝アーヴィング著　小林一郎訳　マホメット伝　東邦書院
エミール＝デルマンゲム著　古野清人訳　マホメット伝　白水社
山本達郎編　インド・東南アジア（世界史大系6）　誠文堂新光社
三上次男編　東アジア1（世界史大系3）　誠文堂新光社
鈴木俊編　中国史（世界各国史）　山川出版社
護雅夫・神田信夫編　北アジア史（世界各国史）　山川出版社
内藤虎次郎著　中国中古の文化（教養文庫）　弘文堂
和田清編　支那官制発達史　汲古書院
和田、村上、守屋著　東洋中世史（有斐閣全書）　有斐閣
岡崎文夫著　魏晋南北朝通史　弘文堂
宮川尚志著　六朝史研究　日本学術振興会
吉田虎雄著　魏晋南北朝租税の研究　大阪屋号書店
武仙卿著　宇都宮、増村訳　南北朝経済史　生活社
宮崎市定著　九品官人法の研究　東洋史研究会
守屋美都雄著　六朝門閥の一研究　日本出版協同株式会社

村上嘉実著　中国の仙人—抱朴子の思想—　平楽寺書店
宮川尚志著　六朝宗教史　弘文堂
守屋美都雄著　校註荊楚歳時記　帝国書院
水野清一著　雲崗石窟とその時代　冨山房
水野清一著　雲崗石仏群　朝日新聞社
水野清一・長広敏雄著　竜門石窟の研究　座右宝
曾我部静雄著　均田法とその税役制度　講談社
陶希聖、鞠清遠著　六花謙哉、岡本午一訳　唐代経済史　生活社
鞠清遠著　中島敏訳註　唐代財政史　図書出版
鞠清遠著　福沢宗吉訳　唐宋工業史　不昧堂書店
日野開三郎著　支那中世の軍閥　三省堂
道端良秀著　唐代仏教史の研究　法蔵館
佐伯好郎著　景教の研究　東方文化学院
石田幹之助著　長安の春　創元社
足立喜六著　長安史蹟の研究　東洋文庫
神田喜一郎著　中国書法の二大潮流（東方文化講座一三）　東方文化講座委員会

原田淑人著　唐代の服飾　岩波書店
吉川幸次郎・三好達治・桑原武夫著　新唐詩選、同続選（岩波新書）　岩波書店
宮川尚志著　諸葛孔明　冨山房
村上嘉実著　陶淵明　冨山房
田中克己著　李太白　日本評論社
前嶋信次著　玄奘三蔵（岩波新書）　岩波書店
片山哲著　白楽天（岩波新書）　岩波書店
小林太市郎著　王維の生涯と芸術　全国書房
和田清著　東洋史上より観たる古代の日本（東方文化講座九）　東方文化講座委員会
池内宏著　日本上代史の研究　近藤書店
和田清・石原道博編訳　魏志倭人伝、後漢書倭伝、宋書倭国伝、隋書倭国伝（岩波文庫）　岩波書店
志田不動麿著　倭の女王　吉川弘文館
杉本直治郎著　阿倍仲麻呂研究　育芳社
森克己著　遣唐使　至文堂
末松保和著　任那興亡史　吉川弘文館
榎一雄著　邪馬台国　至文堂

第四章　東西の交渉と文化の交流

第一節　陸路による東西の交渉

草原の道　アジアの諸地域は相互の交通が不便で、孤立的な傾向が強いが、東はモンゴリアから、南シベリア、中央アジアの北部を経て、西はカスピ海、黒海の北岸に至る地方は、広範囲の砂漠草原地帯をなして遊牧民の活躍の場となり、古くからユーラシア大陸を通ずる自然の交通路をなしていた。この地帯には、旧石器時代すでに狩猟民がおり、北満州、モンゴリア高原、オルドス地方からシベリア南部に展開されたその細石器文化は、西南アジアやアフリカの北岸にまで及んだが、のちアジア内陸地帯は久しく乾燥して人類の生活ができなくなった。しかし、のち気候が変化して新石器時代になると、遊牧民が西方からはいって新しい生活を営んだ。やがてスキタイが現われ、西アジア方面の青銅器文化を学び、純遊牧の生活から騎馬民族に転じ、前六世紀ごろ、コーカサスからドニエプル川に至る地域に大きな勢力を張った。かれらは被征服民に牧畜と農耕とをさせて掠奪、通商を行ない、黒海の北岸でギリシァ人とも交渉を保ち、特に馬具、車具類をその生活に適するように改良し、その付飾品や装身具などの意匠にすぐれた手腕を発揮した。このスキタイ芸術は、前五—三世紀ごろ、東方に伝わって南シベリアからモンゴリアに達した。これがスキート＝シベ

スキタイの活躍

リア文化で、それは中国の北境地帯におよび、その影響は戦国式銅器に見られるが、特に注意すべきは、スキタイの影響をうけた匈奴の登場である。

匈奴の活躍

匈奴はモンゴリア高原南辺におこった遊牧民で、モンゴル系あるいはトルコ系といわれ、スキタイの影響により、青銅製武器で装備された勇敢な騎馬民族となり、機動力に富んで奇襲に長じ、狄や戎にかわって黄河流域の農耕地帯に侵入、掠奪を開始した。戦国時代、趙が匈奴と戦って学んだ胡服騎射の戦法が、中国の戦術、服装に大きな変化を与えたと伝えられるが、秦が中国を統一した前三世紀後半には、匈奴でも中国に対抗して部族の統合が行なわれ、頭曼単于（単于は匈奴の君長の尊称、大天子を意味する撐犁孤塗単于の略）が全部族を率いてオルドス地方を根拠とし、しきりに中国の北辺を侵した。ついで冒頓、老上の二単于が現われていっそう勢を張り、匈奴と中国との対立は紀元後二世紀まで続いた。匈奴が漢に討たれてその勢力が解体したのちも（匈奴の一部は西に走り、のちヨーロッパの民族大移動に大きな影響を与えた）、モンゴリアの遊牧民の勢力は衰えないで、鮮卑やモンゴル系の柔然などがつぎつぎに中国と抗争し、また交易を営んだが、五、六世紀にはトルコ系の民族がこれに代った。

突厥の発展

まずアルタイ山脈のふもとの方面からおこった騎馬民族の突厥が、オルコン川方面を根拠として北朝の諸国を苦しめ、のち東西にわかれて隋や唐と対立し、東はモンゴリア、西は中央アジアにおよぶ広い地域に勢を張り、東ローマ帝国と交通し、中国の絹の仲継を行なった。この突厥に代ったのが、鉄勒諸部の一のウィグルである。

ウイグルの活動とその西移

鉄勒諸部は九部族から成って九姓鉄勒といい、これを支配したウィグルの王は九姓可汗と号し、オルコン川方面に根拠を定めて安史乱後の唐の内政に干渉し、約一世紀にわたって勢を振ったが、九世紀中葉、バイカル方面のトルコ系のキルギス部に撃たれて四散した。そのうち甘粛方面に走ったものは、のちに西夏に併合され、新疆に移ったものは、遊牧から農耕の生活に転じ、先住のアーリア系民族に同化されて東西の通商貿易に従事するようになった。ウィグルはある程度進歩した文化をもち、民族的自覚の域に達していたので、その移動した地域に強い影響を与え、ことに新疆方面にはいったものは天山南路一帯を征服し、この地のアーリア系の住民をおい、あるいはかれらをトルコ化した（トルキスタンの名称は、こういう事情にもとづく）。なお遠くイリ盆地に走ったウィグルの一派は、十世紀末、この方面からカシュガルにかけて国したカラハン朝の一要素となった。

新疆のトルコ化

以上のような草原の道を中心とする騎馬民族の東西にわたる広い地域での活動によって、文化が各地に伝播され、直接あるいは間接に、東西の地域の交渉が行なわれたのであった。

東トルキスタンの東西交通

絹の道　草原の道の南、東トルキスタンの地方は、乾燥地帯に属しながらも、タリム川が流れてオアシスが諸処に散在している。このオアシス付近には、古くからアーリア系の民族が定住して都市国家をつくり、東西の仲継貿易を営んで、文化交流の上に大きな役割を演じた。中国から西南アジアあるいはインドに通ずる商業路が、このオアシス国家を結んで走っていたのである。この道は、古くから中国特産の絹を西方に輸出したので絹の道（シルク＝ロード）といわれ、ギリシア、ローマ人は絹によって中国および中国人をセリカ、セレスとよんだ。そしてこのアジアの東西を結ぶ通路には、亀茲（きじ・クチャ）や于闐（うてん・ホータン）などの都市国家が隊商貿易の宿場として栄えたが、前漢の武帝の時、張騫がこの方面に派遣されたことによって、中国とこの方面、すなわち西域（広義には、パミール以西を含む）との交通がにわかに盛んとなった。さらにパミールの西、アム川やシル川が流れる地方にも多くのオアシス国家が発達し、特にサマルカンドの地方は、内陸アジアの中心的位置を占め、匈奴におわれた月氏がこの地方に大月氏の国をたてた。またこの南のアム川を境としたバクトリアの方面は、イランやインドに通ずる要地に当り、アレクサンダー大王の東方遠征によって、ギリシアの勢力がこの方面におよんで、その文

セリカ、セレス

西域交通の発展

アム、シル両川の地域

商業路上のバクトリア

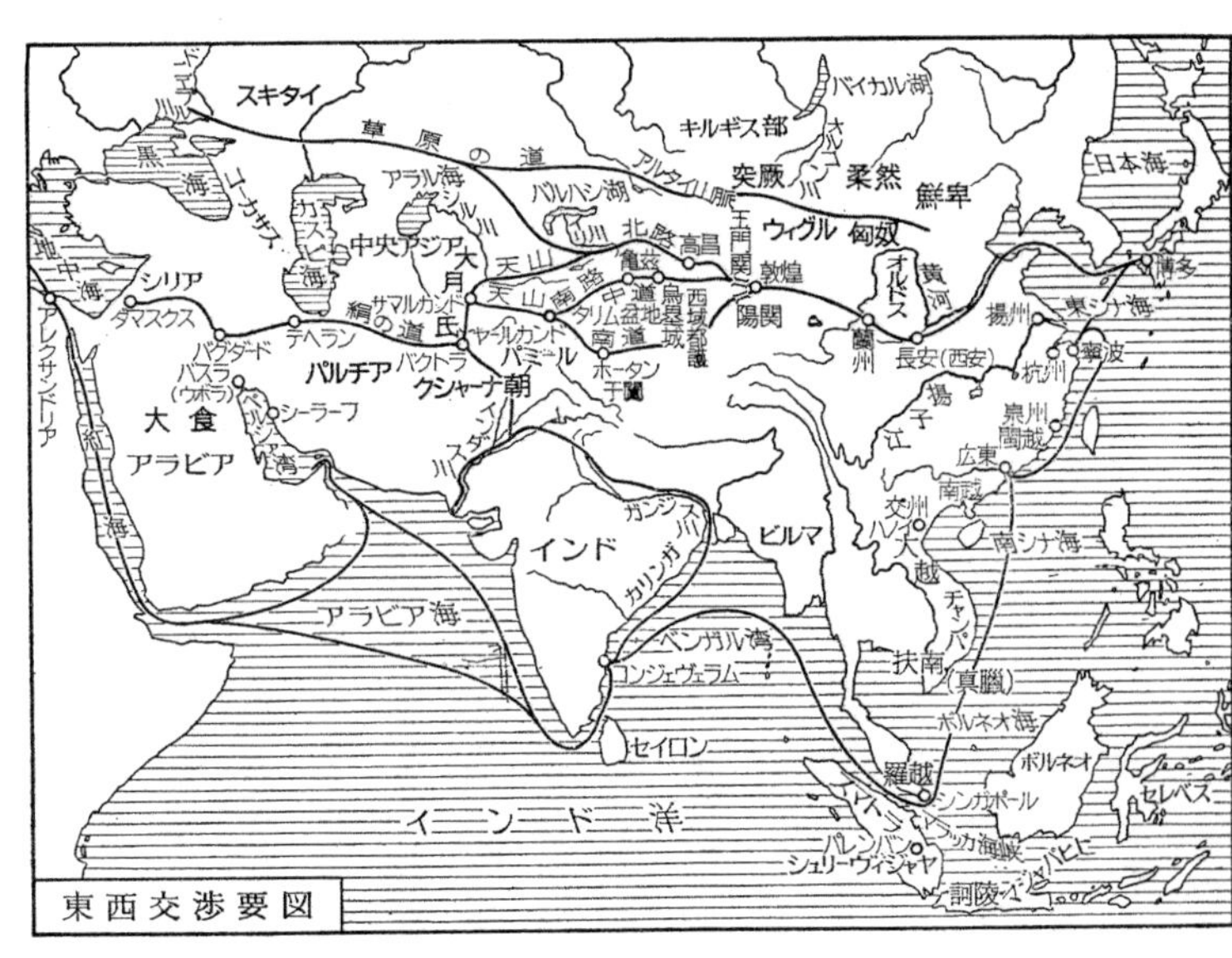

東西交渉要図

化の強い影響をうけたが、一世紀中葉、クシャーナ朝がおこり、仏教の伝播や文化の交流の上に大きな力があった。

張騫西使の意義

張騫西使の目的は、漢と大月氏との連盟を結ぶにあり、それは失敗に終ったが、かれは帰国して西方の珍らしい品々をもたらし、パルチア、シリア、インドなどの事情を報告し、中国文化の内容を豊富にする機縁となった。

西域貿易路の争奪

ところで、北方アジアの遊牧民は、農産物やその他の物資を求めて西域の貿易路を支配しようとしたので、中国が絹の道を握って、西方諸国との貿易を独占するためには、タリム盆地から遊牧民の勢力を退ける必要があった。

中国の西域経営

漢が匈奴を討ってこの方面に積極的に進出し、屯田兵を配置して西域都護をおいたのはそれがためである。

天山南路と北路

漢代には匈奴の力が強く、天山山脈の北側の道が開けないで、タクラマカン砂漠の南側と北側とで東西を結ぶ二つの通路が南道、北道とよばれたが、のち天山の北側の道が開

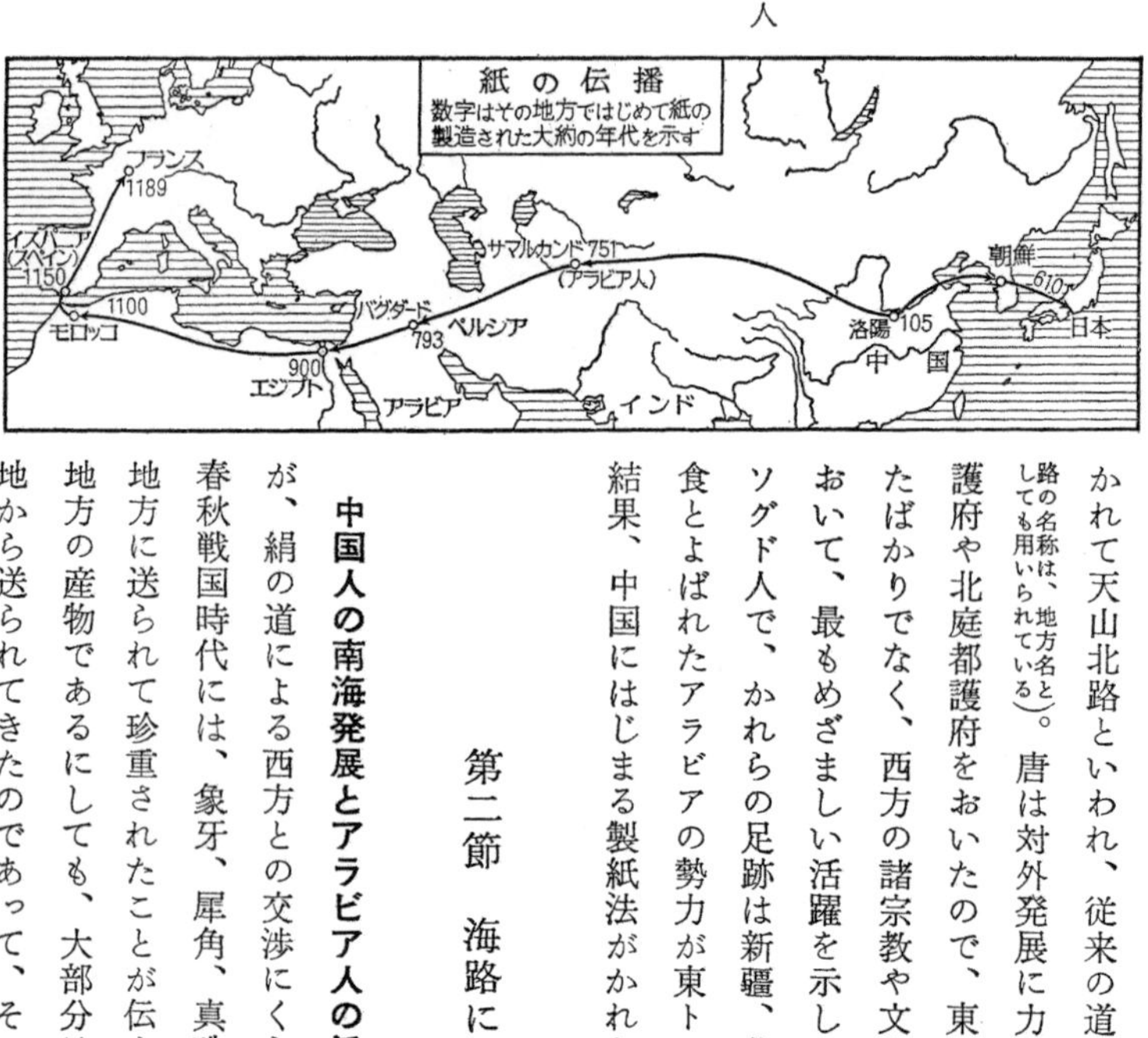

かれて天山北路といわれ、従来の道を天山南路といい、北道を中道ともよんだ（天山南北路の名称は、地方名としても用いられている）。唐は対外発展に力を注いで西域の貿易路の確保につとめ、安西都護府や北庭都護府をおいたので、東西交通が大いに栄え、仏僧の往来が盛んであったばかりでなく、西方の諸宗教や文化が中国に流入した。当時、東西の陸路貿易において、最もめざましい活躍を示したのは、サマルカンド方面に拠るアーリア系のソグド人で、かれらの足跡は新疆、北モンゴリアにまで及んだ。また唐代には、大食とよばれたアラビアの勢力が東トルキスタンにまで達して唐勢力と衝突し、その結果、中国にはじまる製紙法がかれらによって西方へ伝えられた。

ソグド人と大食

第二節　海路による東西の交渉

中国人の南海発展とアラビア人の活動　中国は東と南とが海にかこまれているが、絹の道による西方との交渉にくらべれば、中国人の海上活動は貧弱であった。春秋戦国時代には、象牙、犀角、真珠などが揚子江流域の地方から黄河流域の中原地方に送られて珍重されたことが伝えられており、これらのあるものは揚子江流域地方の産物であるにしても、大部分は中国の南方諸地域、いわゆる南海方面の主産地から送られてきたのであって、その仲継をしたのは、江南に広く分布した越人な

越人

どの南方系統の民族であったと考えられる。しかし秦、漢による越人の経略、ことに前漢の武帝による南越(中国人が越人に推されてその長となっていた)の征服は、広東を起点とする南海貿易の端緒を開き、漢はさらにその余力をインドシナ東海岸に伸ばし、インドシナ北部を領土としてハノイをその方面の統治の中心とした。

安南

これよりこの地方は中国に属してその文化的影響をうけ、唐代には安南都護府の支配下に属したが(安南の名称はこれに基づく)、しだいにめざめたこの地方の住民の間に独立の気運がおこり、中国の勢力の衰退に乗じ、五代の末に丁氏が諸部をあわせて自立し、ついで黎(れい)氏がこれを奪い、十一世紀のはじめ、黎氏に代った李氏の大越国がおこった。

漢代の南海航路

漢代の南海方面への航路は、広東を起点としてインドシナおよびマライ半島の東岸を南下し、マラッカ海峡を経てビルマ沿岸からインド東岸を南に進んだが、南インドのコンジェヴェラム、セイロン島方面が中国人の到達しうる極限であったらしい。しかしこの南海の海上交通において、中国人は貿易のために自ら海外に渡航することがまれで、多くは外国商人の至るのを待って交易を行なっていたが、唐代には中国人の海上活動が盛んとなり、以後数世紀にわたって、アラビア人を中心とするイラム教徒についで南海貿易の重要な位置を占めた。

アラビア人の活躍

アラビア人はアッバス朝が成立すると、商業活動の主力を海路による東洋貿易に向け、海港としてはペルシア湾頭のバスラ(ウボラ)についでシーラーフが栄え、インド沿岸をはじめ、各地に商業基地を設け、中国の開港場に居留するものも多数に及んだ。唐代には、アラビアをはじめとして外国船の中国に来航するものが多く、当時の貿易港には揚州(江蘇)、泉州(福建)、杭州(浙江)、広州(広東)、交州(ハノイ)などがあったが、ことに広州は大いに繁昌して、アラビア人などはこれをカンフウ(広東都督府の略)とよんだ。

カンフウ市舶使

唐はこの外国貿易の利に着目し、市舶使という官吏をおいて輸出入の貨物に課税した。そしてアラビア人は近世ヨーロッパの商船が出現するまでアジアの制海権を握り、その活動はアジアの海を東西に結んだばかりでなく、インド文化圏に属するインドネシアやマライ方面をイスラム化した。

インド人の海外発展　アラビア勢力の発展する以前、海上におけるめざましい活躍を示したのはインド人である。かれらの海上への発展はマウルヤ朝時代にまでさかのぼり、東南アジアの香料などの物産の豊富や黄金の産出がかれらをひきつけたのであった。ベンガル湾を横断してまず達しうるマライ半島には、インド人が早くから移住してその地をインド化し、さらにその東方のインドシナ東海岸の南部にはチャンパ、その西南のカンボディアには扶南（プナム）などの国がおこった。チャンパはインド文化圏の最東部で、中国文化圏との接触点に当り、インドネシア系のチャム人が後漢の衰退に乗じて独立したもので、林邑の名で知られ、のち政治的変動がおこり、唐代の中国人には環王の名で知られた。扶南はインドネシア系のクメル人とインドの植民者との合作によって成立し、三世紀ごろから中国とも交渉をもったが、六世紀にメコン中流域に台頭してきたクメル人の新しい勢力のために滅ぼされた。この新興勢力が隋唐時代の真臘である。インドネシアの諸島では、インド東海岸のカリンガ地方の移民によって、ジャワに訶陵国（カリンガ／かりょう）がたてられて、ヒンドゥー教が行なわれ、ついで八世紀ごろ、その地に仏教徒の君臨するシャイレンドラ朝がおこり、スマトラを根拠とするシュリーヴィジャヤを支配し、当時ス

マライ半島

林邑

扶南と真臘

訶陵国

シャイレンドラ朝

第 32 図　ボロブドゥール全景

マトラのパレンバンは、仲継貿易によって栄えた。ジャワのボロブドゥールの仏塔は、この王朝が八、九世紀につくったものである。

ボロブドゥール

ローマ人の来航　アレクサンダー大王の東方遠征は、ギリシァ文化とオリエント文化との交流を密にしたが、やがてローマがおこり、前一世紀、エジプトを征服し、セレウコス朝シリアを滅ぼしてオリエントを支配すると、紅海を経てインドに至る貿易につとめるようになった。ことに西紀後一世紀になると、インド洋のモンスーンの存在に気づいたローマ人は、これを利用して盛んにインドに来航し、南インドの海岸にはかれらの居留地ができ、東西の物資の交流が大いに進められた。一六六年、大秦王安敦（あんとん）（ローマ皇帝マルクス＝アウレリウス＝アントニヌス）の使者と称するものが安南方面に至ったと伝えられるが、恐らくこれはインドにきたローマの貿易商人が、ローマ皇帝の名を利用したものであろう。

大秦王安敦

〔参考文献〕

江上波夫著　ユウラシア古代北方文化　全国書房
江上波夫著　ユウラシア北方文化の研究　山川出版社
内田吟風著　匈奴史研究　創元社
ユール著　コルディエ補　東亜史研究会訳編　東西交渉史　原書房
桑原隲蔵著　東西交通史論叢　弘文堂
矢沢利彦著　東西文化交渉史　中村出版社
伊瀬仙太郎著　東西文化の交流（アテネ文庫）　弘文堂
羽田亨著　西域文明史概論　弘文堂
羽田亨著　西域文化史　座右宝
伊瀬仙太郎著　西域経営史の研究　日本学術振興会

松田寿男著　中央アジア史（アテネ文庫）　弘文堂

松田寿男著　古代天山の歴史地理学的研究　早大出版部

ヘルマン著　安武納訳　古代絹街道　霞ヶ関書房

山本達郎編　インド・東南アジア（世界史大系6）　誠文堂新光社

杉本直治郎著　東南アジア史研究1　日本学術振興会

パルマンティエ著　永田逸郎訳　アンコール遺趾群　育生社弘道閣

藤岡通夫・鈴木博高著　アンコール遺蹟　三省堂

水谷乙吉著　かんぼじあ史　高山書院

ハーヴェ著　五十嵐智昭訳　ビルマ史　北海出版社

足立喜六著　大唐西域記の研究　法蔵館

足立喜六著　考証法顕伝　法蔵館

第五章　アジア諸民族の対立とその活躍

第一節　中国社会の変化と文化の更新

中国周辺諸民族の覚醒　隋、唐の大統一国家の成立、唐のめざましい対外発展とその国際的な文化とは、周囲の諸民族に強い刺激を与え、唐勢力の衰退に乗じて、羈縻の諸民族がしだいに離反独立するに至った。

新羅の半島統一

それは早くも朝鮮に現われ、新羅は唐勢力の駆逐につとめて安東都護府を平壌から遼東（遼陽）に後退させ、八世紀には半島の大半を支配して、朝鮮にはじめての統一国家をたてた。新羅は、骨品制（血族と地位、身分との結合した社会体制）を基盤とする少数の貴族層が多数の農民を奴隷的に支配し、名目上では唐を宗主国としてその文化や制度を輸入し、七世紀中葉から八世紀中葉までの間、文運大いに栄えて貴族文化の花を咲かせた。ことに仏教においてめざましい発達を遂げ、半島での華厳の初祖とされる義湘や、海路インドに赴いた慧超が現われ、都の慶州（慶尚北道）郊外の仏国寺、石窟庵は雄大な仏教芸術を今日にしのばせ、また金冠塚発見の遺物などは、当時の新羅の繁栄をよく示している。

渤海の建国

新羅の活動による唐の半島放棄に乗じ、熱河方面にいた高句麗の後の大祚栄が牡丹江の上流域に拠り、ツングース系の半狩猟半農耕民の靺鞨人を統合して独立し、唐から渤海郡王に封ぜられた。渤海も唐の制度、文物を輸入し、唐にならって三省六司の制を設け、十五府六十二州の地方区画や五

吐蕃と南詔

東突厥の再興

ウィグル

第 33 図　慶州の仏国寺

京を定めて漢字を使用し、唐文化の影響による貴族文化が栄えた。五京の一の上京竜泉府のあった東京城（寧古塔の南）の発掘によれば、都城の制は全く唐の長安と一致し、遺物は唐、高句麗の強い影響をうけている。また唐に破られた西方の吐蕃は、のち青海地方を収めて四川省西部にまで手をのばし、安史の乱後、連年唐に侵入した。この唐、吐蕃の争いを利用して雲南省方面に発展してきたのがタイ族の南詔で、しきりに唐文化を輸入し、唐末には国を大礼と号したが、さらに南詔の南方の安南方面でも独立の気運がおこってきた。一方、さきに討滅された東突厥が、唐の羈縻政策のゆるんだのに乗じてまた台頭し、再びモンゴリアの覇権を握ったが、のち衰えてウィグルの中に没し、突厥の一部は中国内地に移り、唐末五代の混乱に際して活躍し、一方ウィグルは勢を張って安史乱後の唐を苦しめた。このようにして周辺諸民族の覚醒と発展とにより、一時優勢を誇った漢民族は、かれらの圧迫、侵入

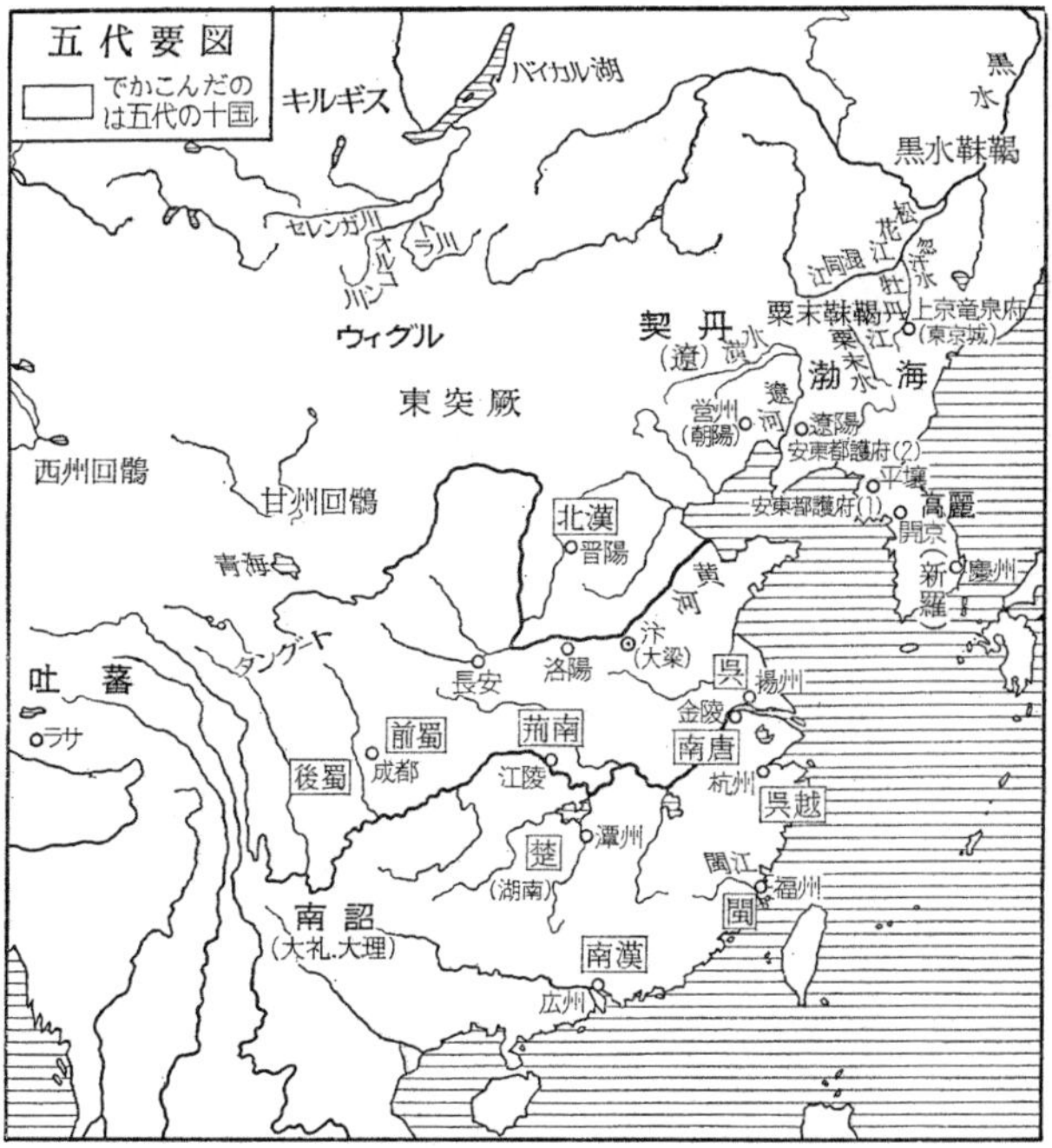

五代要図

でかこんだのは五代の十国

五代十国

に苦しむこととなるが、唐はかかる形勢のうちに滅びたのである。

五代の乱離　唐が滅びて中央集権がくずれ、これより僅か五十四年の間に、中央の黄河中流域では、後梁、後唐、後晋、後漢、後周の五朝が交代したので、この時代を五代といい、地方では十余の国々が割拠、興亡した。これらの王朝や国々の建設者の多くは、異民族や低い身分の出身で、藩鎮を背景とする武将であったので、門閥貴族などの伝統の権威を認めず、多くの義児（義子）を養い、牙軍とよばれる親衛隊を組織して武力を張り、たがいに激しく争った。従って社会が混乱して道義が乱れ、不安な状態が続いたが、割拠の諸国は対立の中にも、自国の富強につとめて割合に地方的平和が維持され、また中央の文化が普及して地方の開発と文化の発達とを見た。南唐では唐にはじまる画院（翰林図画院の略）が設けられて花鳥画の徐熙らが現われ、文学では南唐二主詞集が今日に伝えられて名高く、纏足も南唐ごろから流行し

義児と牙軍

文化史上の五代

南唐の文化

五代十国興亡表（□で囲んだのは五代の王朝、○印を付せるは十国）

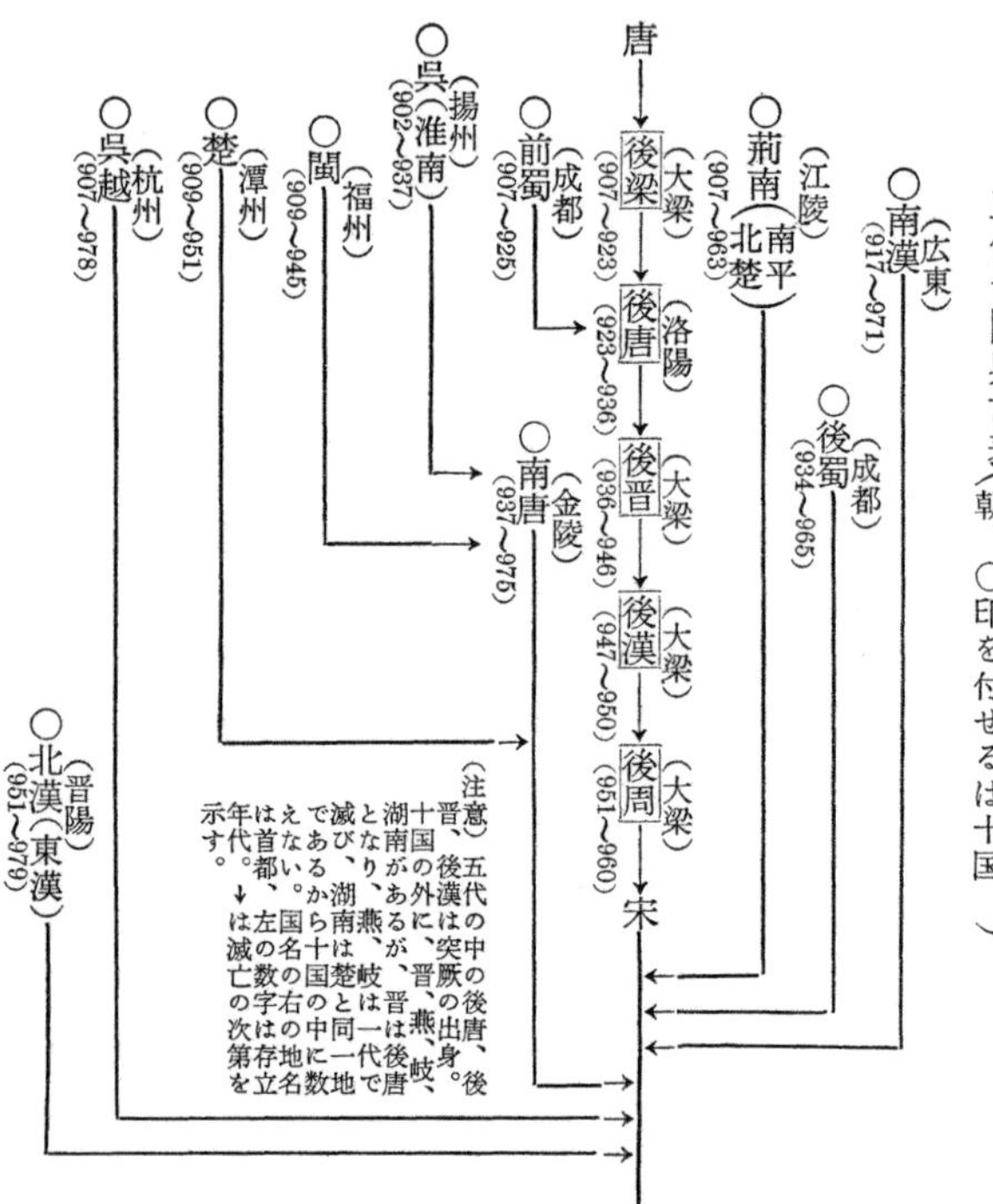

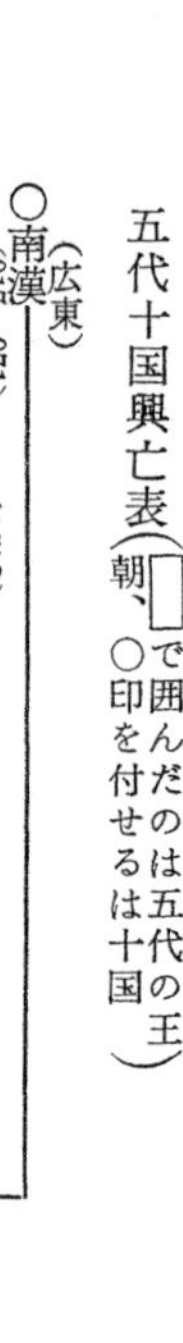

呉越、閩と南漢

たとの説がある。また呉越は国豊かに風俗はなやかで、寺塔建築が大いに行なわれ、閩は閩江流域の開発に成功して農業生産をたかめ、南漢は南海貿易によって富裕を致し、前蜀、

前蜀と後蜀

後蜀の拠る蜀地は、中央人士の絶好な避難所となり、かれらによって中原の文化が健全な発育をとげ、絵画では人物画の禅月大師や、のち宋の画院にはいった黄筌がでた。さらに中原では、北宗山水画を代表する荊浩、関同が現われ、九経の木版印刷が完成し、旧唐書が編集された。このように見てくると、五代の世は全くの文化の暗黒時代ではない。実は混乱に明け破壊に暮れたこの時期を通して、門閥貴族が社会の表面から姿を消して旧弊がぬぐいさられ、新しい社会と文化とが建設されつつあったのである。そして軍閥の割拠、抗争は、強力な軍閥が弱小の軍閥をその勢力下に収めてしだいに統一への傾向を生じ、後周によってその気

宋の統一

第 34 図 杭州霊隠寺八角九層塔

運が大いに進められたが、やがて九六〇年、後周の節度使趙匡胤が部下に擁立され、国を宋と称した。これが宋の太祖で、かれは地方割拠の軍閥の平定につとめ、つぎの太宗の時に至って統一が完成した。

北宋の政治と宋、遼、西夏の関係

貴族の没落

唐代には政権と結びついた門閥貴族が、広大な荘園を所有して政治や社会の中枢をなしていたが、唐末五代の混乱の犠牲となって没落した。

君主独裁制の成立

唐の政治は、貴族が君主と人民との中間に立ち、君主と貴族との合議の形式で行なわれたが、五代の軍閥君主が理想としたのは、君主個人の独裁権の確立であった。政治上の制度としての独裁政治は、すべての政治機関を君主の指揮下におき、君主の命令に柔順な官僚機構の存在を必要とする。

官制

宋では太祖、太宗二代の間、君主独裁権の確立につとめ、中央の中書省（行政）、枢密院（軍事）、三司（財政）の三大機関を天子の直属とし、地方の最高行政区画として路（十五路、時に変化あり、南宋では十六路）をおき、一路を総括する長官を設けず、帥（軍事）、漕（財政）、憲（司法）、倉（民政）の四司に行政を分担させ、路の下を府、州、監、軍にわけ（長官を知府、知州、知監、知軍という）、通判を中央から派遣して知府らの力を抑えた。

軍制

また五代の藩鎮体制の中心となったのは節度使と牙軍とであったが、宋は節度使の力を弱めて有力な牙軍を禁軍に改編し、強化した禁軍を完全に天子の指揮下においた。宋代の兵制には禁軍のほかに廂軍（しょうぐん）と郷兵（きょうへい）（民兵。郷村を防衛す）とがあるが、禁軍が最も多数を占めて充実し、廂軍は雑役の人夫群にすぎなかった。

科挙

　このようにして宋は君主独裁の中央集権を樹立したが、その基盤である官吏の採用は家柄によらないで、隋、唐の選挙に基づく科挙を主とし、その制を確立した。これは郷試（きょうし）（府、州で行なう）、省試（しょうし）（中央の礼部で行なう）の及第者を集め、天子自ら試験を行なうものである（殿試。首席合格者を状元という）。しかし科挙に応ずるための勉学には、経済的、時間的な余裕が必要であった。

形勢戸と官戸

唐末五代には、唐の均田制下にしだいに発展してきた形勢戸（けいせいこ）とよばれる地方の地主層が、節度使の参謀、部将あるいは官僚などに任命されて台頭してきた。宋になって、節度使の解体、武人勢力の没落にともない、これら形勢戸が社会の表面に進出し、その子弟が盛んに科挙に応じ、合格者が出れば、その家は官戸（かんこ）といわれて種々の特権が与えられた。

荘園経営の変化

この新興の豪族層は、荘園をその経済的基盤とし、かれらからでた官僚も荘園の拡大につとめたのであった。宋代には商業が発展し、大商人もまた荘園を所有して農村に力を張り、官僚、地主、商人は三位一体の関係にあったが、産業や貨幣経済、交換経済の発達にともなって、荘園が従来の自給自足の形態から市場を目的とする生産に向い、それに応じて荘園領主は部曲を主とする非能率的な荘園の経営方法から、能率的な佃戸経営に移って小作制度が一般化し、それは南宋時代にいっそう発展した。

小作制の発達

しかし佃戸の生活は地主や商人の小作料や高利に苦しめられ、小作権も弱くて生活が安定しないので、わずかな災害にもたちまち流亡した。そこで政府はかれらを収容して兵にあて、それによって社会の不安をふせごうとしたが、兵員の増加は重税となって民衆を苦しめる結果となった。

　宋は文治主義を政治の根本として君主独裁権の強化につとめたが、過度の中央集権は尚文卑武の風潮とあ

宋代大勢図

宋の弱兵

いまって弱兵の因をなし、異民族の強い圧迫をうけることとなった。

契丹(遼)の建国

その最初の憂となったのが、モンゴル系の契丹であ
る。契丹は遼河上流シラムレンの流域に拠っていた半農半牧の民で、ウィグル勢力の崩壊後急激に勃興し、はじめ数部にわかれて部長を互選していたが、一〇世紀のはじめ耶律阿保機がでて諸部を統一し、従来の部長の選挙制をやめ、即位して国を契丹(のち遼と改む)と号し、ついで渤海国を滅ぼして東丹国とした。これが遼の太祖である。契丹人は渤海人や漢人を利用して農耕に従事させるとともに、中国の制度、文物を習って国家体制を整え、

燕雲十六州問題

後晋の建国を助けて燕雲十六州(長城の内側、河北、山西の北部)の地を収め、北漢を滅ぼして中国を統一した宋がその奪回を企てるや、遼は宋と激しく争い、一〇〇四年和議がなって国境を定め、宋を兄、遼を弟とし、互市を約して宋は年々銀、絹を遼に贈ることとした。

澶淵の盟

これが名高い澶淵(河南濮陽。澶州の雅名)の盟である。この盟約の成立は、中国人の抱く中華思想に大きな影響を与えた。

遼の統治

このようにして遼は、部族制国家を脱却して民族国家へと成長したが、しかしなお部族制が強く残っていたので、華北の一部を含む広大な領土の支配に当り、南北二面の官をおいて二重体制の統治を行

遼（契丹）世系（耶律氏九代二一〇年、一に二一九年、付西遼三代八〇年）

(一)太祖(耶律阿保機)─┬─倍(東丹国王)─(三)世宗(阮)─(五)景宗(賢)─(六)聖宗(隆緒)─(七)興宗(宗真)─┬─(八)道宗(洪基)─章懐太子濬(順宗)─(九)天祚帝(延禧)
└─(二)太宗(徳光)─(四)穆宗(璟)
……(八世)……(西遼)(1)徳宗(耶律大石)─(2)仁宗(夷列)─(3)末主(直魯克)

遼の文化

大蔵経の刊行

なった。南面官は農耕民の漢人、渤海人などを中国の州県制で治め、北面官は契丹人その他を部族制で統治し、かつかれらの漢化を避けて国粋を保存しようとしたのである。契丹文字をつくったのは、そういう政策の現われであるが、しかし遼に対する中国文化の影響は強く、遼では唐にならった渤海の制によって五京がおかれ、儒学も盛んであった。ことに仏教は大いに流行して大蔵経(だいぞうきょう)が刊行され（これは高麗に伝わり、宋版大蔵経とともに高麗版大蔵経の基礎となった）、寺院、堂塔が各地にたてられた。美術、工芸においても、興安嶺に近いワール＝イン＝マンハで発見された遼の聖宗の墓壁に画かれた人物、山水などには宋の強い影響が認められ、また河北省(ホーペイ)房山(ファンシャン)の雲居寺にある遼塔は、宋の技法によって契丹の特色を発揮し、陶磁器は唐三彩の影響による遼三彩がつくられた。

第 35 図　房山雲居寺南塔

宋が遼と対立していた時、また甘粛、陝西方面にチベット系のタングート族が台頭してきた。その部酋が唐末に唐から節度使に任ぜられ、宋、遼の

西夏の建国

抗争を利用して勢力をのばし、一一世紀中葉、李元昊（りげんこう）がでて吐蕃、ウィグルを破り、興慶（こうけい）（寧夏回族自治区、銀川市）に都して国を大夏と称した。これが西夏（せいか）である。西夏はしばしば宋の辺境に侵入し、遼がこれに乗じて南侵の勢を示したので、宋は遼への歳幣を増し、西夏へも銀、絹を与えて和を講じた。

西夏の文化

西夏は中国文化と西方文化とをいれてそれを混融したが、官職、制度は中国にならい、漢字を基として西夏文字をつくった。

王安石の新法

宋、遼の国際関係は、西夏の建国によって複雑となり、文弱の宋は遼、西夏に歳幣をおくって姑息な平和を維持していた。しかし宋は煩雑な行政制度をたてて多くの無用な官吏をおき、対外関係の複雑化にともなって兵士の数が増加し、しかも遼、西夏への莫大な歳幣により、国家財政がしだいに窮乏してきた。これがため神宗は王安石（おうあんせき）を登用し、富国強兵を目的とする新法を断行させた。これは農民生活の安定、生産の増加、国家財政の確立を図る富国の策として青苗法（せいびょうほう）、市易法（しえきほう）、均輸法（きんゆほう）、募役法（ぼえきほう）（免役法）、方田均税法（ほうでんきんぜいほう）などを定めて政府

宋世系（趙氏 北宋九代一六七年 南宋九代一五三年）

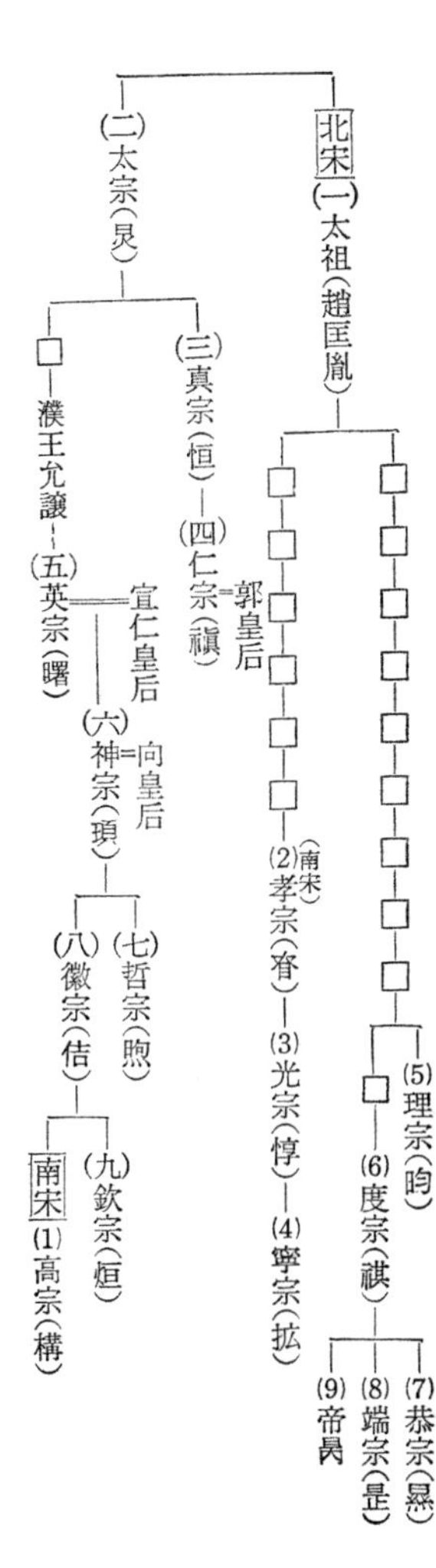

の収入を増し、強兵の策として兵農一致の保甲法や保馬法を行なったのである。この新法は時宜に適したものであったが、実行に当る官吏に人をえないで革新の趣意が徹底せず、また富商や官戸、寺観などの反対がはなはだしかった。しかも保守的立場をとる司馬光らの重臣の反対が強く、ことに新法の成果がさして挙がらないうちに、神宗は西夏や安南などと事をおこしたので、王安石の努力も空しくなった。当時、安南に拠っていたのは李氏の大越国で、神宗はこれを征して失敗したのである。

新法の失敗

新法の失敗によって宋の更生策が挫折し、哲宗、徽宗時代には宋の財政が枯渇した。宋では学問が進んで批判的な思想が発達し、また官僚がその地位を保つために党をたてて争うことがしばしばあり、仁宗のときに慶暦の党議、英宗のときに濮議などとよばれる事件がおこったが、ことに新法を中心として新法党と反対派の旧法党との党争がはげしく展開され、はじめ両派の争いはその主張の貫徹にあったが、のちにはただ政権争奪の紛争と化してしまった。

党争

新法・旧法両派の争

時代		党派	中心人物
神宗		新法党	王安石、韓絳、呂恵卿、蔡確、章惇
哲宗	宣仁太后聴政	旧法党（元祐の更化）	司馬光、呂公著、呂大防、范純仁、程頤、蘇軾
	親政	新法党（紹聖の紹述）	呂恵卿、章惇
徽宗	向太后聴政	旧法党	韓忠彦、范純仁
	親政	新法党	蔡京

金の勃興と南宋　宋の内部で激しい党争が繰り返されていた時、満州の奥地から半狩猟半農耕の生活を営むツングース系の女真（女直）の勢力が発展してきた。はじめ女真は遼に征服されて

金の興起

生女真と熟女真とにわけられていたが、しだいに遼文化になじんで民族的自覚をもち、やがてハルピン付近にいた生女真の完顔部からでた阿骨打（金の太祖）が全女真を統合し、独立して国を金と称した。当時、遼は中国文化の影響をうけて剛健の気風を失い、また政治の紊乱や西夏の遠征、熱狂的な仏教の信仰などのため、財政窮乏して国力が衰えてきた。宋はこの機会を利用して燕雲十六州の回復を図り、金と協力して遼を討ち、一一二五年遼は金の攻略をうけて滅亡した。

遼の滅亡

西遼の建国

この遼滅亡の時、遼の一族の耶律大石（徳宗、耶律阿保機八世の孫）が西走して中央アジアに入り、チュー川畔のフスオルダ（ベラサグン、今のトクマク付近）に拠るウィグル系のカラハン朝に代って西遼（カラ＝キタイ）の国をたて、天山南北路をあわせてセルジューク＝トルコを破り、久しく遼文化を西方に維持した。遼の滅亡はしかし宋に幸せず、宋は新たに金の圧迫をうけることになった。

第 36 図　徽宗筆「桃鳩図」

花石綱

遼滅亡のころ、宋では新法党と旧法党との空しい議論がたたかわされ、上流階級は一般に享楽的な風潮がみなぎっていた。徽宗はそういう風潮の権化で、芸術を楽んで道教に熱中し、花石綱といって、江南の珍花奇石を都の汴京（開封）に運ばせ、その運送に当る人民を苦しめた。

方臘の乱

そのため政治がみだれ、重税に加えて地主らのはげしい圧迫が農民を窮乏させ、方臘などの反乱がおこった。宋の弱兵を知る金はこれに乗じて南下し、一一二七年開封

北宋の滅亡

を陥れて一時宋の命脈を絶った（靖康の変）。これより金は江北の各地を占領し、はじめに楚、のち斉などの漢人の

金の統治

傀儡（かいらい）国家をたてて緩衝地帯とし、また宋、遼の制度によって内政を整え、五京の制を行ない、荒廃した華北の土地を整理して流民の帰農につとめた。金は王朝の成立とともに勃極烈（ボギレ）制を中心とする女真的な官制をつくったが、華北を占領すると、その支配を確実にするため、軍制的部族集団であり、行政組織である猛安（ミンガン）（猛安は千の義、十謀克部を一猛安部とす）、謀克（ムケ）（謀克は邑長、族長の義、三百戸より成る部落を一謀克部とし、これより百名の兵が徴発される）を華北の各地に配置屯田させて中央政府に直属させ、これに対して漢人の州県には漢人の長を任命してその自治に任せた。これは遼の二重体系の統治にならったものである。

南宋と金との関係

宋では開封が陥るや、徽宗の子構（高宗）が江南に走り、臨安（浙江杭州）に拠って南宋の国をたてた。南宋では岳飛（がくひ）らが一時江北の一部を回復したこともあったが、高宗、秦檜（しんかい）らが強く和議を主張し、一一四一年高宗は金の封冊をうけて歳貢を贈り、東は淮水、西は大散関（ターサンクワン）、秦嶺（チンリン）山脈に至る線をもって国境とすることを約した。中華をもって任ずる中国人が、今や夷狄である金に仕えることとなったのは宋人の自尊心を傷け、大義名分を唱えて攘夷を論ずる声が強くなったが、無気力な南宋人を大いに奮起させるには至らなかった。さきに宋室

江南の開発

の南渡にともない、中原の人士、文化が多く江南に移ってその開発を大いに進めたので、南方の文化、経済が著しく発展して北方をしのぐようになった。このようにして都の臨安は物資の豊富を誇って歓楽の巷と化し、しかも政治の局に当る外戚の韓侂冑（かんたくちゅう）が権を専らにし、内は大義名分を論ずる朱熹（しゅき）（朱子）一派を偽学として弾圧し（慶元の党禁）、外は功名を求めて金を討ち、大敗して淮水以南の地を割くの醜態を演じた。一方、女真人は

女真人の中国化

低度ながらも契丹人より進んだ農耕の段階にあって中国の文化になじみ易く、十二世紀中葉、金が都を上京

金の文化

会寧府（吉林省阿什川付近）から中都燕京（北京）に移し、また勃極烈制に代って中国風の官制を定めるようになると、かれらの中国化がはなはだしくなった。金は女真人の中国化を警戒して国粋の保存を図り、漢字と契丹文字とを参照して女真文字をつくったが、複雑なためかえって漢字が盛んに用いられ、公式の儀礼、日常の生活まで中国風となった。かくて漢文学が流行し、金末の元好問は中唐の詩風をうけて新形式を生み、また仏教では大蔵経（金蔵）が刊行され、道教では道蔵が編纂され、全真教がはじめられた。

宋代産業の発達と新文化の成立　宋は国初以来、北方諸民族の圧迫をうけ、外に向っては国力を振いえなかったが、内においては産業が発達して教育、学芸が大いに進歩し、また唐末、五代の混乱を経て、政治体制や社会状勢の変化にともなって、ここに新しい文化の成立を見た。

農業の発達

宋代には新興の地主、官僚、富商らによる荘園の新しい経営が行なわれて佃戸の数が増し、農業生産が大いに進んで米と麦との一年二毛作が営まれ、また市場目的の農産物およびその加工品の地方的分化も顕著となった。北宋のころには旱害に強い占城稲が輸入されて江南一帯に普及したが、南宋時代になると、江南地方は水田の開発が大いに進み、中国の穀倉として「江浙稔れば天下足る」といわれ、商品として米が広く取引きされるようになった。茶は四川、江西、福建を中心に栽培され、その生産を増して遼、西夏、金など

第37図　金の臨済寺青塔
河北省王定県所在

工業の発達

にも輸出され、絹織物は製作技術が進歩したばかりでなく、市場を目的としての生産がはじめられ、金属器、漆器、陶磁器の製作や製紙、製塩なども大いに発展し、塩は茶とともに政府の専売とされて国家財政に重要な意義をもった。陶磁器は飲茶の流行によってすぐれたものがつくられ、南宋時代には景徳鎮（江西省）が中国第一の産地となり、漆器とともに外国貿易の重要品となった。

外国貿易

外国貿易は遼、西夏、金とも行なわれたが、イスラム教徒の活躍がめざましく、ことに南渡後の宋は海上貿易の伸展を図って臨安すなわち杭州や広州、明州（浙江省寧波）、泉州（福建省）などが開港場として栄え、市舶司がおかれて関税の徴収、貿易船に関する事務などに当った。趙汝适の諸蕃志は、当時の南海貿易の始末を詳しく記したものである。

商業の発展

また五代の分裂期には割拠の国々がその地の開発につとめて地方の特産物の生産を増したが、宋の統一によって流通経済の範囲が拡大され、商業のめざましい発展を見た。当時の商人は常住して店舗をもつ坐賈、貨物を運送販売する客商、仲買を業とする牙人（牙儈）に大別されるが、かれらのうちには、大資本を擁して塩、茶、米、絹などを取引きし、また金融業者として活躍するものもあった。

銅銭と紙幣

そのため貨幣経済が著しく進んで銅銭が広く行なわれ、外国貿易の発展による銅銭の国外流出は銭荒の現象をさえ生じた。唐代には飛銭とよばれる為替が行なわれたことがあったが、北宋のころ、民間の金融業者の間に交子、会子や政府発行の銭引などの手形が用いられ、のち政府がその発行権を収め、紙幣として流通させ、南宋時代にはそれが濫発されて経済が混乱した。

都市の繁栄

また商業の発展は都市の著しい繁栄を見た。唐代には商業に種々の制限があり、商店を開くのは、州県治以上の都市に設けられた市とよばれる商業区域だけに限られたが、唐末からそういう制限がくずれ、市以外の場所でも自由に商店を設けて夜間の営業も行なわれるようになり、また地方の小聚落や交通の要地、州県城の郊外などには

草市
行と作
娯楽機関

草市という小規模な商業区域が現われ、それが鎮あるいは市とよばれる小商工業都市となった。そして市制の崩壊、商業の発展にともなって、従来の行は坐賈、客商、牙人ら商人の同業組合に再編成され、また職人の同業組合である作などもできた。新しい自由な都市の成立とその繁栄とは、そこに住む一般庶民の生活を向上させ、酒楼、茶坊や演芸場の集まりである瓦子などの娯楽機関が整い、ことに北宋の都開封、南宋の都臨安では遊興、娯楽の消費生活が盛んであった。このようにして従来、上層貴族だけのものであった娯楽、遊戯や年中行事などが広く開放され、庶民の趣味に適し、かれらによって育てられた新文化がおこってきた。

農村と自治組織

一方、農村では、村、里などの従来の村落のほかに、荘園の発展、佃戸制の発達につれ、荘園内に荘園領主の名を冠する某家荘などという多くの佃戸からなる村落が生まれたが、宋はこれら農村統治のため、保甲法とよばれる自治組織を行ない、そこでは村民の教化と相互扶助のための郷約、共同救済施設としての社倉、同族間の救済機関としての義荘などが設けられた。

宋代文化の特色

唐末五代の混乱期に文化がしだいに地方に普及したのちをうけ、宋は文治主義をとって文運の復興を図った。宋代にはあまり外国文化が輸入されなかったので、従来の文化が消化、批判されるようになったが、また新しい社会の成立にともなって、文化の上にも新機運が現われてきた。その特色は、唐とはちがって国粋的、庶民的、内省的な点にあるが、その基盤をなしたのは、一は新官僚らの士人層で、かれらは古文の復興や思想方面ですぐれた業績を残し、一は都市の商人によって代表される庶民層で、かれらはその趣味に適した新しい文芸を生んだ。

宋学

宋代の思想界では儒学に新生面が開かれ、従来の訓詁学の束縛を脱し、仏教、道教、特に禅宗の影響をうけ、直接古典を研究して儒学の精神をとらえ、宇宙生成の理をきわめて人間の本性を明らかにし、それによって精神を修養し倫理の実践に進もうとする宋学（性理学、理学、道学）がおこった。それは北宋の周敦頤にはじまって程顥、程頤がそれをつぎ、南宋の朱熹によって大成されたが（程朱学、朱子学）、ほかに陸九淵がでて、朱熹の学問、知識の偏重に反対して徳性の修養を強調し、その説は明の王守仁よって祖述された。

四書

そして朱熹は五経に対して大学、中庸、論語、孟子を四書と定めたが、その学問は宋代君主独裁制下の社会秩序維持のための思想的支柱となり、のち永く歴代王朝の保護をうけて儒学の正統とされ、日本、朝鮮、安南にも大きな影響を及ぼした。

歴史の新傾向

宋学が経典を研究して道義の根本をたてようとしたのに対し、春秋を研究して歴史の上から道義を明らかにしようとし、欧陽脩の新唐書、新五代史、司馬光の資治通鑑（袁枢は資治通鑑によって通鑑紀事本末を書き、歴史叙述の新体例を開いた）、朱熹の資治通鑑綱目がでた。なお宋代には、このほか資治通鑑長編など多くの歴史関係の著述が現われ、地理では太平寰宇記、元豊九域志、制度では通志、文献通考などができ、また太平御覧、太平広記、文苑英華、冊府元亀などの大規模な編纂事業が行なわれたが、これには学問の興隆と板本印刷とが大いに力あったと考えられる。

三大発明

活版および火薬、羅針盤を西洋近世の三大発明とするが、中国でのこれらの発明は西洋より早く、木版印刷は唐から行なわれ、宋初に大蔵経の官板が作られ、北宋時代には畢昇が膠を固めて活字を作成し、また火薬の製法が知られ、羅針盤が航海に利用された。ただし宋代発明の活字は実用に適せず、十三世紀ごろ朝鮮の高麗朝で金属活字版の実用化が大成された。

仏教

また宋代文化の内省的傾向は、儒学のみならず、仏教、道教においても認められる。仏教は五代の後周の世に弾圧されたが、宋代には政府の保護をうけ、寄進によって寺院が多くの荘園をもち、教団の豊かな経済的基礎の上に、インドの影響を離れた中国仏教として浄土宗と禅

道教

文学

詞

雑劇

第38図　伝董源筆「瀟湘図巻」（部分）

宗とが栄え、とくに内省的な自己修養に重きをおく禅宗が流行し、宋学の成立に大きな寄与をなした。道教も宋朝の保護をうけて道蔵の編纂が行なわれたが、北宋末には教団の腐敗がはなはだしく、これに対して革新運動がおこり、また禅宗の影響をうけて教理の研究が深められた。かくして金朝治下の江北において王嚞（おうてつ）が全真教（ぜんしんきょう）をはじめ、従来の教理の不合理な点を改めて世道人心を救うことにつとめ、その弟子に丘処機（きゅうしょき）がでた。この教派は、元代には天師道の系統である江南の正一教と南北相対する二大宗派となった。

宋代には古文復興の風潮が強く、科挙にもその剛健達意な文体が採用され、唐の韓愈、柳宗元とともに、唐宋八大家に数えられる欧陽脩、曾鞏（そうきょう）、王安石、蘇洵（そじゅん）、蘇軾（そしょく）、蘇轍（そてつ）がでたが、文学で特に注意すべきは民間文芸の流行である。唐の中期から新体の韻文、すなわち形式にとらわれないで語句を歌うのに都合よく配列した詞（し）が民間文学としておこり、五代ごろから文人がそれを作るようになり、歌妓や一般士女に伝誦されて宋代に大いに流行した。宋代にはまた民衆文芸として雑劇（ざつげき）がおこった。唐末五代の混乱に、帝室や貴族の保護をうけていた楽人が民間に散居し、宋代には歌曲の趣味が一般にひろまって庶民的色調を帯びてきたが、これが唐以来の幼稚

第 39 図　牧谿筆
「観音猿鶴図」の一部

な滑稽戯と合して雑劇となり、広く社会の各層から歓迎された。この宋の雑劇は金に移って院本とよばれ、元の雑劇の起原となった。

口語小説

宋代にはまた民衆に解り易い口語の小説もおこり、それは瓦子における語りものに由来し、大唐三蔵法師取経記、新編五代史平話などが今日に存している。美術工芸では絵画が陶磁器とともに著しく発達した。

絵画

宋は画院の制度を整えて絵画を奨励し、北宋に黄居寀がでて院体画の基礎をつくり、のち李唐によって開かれた南宋院体山水画が馬遠、夏珪によって完成され、また徽宗も花鳥画に名作を残して院体画の隆盛を見たが、一面、院体画は技巧に走って気力に乏しく、これに対して専門画家でない文人、禅僧などが自由な筆致で淡白な水墨山水画を描いた。このようにして北宗画、南宗画の二大流派の源が成立したが、この文人画の系統では北宋の董源、巨然、米芾、南宋の梁楷、牧谿らが名高い。そして宋代には禅院で飲茶の作法が重んぜられ、水墨画と茶道、禅宗とが結びついた趣味が大いに流行した。

第二節　北方民族の中国支配

金の衰退

モンゴル民族の発展　金は淮水以北から満州、モンゴリアにまたがる広い地域を占有したが、本土の満州が未開発であり、女真人の低い農耕技術では華北の生産もあがらず、また商業も発達せず、そこで財政を補うため宋の交子にならって交鈔（こうしょう）という紙幣を発行し、それを濫発したので、経済界が混乱に陥った。また金の内政の紊乱、女真人の中国化がはなはだしく、ことに華北に移された猛安、謀克が遊楽におぼれて経済的には中国人に圧迫され、軍規もゆるんで武力が低下した。この時新たに力をのばしてきたのがモンゴル民族である。

　外モンゴリアのオノン、ケルレン両川の上流、オルコン、トラ、セレンガ三川の合流する地方は牧草が豊かなので、古来北方諸民族の争奪の対象となっていた。中国に深くはいった金はこの方面の統治に意を用いなかったので、やがてオノン、ケルレン両川の上源地方に遊牧するモンゴル部の勢力が台頭してきた。

モンゴル部の台頭

モンゴル部ははじめオノン川下流のシルカ川方面に遊牧する一小部族であったが、ウィグル勢力の崩壊によって西南方へ移動し、十三世紀のはじめテムジンに率いられて周囲の諸部族を平定し、アルタイ山方面に遊牧するトルコ系のナイマン部を破って内外モンゴリアに勢力を確立した。一二〇六年かれは諸部に推されて汗位に上り、チンギズ汗の号を奉られたが、これが元の太祖である。

チンギズ汗

チンギズ汗は従来の部族制を改めて千戸、百戸の制をつくり、これによって強力な軍隊を組織し、西遼に代ったナイマン部のクチュルクを滅ぼし、その西に接するトルコ系の中央アジアの大国ホラズムを倒し、さらに部将を遣わして南ロシア方面を征し、一二二七年西夏を覆滅してこれをあわせた。チャガタイ汗国は、チンギズ汗が第二子チャガタイを西遼の故地に封じたものである。

南宋の形勢

当時、南宋では財政が窮乏して国力が衰え、しかも外戚の賈似道（かじどう）が政治を左右してい

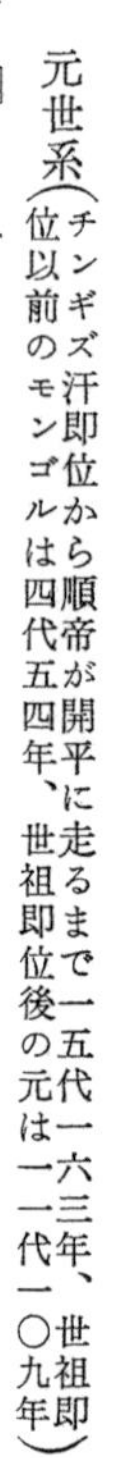
元世系（チンギズ汗即位から順帝が開平に走るまで一五代一六三年、世祖即位後の元は一一代一〇九年）

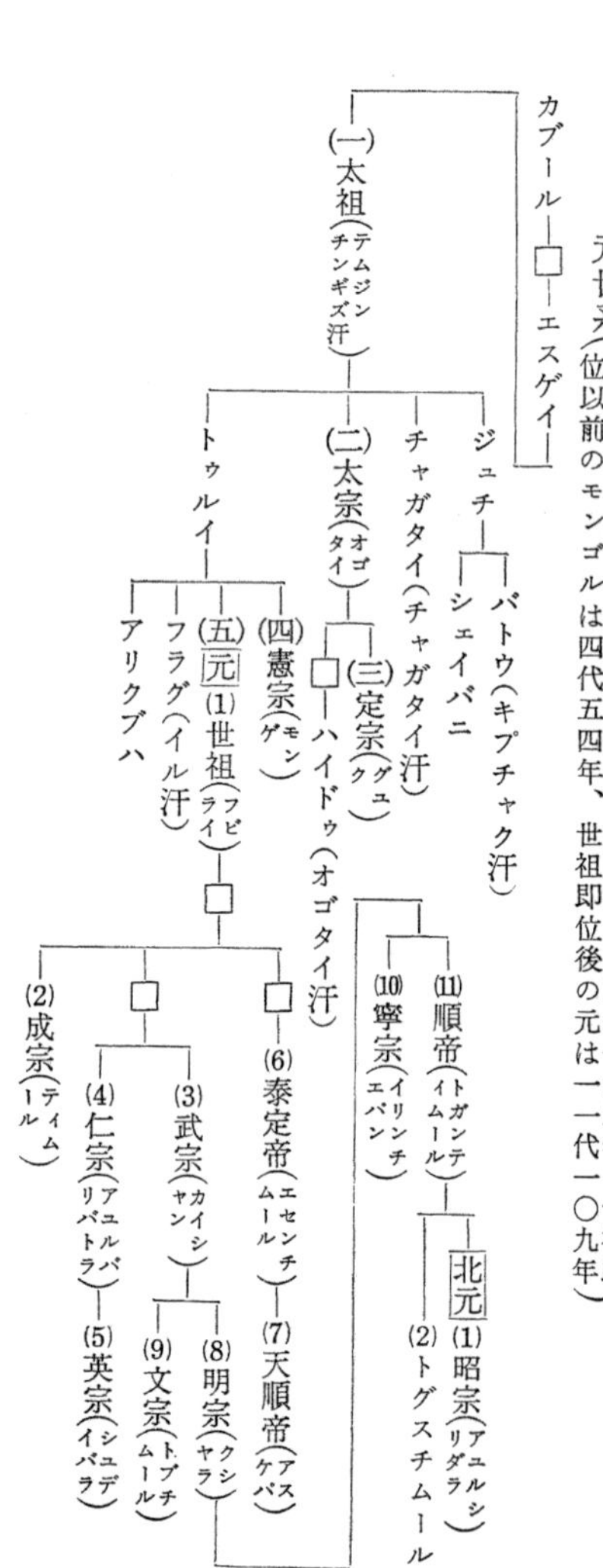

た。時にチンギズ汗の子オゴタイ汗(太宗)が立ったが、賈似道はモンゴルを利用し、これと同盟して一二三四年金を滅ぼし、これを機会に華北の回復を夢みてモンゴルの怒りに触れ、その侵略をうけることとなった。

金の滅亡

チンギズ汗は契丹出身の耶律楚材を政治の顧問とし、オゴタイ汗もかれを用いて儀礼を定め、交鈔を発行し、税法を整えて政治体制の基礎を確立した。このようにしてオゴタイ汗はオルコン川の畔にカラコルムの都城をきずいて中国風の宮殿を造営し、ついで一族のバトゥにヨーロッパの遠征を命じ、かれはヴォルガ川口にキプチャク汗国をたてた。ついでモンゲ汗(憲宗)は弟のフラグにイラン方面を攻略させたので、フラグはアッバス朝を滅ぼし、シリア以東を平定してイル汗国をたて、またモンゲ汗の命をうけたフビライはチベット、

カラコルムの建設

大理国と安南

雲南を攻め、安南を征して南宋包囲の態勢を完成した。雲南には、五代以後段氏が拠って国を大理と称し、安南の大越国では十三世紀のはじめ、李氏にかわった陳氏が宋に安南国王に封ぜられ、宋制をとりいれて内政を革新し、よくモンゴル軍の侵入をしりぞけ、またチャンパを征して国威を張った。

元朝の成立

モンゴルはモンゲ汗の死後、汗位の争いがあったが、フビライが弟のアリクブハを中心とする反対党を抑えて汗位につき、北京を都として大都といい、一二七一年国号を元と定めた。これが世祖である。これより

高麗

さき朝鮮半島の新羅は、八世紀の中葉から貴族が王位をめぐって争い、農民暴動がしばしばおこり、唐の衰亡によってその干渉がなくなると、新羅、後百済、泰封（はじめ摩震という）対立の後三国時代（新三国時代）を経て王建が半島を統一し、開京（開城）に都した。これが高麗の太祖である。高麗は宋に入朝して中国の文化を輸入し、土地、人民を国家の直接支配下におき、旧貴族、豪族には土地を与え、かれらを官僚として統一を再建し、遼および金に服属した。十一世紀から十二世紀中葉にかけて、高麗は諸制度が整って文化も発展したが、王室およびそれをとりまく官僚らが奢侈を極めて武人の反感がたかまり、十二世紀後半、かれらがクーデターをおこし、ことに崔氏が政権を弄断してから王室の威力が衰え、やがてモンゴルの勢力が強く迫ってきた。高麗はこれに対して多年抵抗を続けたが、フビライの懐柔策によって元に服属した。高麗では国初以

第40図　高麗青磁象嵌菊唐草文水注

高麗の文化

来、仏教が国家の保護をうけて大蔵経が刊行され、儒学は仏教の隆盛によって振わなかったが、科挙の制が行なわれ、元との交渉によって朱子学が輸入された。また歴史方面では三国史記(さんごくしき)、三国遺事(さんごくいじ)がつくられ、美術工芸も宋、元の影響をうけて進歩し、特に高麗焼は半島芸術の精華とされている。

南宋の滅亡

高麗を属国とした元の世祖は、南宋攻略を積極的に進めて都の臨安を陥れ、遂に南宋軍を厓山(がいざん)（広東省新会県、マカオ西方、広東南方の島）に覆滅して中国の征服を完了した。時に一二七九年、わが弘安二年に当るが、

元の日本遠征

高麗の服属後、元は高麗に命じてしきりに日本招致の労をとらせた。日本は唐末の混乱によって遣唐使を廃し、それより日華の正式な国交が絶えたが、しかし日本僧や中国商船の往来は依然として続けられ、ことに十二、三世紀、日本は社会経済の変化にともなって外交方針が積極的となり、日本商人の大陸での活躍が盛んとなった。世祖は日本貿易の利、特に日本の黄金を欲して日本の入貢を

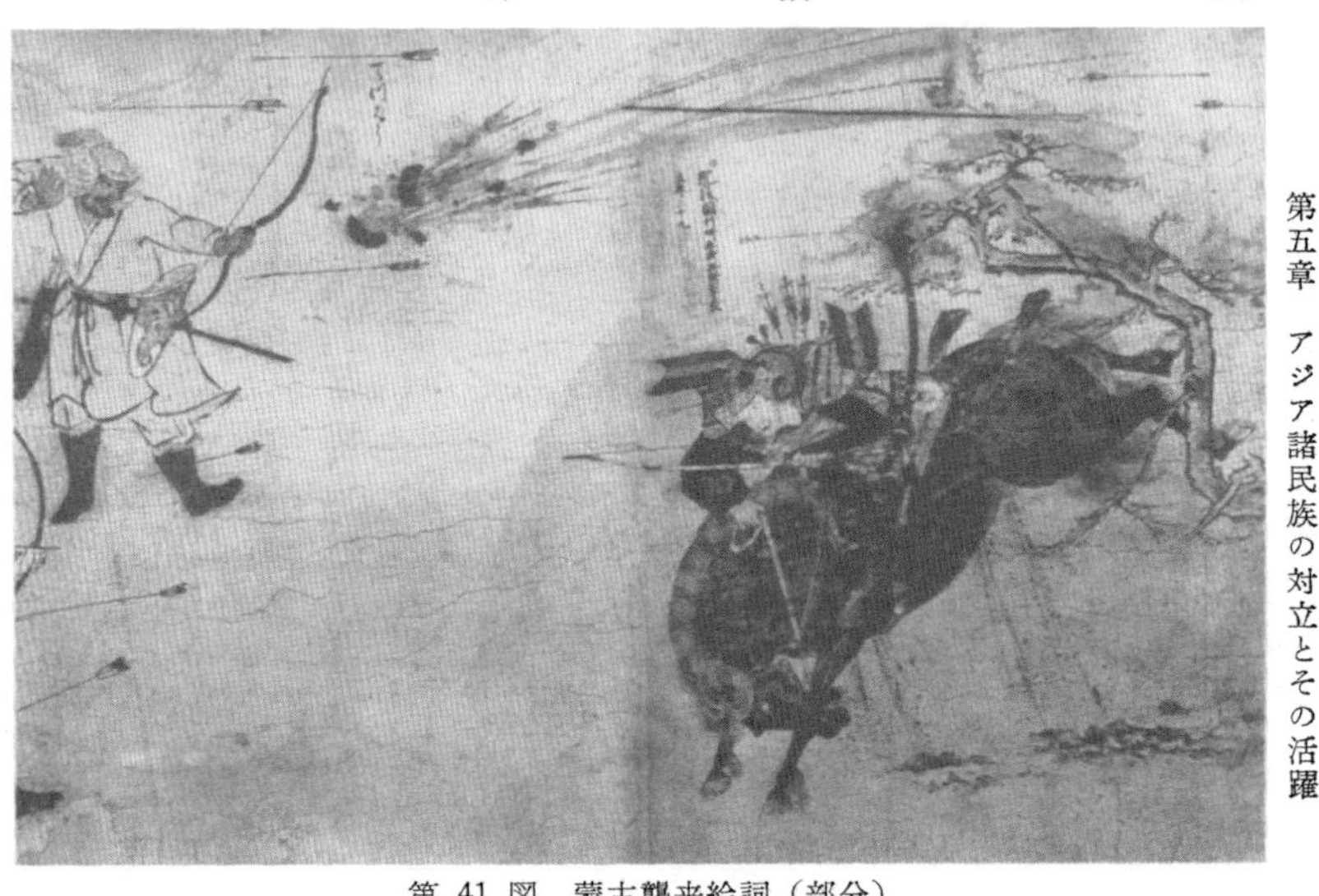

第 41 図　蒙古襲来絵詞（部分）

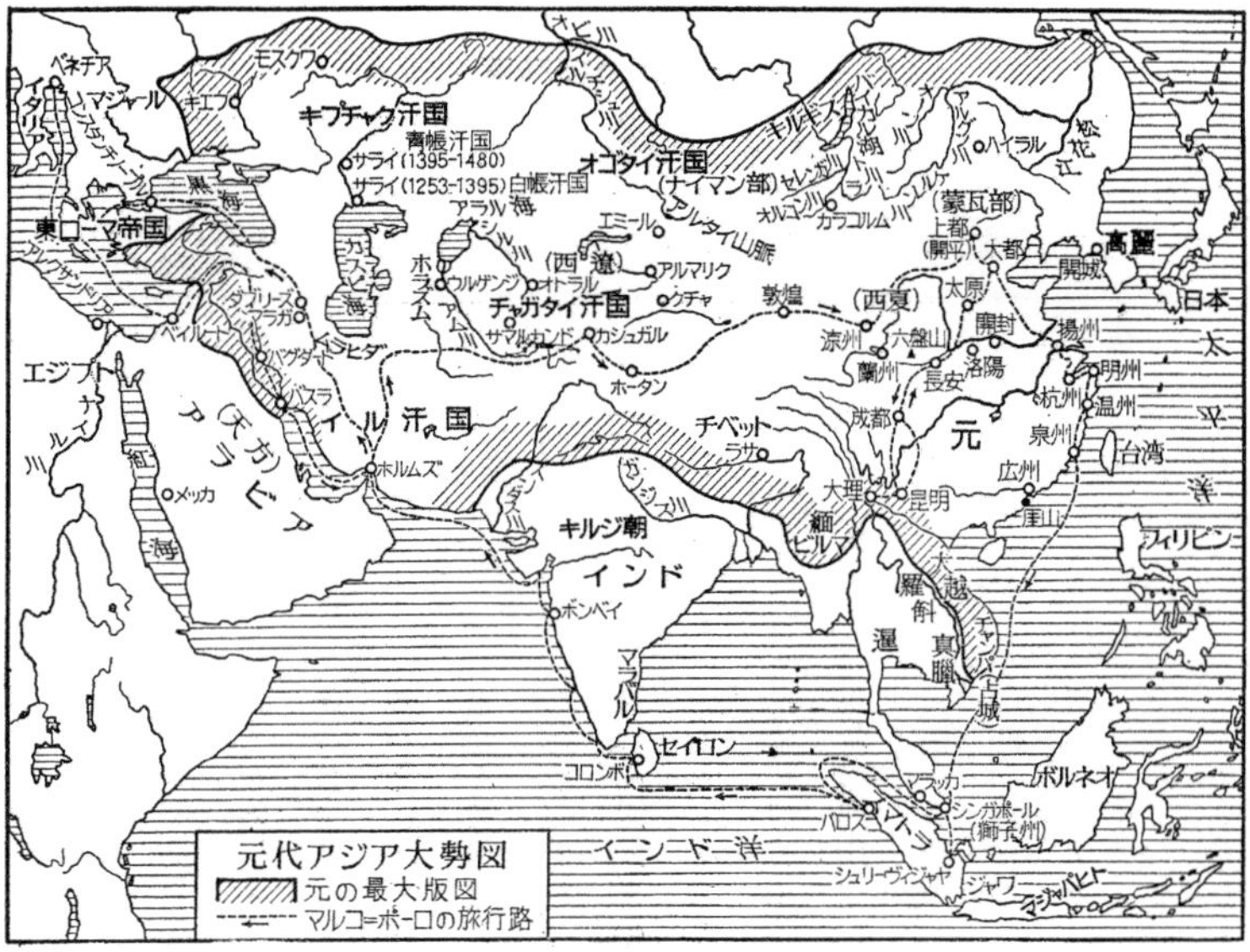

元代アジア大勢図

元の南海経略
マジャパヒト朝
スコータイ朝

求め、かくしておこった日本遠征は失敗したが、一方かれは安南、チャンパを討ち、ビルマ、ジャワを征し、シャム、スマトラを服属させた。チャンパは九世紀後半から中国の文献に占城と見え、宋のころ真臘に占領されたが、間もなく独立を回復して元の侵入を退けた。ビルマは中国人に緬（めん）として知られ、十一世紀から十三世紀前半まで栄えていたパガン朝が元の侵略によって衰え、ジャワではシャイレンドラ朝以後、二、三王朝の交代があったが、元の遠征はかえってジャワの団結を固め、マジャパヒト朝がおこり、ジャワ全土を平定して一時インドネシア全域とマライ半島とを支配し、南洋貿易によって栄え、この王朝のもとに、仏教、ヒンドゥー教が広く行なわれた。シャムでは十三世紀中葉にスコータイ朝（国暹）が現われて元と親交を結んだが、十四世紀後半、メナン川下流におこったアユチア朝に併呑された。

元はチンギズ汗から世祖までの間に、欧亜にまたが

四汗国

元朝統治の弱点

フリルタイ

モンゴルの四汗国

国名	始祖	存続期間	首都	領土
チャガタイ汗国	チャガタイ	1227—1369	アルマリク	新疆省，中央アジアの西遼の故地
オゴタイ汗国	オゴタイ	1224—1310	エミール	外モンゴリア西部ナイマン部の故地
キプチャク汗国	バトゥ	1243—1502	サライ	シベリア西南部，南ロシア
イル汗国	フラグ	1259—1411	マラーガ後にタブリーズ	イラン，イラク地方

る大国家をたてたが、その全領土を元朝のもとに統一したのではなかった。すでにチンギズ汗の時、領土を一族、功臣に分封したが、のち多少の変遷を経、世祖のころには中国本部、満州、モンゴリアを直轄地、朝鮮、チベット、安南を直属地とするほか、キプチャク、イル、チャガタイ、オゴタイの四汗国があった。キプチャク汗国はトルコ民族の上にたてられてトルコ化、イスラム化が早く、また東ローマ帝国と結んでギリシァ正教を公認し、ヨーロッパ諸国とも交わった。イル汗国ははじめキリスト教に好意をもち、東ローマ帝国やローマ教皇と親しんだが、のちイスラム教に傾き、チャガタイ国はトルコ語を公用語とし、イスラム教に帰依してこれを保護した。このようにして四汗国はいずれも支配地固有の文化を重んじ、諸汗王もしだいにその地の風習に同化し、支配地の利益を代表してたがいに融和を欠き、元室から離反する傾向を示してきた。しかも元ではチンギズ汗以来、大汗すなわち皇帝はかれの子孫のうちの手腕家をフリルタイとよぶ会議で選挙したが、その方法が不備なために争いが絶えず、オゴタイの子孫とトゥルイの子孫との間の激しい争いは、遂に前後三十余年にわたるハイドゥの反乱を見た。この乱の結果、オゴタイ汗国は滅亡したが、以

後も元では汗位をめぐる争いがしばしばおこり、擁立の功ある権臣が跋扈して政権をほしいままにし、帝位が極めて不安定であった。

モンゴル至上主義

元の中国統治とその文化　欧亜各地のすぐれた物質文化を知るモンゴル人は、中国文化だけを最高なものとせず、また遊牧を高級として農耕を卑しみ、中国を単なる搾取の対象と考えていた。従って元はモンゴル至上主義で中国に臨み、民族的な身分制度を立てて最上級のモンゴル人（国族）が、中央、地方の官庁の要職を占め、財政、経済の方面は西方諸国からきた色目人（色目は多種多様の人の意）に任せてこれを優遇し、漢民族の宋人を南人といって最下級とし、第三級の漢人とよばれる華北居住の金人や高麗人（漢民族を含む）の下においた。このようにして元は極力国粋の保存につとめて漢民族のモンゴル化を強制したが、文化の低いモンゴル人が中国を支配するには、中国の官僚的な統治組織によらなければならなかったので、元では中央に中書省、枢密院、御史台を設けて三権を分立し、地方に行中書省（行省、現在の中国の最高行政区画である省の起源）をおいて州、県を統べた（ほかにはモンゴル本来のダルガチとよばれる官をおき、地方官庁の監督官とした）。

官制

元の中央官庁

- 皇帝
  - 諮問機関
    - 集賢院（儒学・道教）
    - 翰林国史院（修史・宣勅）
  - 最高政務合議機関
  - 御史台（監察・司法）
  - 中書省（行政）
    - （六部）吏部・戸部・礼部・兵部・刑部・工部
  - 枢密院（軍事）

交通の整備

また元は運河を開き、海運につとめて江南の物資を北方の国都方面に運び、その広大な領土の統治と秩序維持とのため駅站の制を整えた。元が交通の便を図ったことは陸上、海上の東西交通の発展を致し、アラビア商人の来航するもの、また色目人として仕えるものが多くなった。

マルコ＝ポーロ

世祖の時にはマルコ＝ポーロが来朝し、その旅行談をまとめた東方見聞録はヨーロッパ人に東洋の知識を広め、元末

にはイスラム教徒（モロッコ人）のイブン＝バトゥータが訪れてその旅行記に中国のことを記している。このような

西方文化の流入

東西交通の発展によって、西方の宗教、学芸が中国に流入し、ことにイスラム教およびその文化が中国文化に大きな影響を与えた。

イスラム教とキリスト教

唐代アラビア人の来航によって一部地域に行なわれたイスラム教は、元代に清真教とよばれて広く中国内地に広まった。また元代にはキリスト教の教会が十字寺ともいわれ、ネストリウス派が再び中国内地に広まったが、これよりさきプラノ＝カルピニ、ウィリアム＝ド＝ルブルックがローマ教皇に派遣されてカラコルム付近に達し、やがて世祖の時、モンテ＝コルヴィノが派遣されて大都に至り、はじめてローマ旧教を中国に布教した。

科学の発達

そして現実的なモンゴル人はアラビアの地理、天文、暦算、医学などの自然科学を歓迎したので、科学が大いに発達したが、それをよく吸収したのは漢人で、天文に郭守敬、数学に李冶、医学に李杲、朱震亨らがでた。

ラマ教

モンゴル人は思想的なものにあまり興味をもたなかったが、ラマ教はその華美な儀礼と神秘な祈禱とによって大いにかれらの尊信をえ、

パスパ文字

チベットから招かれたパスパが帝師として世祖に信任され、チベット文字を基礎としてパスパ＝モンゴル文字をつくった。元代には外国文化が輸入されて国際色が豊かとなったが、モンゴル人は中国文化を理解せず、儒学者を冷遇して一時科挙をも廃したので、中国文化は不振を極め、儒学、詩文はともに低調であった。

俗文学の発達

しかし不遇に悩む中国の知識階級は文学に託して自らを慰め、それがため庶民を対象とする口語を用いた戯曲、小説が俗文学として大いに発達した。戯曲は宋のころ民間に広まった雑劇が洗練されて元雑劇、元曲、北曲とよばれ、元の中葉以後にはそれが南方に伝わって南曲が成立した。北曲では馬致遠の漢宮秋、白仁甫の梧桐雨が名高く、特に王実甫、関漢卿の合作といわれる西廂記が傑出し、南曲を代表する高則誠の琵琶記と並んで雙璧とされ、また小説では水

滸伝、三国志演義などの原型ができた。美術、特に絵画においては、不遇をかこつ漢人の知識階級が文人画に特色を示し、元初の趙孟頫によって先鞭をつけられた新しい画風が、黄公望、王蒙、倪瓚、呉鎮の元末の四大家によって確立され、南宗山水画が大成された。

南宗画の大成

漢民族の主権回復　中国の社会には官僚、地主、郷紳、大商人、高利貸などの本質的には一体的な階層があり、かれらは国家権力を背景として農村に勢力を振ったが、北宋末から金代にかけて、農村が荒廃して社会情勢が悪化し、農民の反乱がしばしばおこってかれらの地位を危険にしたので、かれらは新たに中国にはいってきた元の武力を利用しようとしてこれと結び、元もかれらを懐柔し、それが元の中国統一に大きな力があった。しかしこれは旧秩序を回復しただけで、農民の生活が改善されたわけではなかった。元の世祖は荒廃した農村を復興し、農業生産力を高めようとして社の制度を定めたが、農業に理解の乏しいモンゴル人は農村対策に効果を挙げえず、荘園はますます発展して佃戸は誅求にあえぎ、ことに華北では元の王侯、官僚が勝手に民田を奪って牧場とし、あるいはそれを漢人に小作させた。そして元は漢人の中から多くの兵を取

元の社制

第 42 図　黄公望筆　富春山居図巻（部分）

軍戸と専売事業

社会の動揺

白蓮教の乱

明の建国と北元

って戸籍を別にし、これを軍戸として世襲させ、それが重い負担になったに加えて、極端な独占的統制経済を行ない、専売事業によって莫大な利潤を挙げたが、財政の局に当る色目人はモンゴル人の意を迎えて誅求を事とし、私腹を肥して民衆を苦しめた。しかも元では汗位継承の争いによる政治的動揺が絶えず、また戦争やモンゴル貴族への多額な賜与、ラマ教の狂信などのために財政が窮乏し、それを補うための主要通貨である交鈔の濫発が経済界を混乱に陥れた。このような形勢に際して、元末には天災がしきりにおこっておびただしい流民が発生し、社会の不安につれてモンゴル至上主義に対する漢民族の反感が急激にたかまり、各地に反乱の勃発を見た。その中心勢力となったのは、弥勒仏の下生を説く白蓮教徒の宗教的秘密結社で、紅軍（一に香軍）とよばれ、その反乱はたちまち広まって淮水以南の大部分が群雄割拠の状態となった。やがてこの紅軍の党与から身をおこした朱元璋が揚子江下流の穀倉地帯を収め、一三六八年金陵（南京）に即位して国を明といい、元朝を北方におった。これが明の太祖洪武帝（洪武は年号、一世一元の制はじまる。これより天子を年号でよぶならわしおこる）である。そして北に走った元室の後は韃靼諸部の長となり、東モンゴリアに拠って北元の朝廷をたてた。

里甲制

君主独裁権の確立

明はモンゴル人に対する民族思想を鼓吹して中国の伝統の回復に努め、明律、明令（のち改編されて大明会典となる）をつくって刑法、制度を整え、朱子学を官学として科挙の制を行ない、州、県の補助機構として里甲制を設けた。里甲制は一定数の戸を単位として里といわれる自治的な村落行政区画を編成し、里をさらに甲にわけ、里長が甲首を督励して租税の徴収や割り当てを行なったもので、その運営および租税の公平を期して魚鱗図冊（土地台帳）、賦役黄冊（戸籍兼賦税台帳）をつくり、また教育の普及を図って各地に社学（元にはじまる）を設け、教化の基準として六諭を定めた。ことに官僚組織の整備には力を致し、中書省を廃してその下の六部（吏、戸、礼、兵、刑、工）をそれぞれ独立させて天子に直属させ、宰相をおかないで一切の政務を天子の独裁に帰し（のち天子の政治顧問として内閣大学士をおき、しだいにその実権が重くなり、宰相の実を帯びるようになった）、軍事は五軍都督府（前、後、中、左、右の五）を設けて権力を分割し、御史台を都察院と改め、地方でも最高長官をおかないで布政使（行政）、都指揮使（軍事）、按察使（監察）に分掌させ、中央、地方ともに三権分立の体制を整えて官僚勢力の発展を抑えた。このようにして宋以来大いに固められてきた天子の独裁権力が確立したが、太祖が諸子を各地に分封したことは、やがて明室の独裁権力に対する大きな障害となった。

靖難の役

太祖の孫恵帝（建文帝）の時、これら諸王の力を弱めようとしたことから、北平（北京）にあった燕王棣が靖難の師と称する軍をおこし、帝位を奪って都を北平に移し、南京応天府に対してこれを北京順天府といった（北京、南京の名これにはじまる）。これが成祖永楽帝である。

明の対外発展

さきに明の太祖は北元が高麗と結び、雲南に拠る元の一族と呼応して中原の回復を図ったのを撃破したが、靖難の役後、再び韃靼諸部が元室の後を奉じて反抗したので、永楽帝は自ら軍を率いてこれを征し、さらに

中国歴代首都表

周	西周 東周	鎬京（西安） 雒邑（洛陽）
秦		咸陽（西安）
漢	前漢 後漢	長安（西安） 洛陽
三国	魏 蜀 呉	洛陽 成都 建業（南京）
晋	西晋 東晋	洛陽 建康（南京）
南朝	宋 斉 梁 陳	建康 建康 建康 建康
北朝	北魏 北斉 北周	（初）平城（大同） （後）洛陽 鄴（臨漳） 長安
隋		大興（西安）
唐		長安
五代	後梁 後唐 後晋 後漢 後周	（初）大梁（開封） （後）洛陽 洛陽 大梁 大梁 大梁
宋	北宋 南宋	開封 臨安（杭州）
元		大都（北京）
明		（初）南京 （後）北京
清		北京

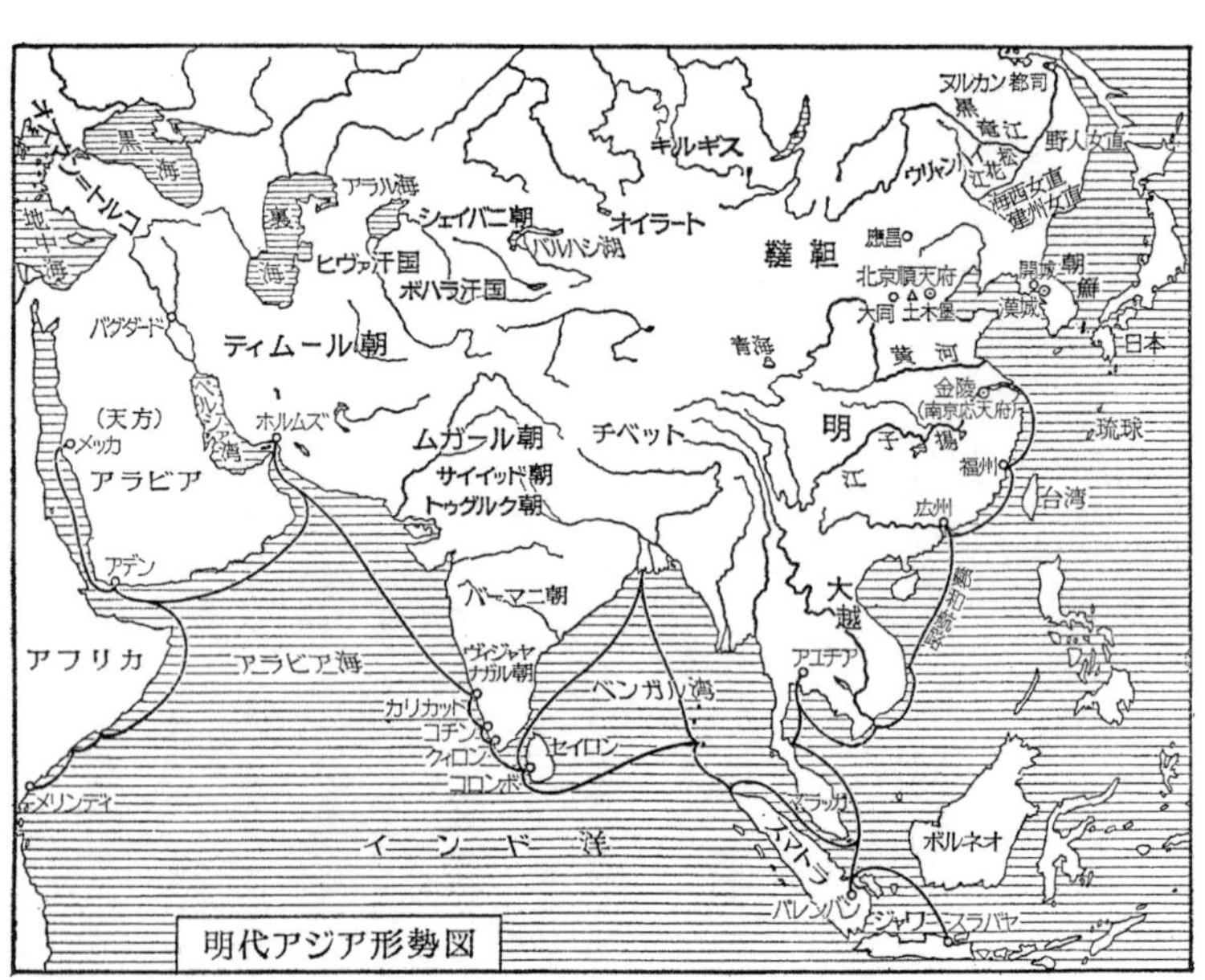

明代アジア形勢図

西モンゴリアに拠るモンゴル系のオイラート部を破り、また満州の経略を進め、建州衛を設けて南満州を治め、黒竜江口にヌルカン都司をおいて北満州にまで力を及ぼし、南は雲南や安南を征した。

安南の形勢

安南では十三世紀のはじめ、李朝に代って陳朝がおこり、元軍の侵入を退けて一時勢を張ったが、十五世紀のはじめ権臣に位を奪われたので、永楽帝は、それに乗じて安南をあわせ、のち黎氏の大越国がおこって、明はその独立を認めた。これより黎朝は王権を強化して中国文化の輸入に努めたが、十六世紀になって権臣莫氏に一時国を奪われた。

鄭和の南征

明の対外発展の顕著な業績は、十五世紀前半、宦官鄭和が大艦隊を率いて南海諸国を経略したことで、これによって南海諸国が盛んに明に来貢するようになり、馬歓の瀛涯勝覧や費信の星槎勝覧などが現われて中国人の南海に関する知識が豊富となっ

鄭和の南征

回次	期　　間	到　着　地
1	1405年（永楽3年）6月命を受け、27,800余人、62艘を率いて出発、1407年9月帰還。	インドのカリカット
(2)	1407年（永楽5年）9月命を受けて出発。	カリカット
2(3)	1408年（永楽6年）9月命を受け、翌年12月48艘を率いて出発、1411年6月帰還。	カリカット
3(4)	1412年（永楽10年）11月命を受け、翌年出発、1415年7月帰還。なお別動隊は1416年帰還。	本　隊…ペルシァ湾頭ホルムズ 別動隊…アフリカ、アラビア
4(5)	1416年（永楽14年）12月命を受け、翌年秋頃出発、1419年7月帰還。なお別動隊は1420年帰還。	本　隊…ホルムズ 別動隊…アフリカ、アラビア
5(6)	1421年（永楽19年）1月命を受け、1422年8月帰還。別動隊は1423年9月帰還。	本　隊…スマトラ、シャム 別動隊…アフリカ、アラビア、ペルシァ湾
6	1424年（永楽22年）1月命を受け、8月帰還、小規模。	スマトラのパレンバン
7	1430年（宣徳5年）6月命を受け、27,550人を率いて同年12月出発、1433年6月帰還。	本　隊…ホルムズ 別動隊…アラビアのメッカ

明の対外政策

た。しかし明は排外的傾向強く、西方諸国に通ずる陸上交通を閉ざし、また倭寇（わこう）などの海寇に脅かされたので人民の海上への進出を禁じ、貿易を朝貢形式の官業貿易とし、これを外民族に対する恩恵としてかれらを懐柔しようとした。このような不自由な貿易形式は、中国人の南海諸国の産物に対する需要を満たしえないので、禁を犯すものが多く、それが南洋華僑（なんようかきょう）の起原となったが、

琉球人の活躍

一方また琉球や日本の商人も盛んに密貿易に活躍した。明代に琉球は南海の要衝としての位置を占め、土地狭小で資源が乏しかったので、中国や日本、朝鮮、南海方面と通商し、中国の文物、制度をいれて一時繁栄したが、島津氏に征服されてのち、その支配をうけて中国貿易に利用され、独立の体面を保ちながら、日華両国に両属の形

をとった。ところで、中国の物資を切望するモンゴル人や日本人の明の貿易形式に対する不満がやがて北虜南倭の外患となった。

土木の変

韃靼の侵寇

さきに成祖の親征を受けたオイラート部はのちモンゴリアの主導権を握り、明の貿易方法に不満を抱いて南下し、これを親征した明の英宗正統帝を捕虜とする土木(とぼく)の変という事件をおこしたが、ついでオイラートに代って勢力を回復した韃靼が内モンゴリアを統一し、十六世紀の中葉、大挙北京を包囲して掠奪をほしいままにした。

ラマ黄教

当時、韃靼は外モンゴリアをあわせて青海、チベット方面を従え、遠く中央アジアにまで勢力を及ぼし、そのためチベットから黄教派のラマ教が伝わってモンゴル人に強い影響を与えた。ラマ黄教は従来のラマ教(ラマ紅教)の腐敗を改革しておこったものである。

倭寇の猖獗

北虜すなわち北方からの韃靼の侵入に対し、南方海上から明を苦しめたのが倭寇である。かの元寇以後、日華の公的関係は疏隔したが、私的貿易は発展して日本商船の活躍めざましく、これに対する元の官吏の圧迫と元寇に対する敵慨心とで、憤激した日本商人が武器を執って立ち、高麗の滅亡に拍車を加え、山東(シャントン)地方から華中、華南沿岸を寇略した。やがて室町幕府が成立して厳重な取り締りを行ない、また日明間の勘合(かんごう)貿易が開始されると、倭寇の勢は一時衰えたが、のち明が勘合貿易を止めたことによってまた盛んとなり、それには中国人の密貿易業者も多く加わった。

高麗の衰弱

高麗は十三世紀中葉、モンゴル兵に蹂躙されて国運が傾いたが、この間に崔氏が除かれて、元の懐柔政策に従ったので、しばらくその命脈を保つことができた。しかし元の高麗に対する激しい誅求に加えて土地兼併の勢がなはだしく、内は農民が窮乏して外は倭寇に苦しみ、社会が全く混乱に陥った。

李氏朝鮮の建国

時に元、明の交代があり、この大陸政局の変動は朝鮮に波及し、倭寇討伐で名声を揚げた李成桂(りせいけい)が、土地兼併の弊を改革して政権を確立し、遂に高麗に代って明の封冊を受け、ついで都を漢城に移した。これが李氏朝鮮の太祖である。朝鮮は宗主国明の権威によって王権を固め、両班とよばれる文武の世襲官僚を定めて官僚制を整え、行政組織を改革して中央集権の確立を図り、建国後約百年間その全盛期を現出した。当時、儒学が奨励されて朱子学が重んぜられ、最も進歩した音表文字とされるハングルがつくられ、詩文尊重の機運は東文選を生み、また高麗史、東国通鑑、東国輿地勝覧などの歴史、地誌の編纂が行なわれ、体系ある法典として経国大典が完成された。これらの民族的文献が朝鮮人によって実用化に成功した鋳造の銅活字で印刷され、その保存、頒布が行なわれたのは実にこの時代の誇りである。

李朝盛時の文化

大礼の議

万暦の三大征

明は成祖永楽帝時代を最盛期とし、武宗正徳帝の時には、政治がゆるんで人民が悪政に苦しみ、各地に暴動がおこって明室の一族(安化王寘鐇、寧王宸濠)にも反乱を企てるものがあり、世宗嘉靖帝の世には、北虜南倭の猖獗に加えて、帝の生父の尊号問題について、大礼の議とよばれる事件がおこって空しい議論が繰り返され、神宗万暦帝は、はじめ張居正を用いて治績を挙げたが、のち宦官を重用して奢侈にふけり、ことに万暦の三大征(寧夏におこったモンゴルの降将ボハイの乱、豊臣秀吉の朝鮮の役、貴州省の播州におこった楊応竜の乱)とよばれる内外の戦乱によって明の財政を窮乏させた。神宗はその対策として鉱山を開き、塩、茶などを増徴したが、その局に当る宦官が誅求を事としたので、民衆の窮乏がさらにはなはだしくなった。

里甲制度より保甲制度へ

ところで、明は里甲制度を設けて国家権力を末端にまで浸透させたが、この制度は里長が官僚化して政府の収奪機関となり、また魚鱗図冊もしだいに不正確となり、ことに賦役黄冊の作成が里長、甲首に委ねられていたことは種々の弊害をともない、一般農民に対する租税が不公平に重くなってかれらを苦しめた。明代の租税には田土に対する夏税、秋糧からなる賦と丁に対する徭役とがあり、のちそれに諸種の附加税が設け

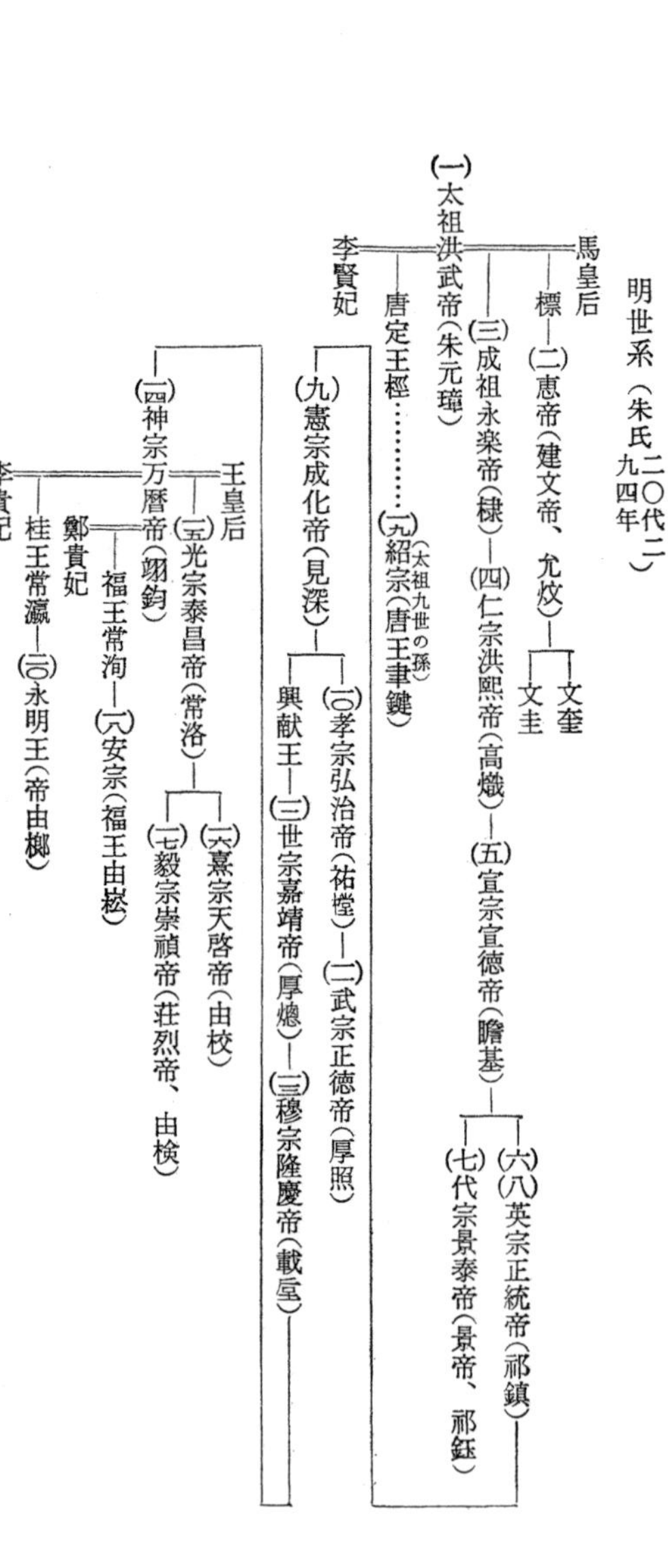

られて複雑となった。また当時銀の流通が盛んとなって銀による徴収が一般化し、それは農民が商人や高利貸に乗ぜられる結果となり、そのため小作農として大土地所有に流入する者が多く、北虜南倭の外患と帝室の道教に対する狂信的出費とあいまって明の財政に大きな影響を与えた。このような経済問題を解決し、複雑な徴税方法を簡単にするため、当時の銀の流通にともない、神宗治世の中葉を過ぎると、一条鞭法（いちじょうべんぽう）とよば

一条鞭法

れる新税法がひろく行なわれるようになった。これは複雑化した賦役制度を改革し、一州県の土地と人口とを計り、成年男子に対する田賦、徭役その他の負担を合わせて一条とし、それを人民の能力に応じて割り当て、すべて銀で納めさせたもので、両税法以来の画期的な税制の改革である。この新税法の出現により、課税単位としての里甲制が無意義となり、そこで宋代の保甲と郷約とを併用した保甲制が行なわれるようになった。これは清代に大成され、十戸を一牌（はい）、十牌を一甲、十甲を一保とし、それぞれに長を置いたもので、村落の自治組織として教化や治安、警察のことに当り、また戸籍簿である保甲冊が人口調査の基礎となった。

保甲制

ところで一条鞭法にはそれに対する反対があり、それが官僚らの劇しい党争の端緒となった。明は君主独裁の下に官僚や宦官の勢力を抑えたが、天子が極端に尊厳化されて天子と官僚との間が疎隔し、それに乗じて宦官が勢力をえ、政治を左右するようになった。元代儒学の不振に対し、明は朱子学を官学としたが、明初の大儒宋濂（そうれん）、方孝孺（ほうこうじゅ）は退けられ、あるいは誅せられ、以後学者には阿付の徒が多く、それが一般の士風にも影響し、官僚には権力に屈して宦官におもねる者が多く、また陽明学の徒が空疎な議論に走り、それがまた政界にも反映した。このような空気の下に、一条鞭法をめぐる官僚らの確執は三案（梃撃の案、紅丸の案、移宮の案）とよばれる宮廷内部の争いと結びつき、東林　非東林の実際の政治を離れた醜い党争にまで発展した。時あたかも満州民族が勃興し、その防衛のための増税はますます民衆を苦しめ、遂に流賊の横行を見るに至った。

宦官と党争

産業の回復と中国文化の復活　明は北虜南倭の外患に苦しんだが、それは内地の治安を根本から覆えした訳ではなく、また元末明初の戦乱に破壊された農業、商工業もしだいに回復し、ことに明では南方の食糧を北方に送る必要から大運河を修築し、その他にも国内の交通運輸の便に努めた。当時、江南を中心とする米

交通運輸の整備

農業と工業　**国内商業**　**塩の専売制度**

の生産が著しく進み、絹織物工業も盛んに行なわれたが、また綿花の栽培が各地に広まり、松江府を中心に農家の副業的家内工業として綿織物が発達した。このようにして一時停滞した国内商業も再び栄え、有力な商人は米、絹、木綿あるいは政府の専売事業である塩の取引に従事して巨万の富を蓄え、また商業の発展にともない銀が貨幣(秤量貨幣)として盛んに流通するようになった。明の塩専売は主として製造者から塩を商人に直接売りわたし、官がこれを監督し、商人はこれによって独占的な利益を収めた。

戯曲小説　**明代文化の特色**　**儒学**　**陽明学**　**仏教**

明代には地主の都市に移住する者が多くなって都市の繁栄が著しく、また庶民の教育や生活も向上し、それを背景として戯曲や俗語体の小説が大いに進歩した。戯曲は北曲、南曲のほか、明末に魏良輔が崑曲をはじめ、南曲の作家湯顕祖の牡丹亭還魂記は明曲中の名作とされている。小説では三国志演義や元の羅貫中の作と伝えられる水滸伝(一に施耐菴の作とす)が大成され、また呉承恩の西遊記、作者未詳の金瓶梅が現われ、これらは中国の四大奇書といわれるが、なお短篇小説集としては明末に今古奇観がでた。この戯曲、小説の発達は実に明代文化の一特色であるが、明代には伝統的文化の復興が叫ばれて国粋的傾向が強く、文化は従来のものを継承し、復古的で独創性に乏しかった。従って儒学は宋学の復興に過ぎず、性理大全や四書五経の注釈を集めた四書大全、五経大全などの勅撰はただ学問、思想を固定させるだけであった。これに対し明の中葉、宋の陸九淵の学統を汲む王守仁(陽明)が良知の学を大成し、実践を重んじて人格主義の理想哲学を唱えたのは異彩とすべきである。かれの学説は儒学に新生命を吹き込んで大いに流行したが、のちその学徒の中には陽明の真意を忘れ、空疎な観念論を闘わして浮華放縦に流れる者が多く、心学横流の非難を蒙った。詩文も模倣に終始して創造の傾向が少なく、仏教、道教もまた振わなかった。ただ仏教は帝室の保護を離れたことによ

道教

第 43 図　仇英筆　桃李園図

ってかえって活気を呈し、教義の上で各宗を統合しようとする傾向が強くなって混融仏教が樹立され、また儒仏道三教の調和説が発達し、明末伝来のキリスト教に対して強い反発を示した。道教は元代に全真教と正一教とが対立して華々しい活躍を示したが、明代にはともに無意義な存在と化し、現行の道蔵を完成したのが誇るべき唯一のもので、ただ迷信という形で道教的な信仰が一般民衆の間に弘まって清代に及んだ。

美術工芸

美術工芸も、独創的発達がほとんど見られなかった。元代に大成された山水画は技巧上に進歩したに過ぎず、ただ元明時代から庶民の趣味に適しておこった版画が戯曲、小説や俗本の挿絵として発達したのは注意すべきである。絵画では唐宋以来の画風を大別し、明の中期ごろ、南宗、北宗の差別論がおこって南宗画の勢力が北宗画を圧倒するようになった。北宗系統の戴進（たいしん）は山水画において明代随一と称せられ、その傍系に属する

第 44 図　董其昌筆　山水図

仇英は人物風俗画で知られ、南宗の系統から沈周、文徴明、董其昌らがでた。ことに特筆すべきは工芸で、官営工業による磁器、絹織物、刺繡などは明代の誇りとされ、景徳鎮の窯業はいよいよ栄えて多くの名品を出し、また絹布、緞子の類も精巧となり、それにともなって刺繡の製作も巧緻を極めた。

図書の編纂と集書学問の普及

明代は学術の空疎を称せられるが、国初以来文化の復活が叫ばれて学問が奨励され、しかも当時の学界の傾向として多くの図書や古書の抜き書きを集めることが行なわれ、書目、叢書、類書などが盛んに編纂された。成祖の時には明代類書の随一である永楽大典が勅編され、ことに中期以降には文運の進歩とともに大規模な朝廷の集書、版刻のほか、私人でも范氏天一閣　毛氏汲古閣のような大蔵書家が現われ、正史の南監本、北監本、汲古閣の刊行があり、地理では天下一統志、広輿図、職方地図や地方志などの編纂が空前の盛況に呈し、十八史略などの啓蒙書も流行して学問が一般に普及した。また明末には空疎な儒学の束縛から離れて社会や政治の実際に役立つ経世実用の学がおこり、顧炎武、黄宗羲をはじめとして多くの学者が輩出し、その他、兵学に武備志、薬学、植物学に本草綱目、造園、建築に園冶がでた。このような文運の発展はつぎの清代学術隆盛の先駆となったが、またヨーロッパ人が渡来して西洋の新しい科学を伝えたことは中国人の眼を開かせ、徐光啓の農政全書、崇禎暦書をはじめ、天工開物、神器譜などの科学書がつくられた。

女直の覚醒

満州民族の中国支配　金の滅亡後、ツングース系の女直(女真)、すなわち満州民族は元、明二朝に属し、明はヌルカン都司を置いてかれらを多くの衛所に細分して支配したが、かれらは韃靼の活躍に刺激され、海西、建州、野人の三大部にわかれてしだいに統合の気運を生じ、明勢力の衰退に乗じて建州部の一部族が渾河上流に発展してきた。明は女直に対しても朝貢政策をとり、これによって明、女直間の安定が保たれてい

後金(清)の建国
八旗兵制

たが、明が朝鮮の役に没頭しているのに乗じて、建州部の一酋長ヌルハチは付近の諸部をあわせて勢をえ、遂に明への朝貢を止めた。かれはモンゴル文字にならって満州文字をつくり、漢籍を翻訳させて部族の知識の開発に努め、また漢人を優遇して勢力を固めたが、人参問題を契機として一六一六年明から独立し、ホトアラ(興京)を根拠として国を後金と称し、ついでその編成にかかる八旗兵を率いて明軍をサルホ山に破り、満州に覇権を確立して瀋陽(奉天)に都した。これが清の太祖である。八旗とは軍隊組織であるとともに、また社会組織、部落組織でもあるが、それを再編成し、旗の色によってはじめ黄、白、紅、藍の四旗三万の兵とし、のち鑲四旗を設けて八旗とし、つぎの太宗の時、さらに漢軍、蒙古の各八旗を作って二十四旗とした。旗に属する者は旗人とよばれ、すべて兵役の義務があり、旗地と佃戸とが与えられて優遇された。

チャハル部、朝鮮の服属

太宗は明攻略に当り、明と結ぶ韃靼の後のチャハル部を平定して一六三六年国号を大清と改め、また形勢を観望する朝鮮に再度出兵してこれを屈伏させた。当時、明末の混乱に不安を抱いて清に走る官僚が少なくなく、かれらや投降の漢人将士は清の保護の下に中国内地への帰還を熱望していた。時に明では流賊各地に蜂起し、特に陝西におこった闖賊李自成の勢強く、一六四四年毅宗崇禎帝は北京を陥れられて悲惨な劇的最後を遂げた。

清の中国統一

このころ山海関を守っていた明将呉三桂は立場に窮して清に降り、かれの案内で摂政王ドルゴンが清軍を率いて入関し、李自成を破って世祖順治帝を北京に迎え、ついで清は華南の各地に拠る明の遺王を倒して一六六一年中国統一の業を完成した。清は中国の統一に当り、明の制度を踏襲するとともに、努めて投降の漢人将士を用い、かれらへの恩賞の意味で、そのうちの有力な呉三桂を雲南に封じ、そのほか広東、福建にも漢人の藩王をおいた。

三藩の乱

これがいわゆる三藩で、のち清がその力を抑えようとして前後九年にわたる三藩の乱がお

清世系（愛新覚羅氏 一二代二九六年）

- 覚昌安—塔克世—(一)太祖(弩爾哈赤)
  - 睿親王多爾袞
  - (二)太宗(皇太極)—(三)世祖順治帝(福臨)—(四)聖祖康熙帝(玄燁)—(五)世宗雍正帝(允禛)—(六)高宗乾隆帝(弘暦)
    - (七)仁宗嘉慶帝(顒琰)—(八)宣宗道光帝(旻寧)
      - (九)文宗咸豊帝(奕詝)＝東太后・西太后—(一〇)穆宗同治帝(載淳)
      - 恭親王奕訢
      - 醇親王奕譞
        - (一一)徳宗光緒帝(載湉)
        - 醇親王載灃—(一二)宣統帝(溥儀)
    - 慶親王永璘—綿悌—奕劻

こった。この乱は清の中国統治を危険にしたが、呉三桂の没後、形勢一転して乱平定し、清はさらに勢に乗じて台湾を攻略した。台湾には明再興の志を抱く鄭成功（国姓爺）がオランダ人を追い、ここを根拠としてその孫に至る三代の間、反抗を続けて海上から清を苦しめ、清は遷海令を設けて台湾との交通を絶ったが、今や鄭氏の内紛に乗じてそれを平定し、これより台湾には福建方面から移住する者が多くなった。

台湾鄭氏の平定

清の対外発展

三藩の乱を平定して揺ぎない地位を確立した清は、内に充実した兵力と財政とを以て対外的に著しい発展を遂げ、聖祖康熙帝、世宗雍正帝、高宗乾隆帝の三代百三十余年間の盛世を現出した。当時ロシアの東方経略が積極化し、シベリアを席捲して十七世紀中葉には太平洋岸に達し、さらに黒竜江流域方面に至った。康熙帝は三藩の乱の平定後、ロシア人を黒竜江外に駆逐して一六八九年ロシアとネルチンスク条約を結び、黒竜江流域を清領として両国の国境を定め、両国人の通商を認めた（中国が外国と条約を結んで領土を画定した最初）。時に明代のオイラート部

ネルチンスク条約

ズンガル部の征服

ののちであるズンガル部がイリ地方を根拠として中央アジアにおける一大勢力となり、全モンゴリアの統一を企てて外モンゴリアに侵入してきた。これがため外モンゴリアに拠るハルハ諸汗が内モンゴリアに逃れて清の保護を求めたので、康熙帝はズンガル部を征して外モンゴリアを清の版図とした。

チベット青海の併合

その後もズンガルの余類がイリ地方を根拠として、チベットに侵入したので、清はこれを追って青海、チベットをその領土とした。チベットのラサにはラマ教の法王であるダライ＝ラマが政教両権を握ってチベットを支配し、その代理者の活仏が外モンゴリアのウランバートル（庫倫）にいたが、清はかれらを優待してラマ教徒のモンゴル人、チベット人を懐柔した。

ネパール遠征

この清の勢力下に帰したチベットにグルカ人が侵入するや、一七九一年清軍はかれらを追ってネパールにまで遠征を決行した。

新疆省の設置

ズンガルはその後もしばしば外モンゴリアに侵入したが、乾隆帝の時これを完全に征服してイリ地方を準部とし、ついでズンガル支配下の東トルキスタンのトルコ人をも服属させ、かれらがイスラム教（回教）徒であるのでこの地を回部とよび、のち準部、回部を合わせて新疆省をおいた。

ビルマとシャム

また清の勢力は南方の諸地域にも及んだ。ビルマではパガン朝が滅びてのち、十六世紀にトウングー朝がおこり、その東隣のシャムではアユチヤ朝が十六世紀ビルマの侵入をうけてその支配下に帰したが、やがてビルマから離脱し、十七世紀にはヨーロッパ人の出入によって西洋文明の空気にも触れるようになった。ビルマ、シャムの抗争はその後も久しく続いたが、十八世紀中葉、ビルマに内乱がおこってトウングー朝が滅び、つぎのアラウンパヤを始祖とする新王朝は、アユチヤ朝がフランス、イギリスに苦しめられているのに乗じてこれを倒し、さらに進んで清と衝突し、その討伐を受けて降り、一七九〇年乾隆帝から緬甸国王に封

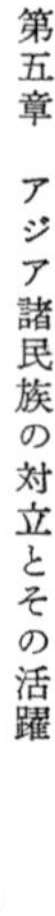

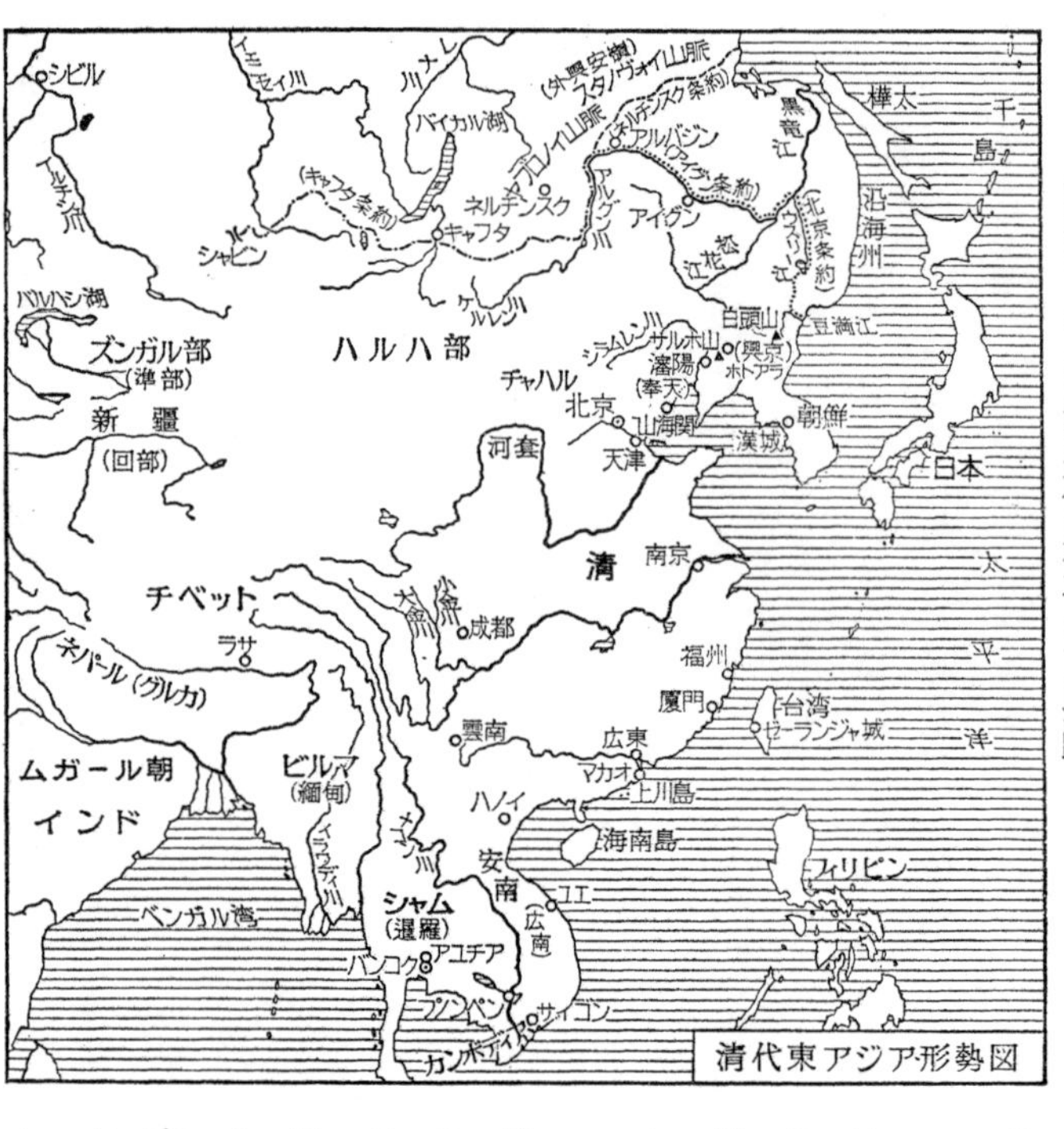

清代東アジア形勢図

ぜられた。この清とビルマとの抗争によって復興の機会を与えられたシャムでは、やがて中国系のピヤ＝タク（ピア＝タクシン）が王位につき、安南、カンボディアの後援をえてビルマ人を追い、バンコクに都してその国を再興し、ついでその部将チャオ＝ピヤ＝チャクリがそののちをうけ、清に入貢して一七八六年暹羅国王に封ぜられた。現タイ国王朝の始祖ラーマ一世がこれである。

安南の入貢

また安南の大越国では、明末に国を奪った莫氏が滅ぼされてのちも、北部のハノイに鄭氏が黎朝を擁し、南部のユエに阮氏が国を広南と号して対立していたが、一七七三年阮文岳を首領とする西山（タイソン）党が乱をおこし、鄭、阮、二氏を倒して西山朝を開いた。黎朝が清に走って援助を求めるや、乾隆帝は南征の軍を派遣したが、一七八九年阮文岳の弟文恵が入貢して罪を謝したので、黎朝の復興不可能をさとって文恵を安南国王に封じた。なお

改土帰流

中国西南部の山間地帯には苗(びょう)、猺(よう)、ロロなどの諸蛮族がおり、元、明時代には土司制度を採用してかれらを懐柔したが、しだいにこの方面への漢人の移民が多くなったので、清は改土帰流(かいどきりゅう)を行ない、土司を廃して一般の府州県を置き、中央派遣の官吏に治めさせた。

清の領土　**藩部の統治**

このようにして清は満州、中国本部、台湾を直轄地とするほか、内外モンゴリア、青海、チベット、新疆を藩部、朝鮮、ビルマ、シャム、安南を属国とし、日本を除く東アジアのほとんど全域をその勢力下においた。元はその版図が清よりも遥かに大きかったが、統治の内容が複雑でその実を挙げることができず、これに反して清は満州、モンゴリアはもちろん、チベット、新疆、青海方面をも完全に支配した。ことに清の藩部に対する統治は巧妙を極め、藩部の住民の勢力を分割して牽制させ、統治はかれらの自治に任せて懐柔策をとり、中央派遣の文武官または軍隊がこれを監督して最高の権限を中央の理藩院(りはんいん)が握った。

清の中国統治　**地丁銀**　**君主独裁制の強化**　**八衙門と軍機処**

藩部の統治に巧妙な手腕を発揮した清が、特に力を致したのは中国の統治である。清は明末の弊政を改めて農業生産力の回復に努め、財政の緊縮、国庫の増収を図って租税を軽減し、租税ははじめ明ののちをうけて、田土に課する地銀と人丁に課する丁銀とが主なものであったが、のち丁銀を地銀の中にくりいれて一つにまとめ、これを地丁銀といい、また儒学の尊崇、科挙制の採用によって漢人に安定感を与えた。官制は明の制度を踏襲して君主独裁権をいっそう強化し、中央に内閣大学士をおいて政治をすべさせ、その下の六部(吏、戸、礼、兵、刑、工)に事務を分担させ、ほかに監察機関として都察院、藩部統治のための理藩院を設け(六部と都察院、理藩院とを総称して八衙門という)、のち軍機処がおかれてからは、内閣の実権がここに移った。そして天子はこれら諸官衙を統轄し、官吏をその手足としていっさいの権力を集中した。清は中国の征服に漢人の武力を利用し、漢軍八旗のほか、入関後漢人で組織した緑営（りょくえい）という常備軍をおいたが、実に清の君主独裁制は満漢の伯仲する勢力均衡の上に立っていた。

漢人の利用懐柔

漢人に対する威圧

　このように清は漢人を利用懐柔する策をとり、中央の要職の定員を偶数とし、満、漢人を半々に併用して常に合議で事を行なわせ、地方では要所に満人を配置するにとどめ、また学者を優待して多くの文化事業をおこしたが、懐柔政策だけでは不十分なので、一方には漢人に対する威圧をしだいに重くさせていった。清は満州建国のはじめから、治下の漢人に辮髪（べんぱつ）を結ばせて帰順の証とし、中国統一後、辮髪令を全土に発布し、そのため反乱が各地におこったが、断乎としてこれを討伐した。これに対して漢人は全く屈従せざるをえなかったが、知識階級の中には中華を誇って満州人を軽蔑する者が多かった。そのため清はしばしば文字の獄といわれる事件をおこし、乾隆帝の時には禁書令を発布して反満の多数の書籍を禁止あるいは破棄した。しかしこのような思想の弾圧は、表面的に漢人の反感を抑えても、内部では反感が根強く広まり、排満排清の思想がしだいに強くはびこっていった。

漢人の民族的反感

清代社会の繁栄と学芸の発展　清は辺境の満州におこったので、はじめ宮廷費も僅少であったが、その支配の確立による平和の永続、社会経済の安定にともない、人口が激増して奥地の諸省の開発がめざましく進められ、租税その他の国家収入が著しく増加し、ことに雍正帝時代の緊縮政策によって財政が頗る豊富となった。揚子江中流域の湖南、湖北の地は、従来の江蘇、浙江にかわり、屈指の産米地として「湖広稔らざれば天下飢ゆ」といわれるようになり、外国輸入の馬鈴薯、甘藷、玉蜀黍（とうもろこし）、落花生なども重要な農産物となり、茶は産額を増して輸出品の大宗とされ、従来の緑茶のほかに外国人の嗜好に適する紅茶、ウーロン茶、磚茶（てんちゃ）

産業の発達

がつくられた。絹織物は生産が増して技術が進歩し、緞子は南京、蘇州、杭州が名産地としてその名をうたわれ、木綿の栽培は各地に広まって揚子江沿岸の諸省が綿布の生産で知られ、陶磁器は特に景徳鎮が技術、産額において他の追随を許さない隆盛を示し、十八世紀末にはこれらの諸産業にマニュファクチュア的な形態をもつものも現われてきた。陶磁器および絹と茶とは中国の特産品として盛んに西洋諸国に輸出され、そのため莫大な銀が中国に輸入された。このような外国銀の流入は中国における銀の流通に拍車を加え、国内商業の繁栄にともなって商業資本の発展めざましく、銭荘(両替商)とよばれる金融機関ができ、富豪が輩出して

会館、公所と帮

前代以来の山西、新安(徽安)の商人の活躍がめざましく、また明末ごろから同郷人の結合機関として各地の主要都市の多くに客商の団体である会館、土着商人の団体である公所がつくられたが、商工業の発達によって清代にはそれが著しく発展し、なお同業組合である従来の行や作は、清代には一般に帮とよばれた。これらはヨーロッパ中世のギルドと機能を同じくしたが、しかし政治的には何等の力もなかった。

編纂と集書

　清は十七世紀中葉から十八世紀の末にわたって文化の発展著しく、いわゆる康熙、乾隆の盛世を現出した。康熙、雍正、乾隆の三帝はいずれも中国文化の愛好者であり、漢人懐柔の手段として中国の学術、文学を奨励し、また学者、文人を優遇して諸種の文化的事業に参加させたので、大清会典、大清一統志、康熙字典、佩文韻府、淵鑑類函、古今図書集成などの大著が編纂され、特に乾隆帝の世に蒐集された四庫全書は、文化史上特筆すべき大事業とされ、また五体清文鑑の編纂は、清朝支配の領土の広大さを誇るものである。このような事業は、学術、ことに考証学の発達に大きな寄与をなした。

考証学

考証学は明末の空疎な儒学に対して現実に意義あるものを求め、純学問的態度で古典を考証してその真精神を把握しようとしたもので、明末清初の顧

第45図　王時敏筆　山水図

炎武、黄宗羲らを祖として閻若璩がその大成に力を致し、そのほかに戴震、段玉裁、王念孫、王引之、銭大昕ら多数の学者を輩出し、研究は経学を中心として文字、音韻、制度、歴史、地理、暦算、金石その他古書の校勘、輯佚などあらゆる方面にわたった。これはよく中国人の科学的能力を発揮して西洋の科学輸入の素地となったが、しかし中国古代文化の遺産整理だけに力を注いだので、結局新時代をつくるものとならず、のちには瑣末な問題に論議を重ね、考証のための考証に堕した。これと同じように、文学、美術なども著しい発達を示しながら、多くは明代の延長であった。

文学

文学では詩文に銭謙益、呉偉業らに続いて朱彝尊、王士禎や歴史の考証でも名高い趙翼その他がでたが、唐宋の模倣を主として独創性を欠き、戯曲では洪昇の長生殿伝奇、孔尚任の桃花扇伝奇が傑作として知られ、小説では曹霑の紅楼夢が中国小説中の傑作と称せられ、その他一種の風刺小説として呉敬梓の儒林外史、劉鶚の老残遊記などがあり、これらは口語で書かれて大いに民衆に親しまれ、なお文語の短篇小説としては蒲松齢

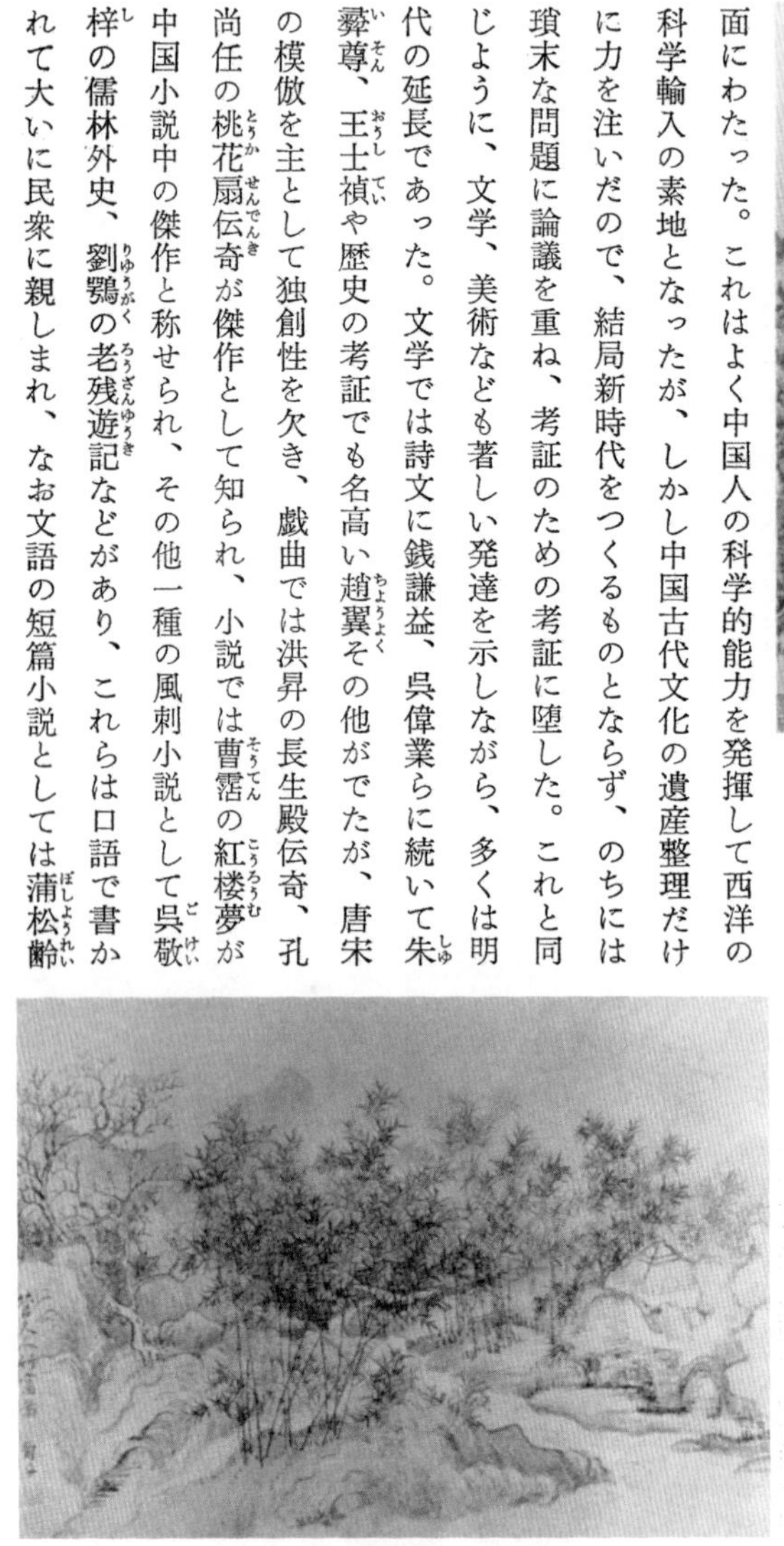

第46図　惲恪筆　竹写図

の聊斎志異（りょうさいしい）がでた。これらの戯曲、小説もそのはなやかさに比べて新鮮味に乏しく、明代の形式に多少の改良を加え、ただ巧みに筆をめぐらしたに過ぎなかった。しかし清初の金聖嘆（きんせいたん）が古今の文章を批判し、道徳の形式に囚われないで戯曲、小説の文学的価値を称揚し、文学評論に独特の見識を示したのは注目すべきであろう。

絵画

絵画には四王（王時敏、王鑑、王翬、王原祁）、呉惲（ごうん）（呉歴、惲格）の名手がでたが、明ののちをうけてただ南宗、北宗の画風が南宗の優位のうちに融合したに過ぎなかった。ただし従来の画風とは別に、ヨーロッパ風の明暗法や遠近法がとりいれられ、新境地が開かれてきたのは注意すべきであろう。なお仏教、道教は不振を極めたが、ヨーロッパ人の東漸にともなって、明末からまたキリスト教が伝えられ、宣教師の活動によってもたらされた西洋の学芸が大いに中国人の注意をひいた。

第三節　トルコ民族の活躍と西アジアの変動

突厥の盛衰

ウィグルの西移とセルジューク＝トルコ　南北朝ごろから中国の北辺、西辺に勢を張ったトルコ系の突厥は、のち東西に分裂して唐に征服され、東突厥はその余衆が内モンゴリアに散居し、唐の羈縻政策が弛んだのに乗じて一時勢をえたが、間もなく同じトルコ系のウィグルの支配下に没し、かれらの一部は中国内地に移り、唐末五代の混乱に際して節度使らと結び、また五代の後唐、後晋、後漢の三朝はみな突厥の出身者がたてたのであった。

ウィグルの西移

東突厥に代わったウィグルは、九世紀中葉、バイカル湖方面に拠るトルコ系のキルギス部に撃たれて部衆が四散したが、かれらの西方移動によって天山南路の地方がトルコ化し、トルコ民族活躍の地盤が準備された。中国人がイスラム教を回教というのは、ウィグルに回紇(回鶻)の文字を充て、五代ごろからかれらの間にその教が広まったためである。

アッバス朝の衰頽

このように天山南路方面がトルコ化していった時、西南アジアでも九世紀末葉ごろから、アッバス朝はその支配下のイラン人、トルコ人の台頭により、しだいに分解の傾向が現われて多くの国々が独立した。

サマン朝

これらのうちイラン系のサマン朝は表面アッバス朝に服属しながらも、独立国としてボハラを都とし、中央アジアにおけるサラセン文化の保護者となっていたが、のちアフガニスタン地方に自立したトルコ系のガズニ朝とイリ地方に発展してきたカラハン朝とに南北から攻撃されて滅亡した。

ガズニ朝とカラハン朝

これよりガズニ、カラハン両朝が一時勢を張ったが、やがて同じトルコ系のセルジューク族が発展してきた。かれらはもと遊牧民として中央アジア方面におり、十世紀ごろイスラム教に帰依したもので、サマン朝の衰退に乗じてボハラ方面に移り、

セルジューク=トルコの建国

一〇三七年、東部イラン、コラサン地方にセルジューク朝をたてた。ついでセルジューク朝はトルコ系あるいはイラン系の諸勢力を破って中央アジアから小アジアに至る広大な地域をあわせ、やがてアッバス朝の承認のもとにイスラム世界の東方代表者としてスルタンの尊号を称し、東は天山から西は地中海に達する地域をその支配下におき、一〇七八年にはイェルサレムを占領した。セルジューク=トルコは、東ローマ帝国やアフリカに勢を張るイスラム教国のファーティマ朝を圧し、学校、図書館、病院などをたてて大いにイスラム文化を高揚した。

十字軍の影響

セルジューク朝は、十一世紀の後半その全盛期を現出したが、のち内訌がおこり、また十一世紀の末から約二百年間、イェルサレムの回復を企てる十字軍の遠征を受けて国力が衰えた。これがためシリア地方はイ

スラム、キリスト両教徒の戦場と化してシリア経由の東西の交通貿易が閉ざされ、当時ヨーロッパ人の熱望するインドの香料がセルジューク領を避け、黒海北岸に沿う通路によって運ばれるようになった。この新貿易路の利益をえようとし、カラハン朝を併合した西遼が南下してサマルカンドの領有を企て、またセルジューク朝から独立してアム川の下流域、アラル海の南部地方に拠るトルコ系のホラズムもその利益を求め、遂に西遼を撃退してサマルカンドを確保した。当時セルジューク朝は西遼に破れ、ついでホラズムの攻撃を受けて国土分裂し、その領土の多くはホラズムの支配下に帰した。このようにして嘗つて隆盛を極めたアラビア人の勢力が後退したが、しかしイスラム教は依然として栄え、ことにトルコ民族を改宗させたことによってその教圏をいっそう拡大した。

ホラズムの発展

ティムールの活躍とオスマン＝トルコ　アジアの西部一帯にわたるトルコ民族発展の勢は一時モンゴル民族の活躍によって挫折し、チャガタイ、イル、キプチャクのモンゴル三汗国が元の王室から独立して領土内のトルコ民族を支配し、一時それぞれ繁栄したが、のち内乱に悩まされて国力が衰えた。このうちチャガタイ汗国は十四世紀になって汗位継承の内紛のため東西両部に分裂したが、この争いを利用して、西部から身をおこしたティムールが一三六九年サマルカンドを根拠として自らチンギズ汗と祖先を同じくするといい、一三八〇年ごろチャガタイ汗国の全土を統一し、ついでイル汗国をあわせてキプチャク汗国を降し、また東ローマ皇帝の請によってオスマン＝トルコをアンゴラに破った。

モンゴルの諸汗国

ティムールの建国

ティムールはモンゴル勢力の再興と糾合とを図り、元が明のために北方に追われたのを遺憾として征明の軍をおこしたが、不幸途中で病没した。ティムールの広大な領土は地方的民族的利害関係から分裂の傾向があり、かれの没後数年間の後継者の争いの後、シャー＝ルフが立ち、明と修好して貿易の利を収め、オスマン＝トルコとも平和を保ったが、のち一族間の政権争いが激しくなり、それに乗じて各地の土着勢力が独立を企て、国土分裂してティムール朝は僅かに西トルキスタンを領有するだけとなった。時にイランではサファーヴィ朝がおころうとし、北方からはシェイバニ（キプチャク汗バトゥの弟）の子孫に率いられてシル川以北に勢を張るトルコ系のウズベク族が南下し、一五〇〇年ティムール朝をサマルカンド方面から追った。サファーヴィ朝はイランにおけるトルコ、モンゴル両勢力の角逐、イラン人の国粋運動勃興に乗じておこり、イラン全土を統一してオスマン＝トルコと抗争しつつ、イラン主義を強調して一時勢力を張ったが、のち衰えて一七三六年アフシャール朝がこれに代った。

ティムール朝の衰亡

ウズベク族の進出

サファーヴィ朝とアフシャール朝

ティムール朝の繁栄を支えたものは、商業、貿易によってえた巨大な富であり、都のサマルカンドは当時国際的な大市場として空前なにぎわいを見せた。そしてティムールはモンゴルの出身といわれるが、かれは敬虔なイスラム教徒であり、またその武力の源泉はトルコ兵であったので、ティムール朝は実にイスラム、トルコ文化の拠点となった。ティムールの孫ウルグ＝ベクはすぐれた天文学者として知られるが、ティムール朝では、君主の保護と富の集中とによって貴族文化が栄え、神学その他の学術にアラビア語、詩文にペルシァ語が用いられ、またトルコ語が日常使用されてトルコ文学が台頭した。学術はアラビアのそれを主流として数学、医学、天文、地理などが栄えた。美術ではイル汗国に行なわれた密画（ミニアチュア）が発達盛行し、また宮殿、寺院、陵墓などの豪壮なイスラム建築がつくられた。

ティムール朝の文化

ティムールの活動の主体をなしたのはトルコ民族であるが、当時モンゴル民族の衰退に乗じてまたトルコ

オスマン＝トルコの建国

民族が発展してきた。これよりさきトルコ民族の一派のオスマン族が中央アジア方面から小アジアに移住し、はじめセルジューク＝トルコに属していたが、十三世紀の末、独立して国をたてた。このオスマン＝トルコはモンゴル諸汗国の紛乱に乗じて勢をのばし、バルカン半島に進出してアドリアノープルに都を定め、ヨーロッパ諸国の連合軍を破って西欧キリスト教国に大恐慌を与えたが、ティムールに破れて興隆の勢が一時くじけた。しかしティムールの没後、オスマン＝トルコは再び勢を回復し、一四五三年東ローマ帝国を滅ぼし、一五一七年エジプトのマムルーク朝を滅ぼしてスルタンがカリフの相続者と認められ、政教両界の首長として全イスラム教徒に号令し、十六世紀にはアジア、アフリカ、ヨーロッパにまたがる強国として栄え、文化が大いに発展した。

オスマン＝トルコの文化

オスマン＝トルコの文化は宗教を中心としてイスラム文化を展開し、各地に造

第 47 図　グール＝イ＝ミール
（ティムール朝，サマルカンド）

第 48 図　ミニアチュアの一例

営されたモスクはよくその建築美術の特色を示し、モスク付属の学校では神学、法学、文学、数学、哲学、天文学、医学などの教育が行なわれ、文学は主としてイランの影響を受け、宮廷文学として発達した詩篇には見るべきものが多かった。

ティムール朝滅亡後の中央アジア

ムガール朝の盛衰　十六世紀のはじめ、ウズベグ族がティムール朝にかわってシェイバニ朝を開き、のちその系統からボハラに都するボハラ汗国、アム川下流のヒヴァに拠るヒヴァ汗国がおこり、さらに十八世紀のはじめチャガタイの遠孫シャー＝ルフがシル川上流フェルガナ地方に拠り、ボハラ汗国の衰退に乗じてコーカンド汗国をたてた。これが中央アジアの三汗国である。

イスラム教徒のインド侵入

ガズニ朝

ゴール朝

奴隷王朝

ハルジー朝とトゥグルク朝

このような過程をたどって中央アジアが沈滞しつつあっていた時、インドではティムールののちがムガール朝を開いて大いに繁栄した。これよりさきインドでは七世紀中葉ヴァルダナ朝のハルシャ王の没後、再び混乱の時代にはいり、八世紀以後からアラビア人、トルコ人やトルコの血を交えたイラン系のアフガン人などのイスラム教徒のインド侵入がはじまり、インドの歴史に一転期を画した。アラビア人のインド侵入は七一二年にはじまり、十一世紀にはアフガニスタンに拠るトルコ系のガズニ朝が西北インドを攻略した。十二世紀後半、ガズニ朝に代ったアフガン人のゴール朝もまたインドに領域を広め、十三世紀のはじめクトブッディーンがゴール朝から独立してデリーに拠り、インド最初のイスラム教国を建設した。クトブッディーンをはじめ、その王位をついだ者には奴隷出身者が多いので、この王朝を奴隷王朝とよぶが、かのチンギズ汗の征討を受けたのはこの時代である。のちこの王朝にかわったアフガン人のハルジー朝がモンゴル軍を退け、ついでトルコ人のトゥグルク朝が現われ、ともにデリーに拠って一時勢を張ったが、のちトゥグルク朝

サイイド朝とロディー朝

はティムールの侵略を受け、ついでおこったサイイド朝は僅かにデリー付近を支配したに過ぎず、間もなくアフガン人のロディー朝がこれにかわった。このほかにもインドの各地にはイスラム教徒やヒンドゥー教徒の諸小国が興廃したが、トルコ人、アフガン人によるインドの征服と支配とは、インドの社会に強い影響を与えた。かれらは熱心なイスラム教徒であったので、盛んにヒンドゥー教の寺院や神像を破壊して人々にイスラム教への改宗を強制し、ジズヤという不信仰税を課して異教

徒を圧迫した。このようなイスラム勢力の発展により、アラビア、イラン文化の流入が顕著となってインドの文化に強い影響を与えたが、一方イスラム、ヒンドゥー両教徒の嫉視反目の激化は、インドの社会を拾収し難い混乱に陥れた。この際に出現したのがムガール朝である。

ムガール朝の興起

ティムール朝の滅亡後、フェルガナ地方の統治に当っていたティムールの子孫のバーブルがインドに向い、一五二六年ロディー朝を滅ぼしてデリーに都し、さらに領域を広めてムガール朝の基礎をおいた（ムガールとはモンゴルの訛）。ついでバーブルの孫アクバルはヒンドゥー教徒のラージプート族を服属させ、都をアグラに移して四方を征服し、デカン方面を除くインドの大部分とアフガニスタンとを含む地域を領土とした。

ムガール朝の統治

かれは領土を十余の州（スーバ）にわけ、これを中央派遣の官吏に治めさせてかれらの封建領主化の防止に留意し、土地を測量して地租の公平な徴集方法を定めるとともに、財政の中央集権を図った。

宗教の統一

またかれは領土の統一と民族の融和とのために宗教問題に注意し、ジズヤを廃して人種の平等を認め、多くの宗教を折衷してディーン＝イラーヒー（神聖宗教）という新国教をおこし、自ら教主または予言者を以て任じた。しかしイスラム、ヒンドゥー両教の対立はこれによって解消せず、重大な政治問題となって今日に及んでいる。ムガール朝はシャー＝ジャハーンの治世に都をデリーに復し、回教美術の絢爛たる時代を現出して富強その絶頂に達したが、つぎのアウランゼーブは熱狂的なイスラム教徒で、ジズヤを復活して異教徒を圧迫したので、ラージプート族、シーク教徒

ムガール朝の衰退

およびマラータ族などの激しい反抗運動を招いた。シーク教は十六世紀のはじめ、ババ＝ナーナクがヒンドゥー、イスラム両教を融合してはじめた宗教で、パンジャブ地方に発展してその教徒が独立の形勢をなし、マラータ族は南方デカン方面に拠るヒンドゥー教徒で、シヴァージーがでて部族を統一し、一六七四年独立

してムガール朝に反旗を飜したのである。ムガール朝はアウランゼーブの没後国力が衰退し、マラータ族の強い反抗に加えて西北イランからの侵略を蒙った。イランではサファーヴィー朝に代ったアフシャール朝が勢を振い、一七三九年にはムガール朝の領土に遠征して一時デリーを占領した。

ムガール朝の文化

ムガール朝は征服者としての軍事国家であったから、武人が重要な国政に当って支配階級、貴族階級を構成し、アクバル以後アウランゼーブに至る約百五十年間をその全盛期とし、王朝の強勢と豊富な財力とを背景とし、イランの影響を受けた華かな宮廷文化を展開した。ムガール朝はしばしば土木工事をおこして壮麗な建築物を造営したが、それにはイランの影響が強く、ことにシャー＝ジャハーンが愛妃の死を悲しんで旧都アグラにたてたタージ＝マハールの優麗な霊廟は、インド、イラン式のムガール建築の最大傑作といわれている。ムガール建築の装飾は豪華婉麗、技巧の秀れた点で異彩を放ち、イラン風の釉瓦を盛んに使用して

第 49 図　タージ＝マハール霊廟

美観を添え、絵画ではチムール朝に盛行した密画（ミニアチュア）が一段の発展を遂げ、これにもイランの影響が強く現われている。この華かな文化の栄えたムガール朝の全盛期、すでにヨーロッパ人のアジア進出が着々と進められていたのである。

〔参考文献〕

鈴木俊編　東アジアⅡ（世界史大系）　誠文堂新光社
和田・守屋・村上著　東洋中世史（有斐閣全書）　有斐閣
鈴木俊編　中国史（世界各国史）　山川出版社
宮崎市定著　東洋的近世　教育タイムス社
内藤虎次郎著　中国近世史　弘文堂
曾我部静雄著　宋代財政史　生活社
王志瑞著　荒木敏一訳　宋元経済史　生活社
清水泰次著　中国近世社会経済史　西野書店
小竹文夫著　近世支那経済史研究　弘文堂
台湾総督府編　清国行政法　巌松堂
稲葉岩吉著　清朝全史　早大出版部
内藤虎次郎著　清朝史通論　弘文堂

佐野学著　清朝社会史　文求堂
鈴木中正著　清朝中期史研究　愛知大学
和田清編　中国地方自治発達史　汲古書院
岡崎文夫・池田静夫著　江南文化開発史　弘文堂
宮崎市定著　科挙　秋田屋
桑原隲蔵著　宋末の提挙市舶西域人蒲寿庚の事蹟　岩波書店
岩村忍著　蒙古の欧洲遠征　三省堂
池内宏著　元寇の新研究　東洋文庫
石原道博著　明末清初日本乞師の研究　冨山房
成田節男著　華僑史　螢雪書院
和田清・石原道博編訳　旧唐書倭国日本伝、宋史日本伝、元史日本伝（岩波文庫）　岩波書店
森克己著　日宋貿易の研究　国立書院
後藤俊瑞著　朱子（東洋思想叢書）　日本評論社
佐伯富著　王安石　冨山房
曾我部静雄著　開封と杭州　冨山房
外山軍治著　岳飛と秦檜　冨山房
ウラジミルツォフ著　小林高四郎訳　チンギス・ハン伝　日本評論社
愛宕松男著　忽必烈汗　冨山房
岩村忍著　マルコ＝ポーロ（岩波新書）　岩波書店
岩村忍著　マルコ・ポーロ研究　筑摩書房
コルディエ訳註　青木富太郎訳　マルコ・ポーロ旅行記　河出書房
妹尾韶夫訳　ルブルック東遊記　文松堂
石原道博著　鄭成功　三省堂
石原道博著　国姓爺（人物叢書）　吉川弘文館
吉川幸次郎著　評伝、沈石田の研究　朝日新聞社
ブーヴェ著　後藤末雄訳　康熙帝伝　平凡社
宮崎市定著　雍正帝（岩波新書）　岩波書店
後藤末雄著　乾隆帝伝　生活社
吉川幸次郎著　元雑劇の研究　岩波書店
吉川幸次郎著　水滸伝（岩波文庫）　岩波書店
小野忍・千田九一訳　金瓶梅　平凡社
松枝茂夫訳　紅楼夢（岩波文庫）　岩波書店
柴田天馬訳　聊斎志異　中央公論社
岡田俊夫訳　老残遊記　生活社
愛宕松男著　契丹古代史の研究　東洋史研究会
護雅夫・神田信夫編　北アジア史（世界各国史）　山川出版社
田村実造著　北アジアにおける歴史世界の形成（東方文化講座十）　東方文化講座委員会

鳥山喜一著　渤海史考　原書房
鳥山喜一著　失はれたる王国—渤海国小史　翰林出版
島田正郎著　遼制之研究　汲古書院
島田正郎著　遼代社会史研究　巌南堂書店
三品彰英著　北鮮と南鮮（東方文化講座五）　東方文化講座委員会
ジクメナムア著　外務省調査部訳　蒙古喇嘛教史　生活社
前嶋信次編　西アジア史（世界各国史）　山川出版社
安部健夫著　西ウィグル国史の研究　彙文堂

第六章　西洋人のアジア進出

第一節　ヨーロッパ人の東漸

ルネサンスと三大発明

ヨーロッパの新機運と新航路の発見　西南アジアを中心として絢爛たる花を開いたイスラム文化は、アジアの諸地域ばかりでなく、中世の暗黒時代にあったヨーロッパにも強い刺激を与え、ルネサンスの新文化の開花に大きな力となった。そしてルネサンスにおける学芸の発展は、やがて自然科学の発達となって火薬、活版印刷、羅針盤の発明を見、火薬は戦術を一変させて騎士階級を没落させ、活版印刷は新思想の普及に大きな貢献をなし、羅針盤は遠洋航海を可能にした。このようにして専制治下のアジアとは異なるすぐれた新文化を発展させ、新しい社会をつくりつつあったヨーロッパ人は、やがてその力を強くアジアに向けてくることとなった。

香料貿易

アジアとヨーロッパとの交渉は古くからあるが、特に十字軍の遠征、モンゴルの西征やマルコ＝ポーロの東方見聞録などによってヨーロッパ人の東洋に対する知識がひろまり、それとともに、東洋の物資、ことに南海の香料がかれらの強いあこがれの的となった（香料とはマライ群島東辺のモルッカ諸島を主産地とする胡椒、蕃椒、生姜、丁字、肉桂、肉豆蔻の類をいう）。このころヨーロッパからアジアへ行くには、エジプト―紅海、シリア―イラク、小アジア―イラン、黒海―ヴォルガ下流域などの路線があったが、これらの交通路はセルジューク＝トルコやオスマン＝トルコに閉鎖されて東洋との香料貿易がさまたげられ、また地中海に活躍して香料貿易の仲継に従事するイタリア諸都市の商人にその利益を独占されていたので、他のヨーロッパ諸国は地中海以外の航路を求める必要を感ずるようになった。このような要求が科学の発達と発明、ことに航海術の進歩と結びついて地理上の発見となったのである。このころヨーロッパでは諸侯が没落の状況にあり、かれらとともに国王の力を殺いでいた教会の権威も十字軍の失敗によって失墜し、これに乗じて国王は教会や諸侯を抑えてその力をのばそうとし、一方新興の市民層も統一国家の出現を望み、このような形勢のもとに、十五世紀末にはイギリス、フランスやイスパニア、ポルトガルなどの中央集権がほぼ完成した。

イベリア半島の形勢

イスパニア、ポルトガルのおこったイベリア半島には、八世紀中葉から後ウマイヤ朝がコルトバに都し、その滅亡後も半島の南端近くのグラナダにはイスラム教徒が久しい間にわたって栄えていたが、十字軍の気運がイベリア方面に刺激を与えて多くのキリスト教国がおこり、特にイスパニア、ポルトガルの勢が強く、一四九二年、イスパニアはイスラム教徒最後の拠点であるグラナダを陥れた。このようにして十五世紀後半その王権を確立したこの両国は、イタリア諸都市の地中海における東洋貿易の利益独占に対抗し、香料を求めて新たな活躍を試みることとなった。

インド航路の発見

一四八六年にはポルトガル人バーソロミュー＝ディアズが喜望峰に達し、一四九二年にはコロンブスが新大陸を発見し、一四九八年にはポルトガル人バスコ＝ダ＝ガマがインド西岸のカリカットに到着し、喜望峰を回ってインドに至る航路を発見した。当時、西ヨーロッパでは国民経済が形成されて中央集権国家が成立し、政治的には絶対主義、経済的には重商主義がとられ、各国は植民地の獲得に狂奔していたが、新航路、新大陸の発見はその活動に大きな

ポルトガル人の活動

イスパニア人の活動

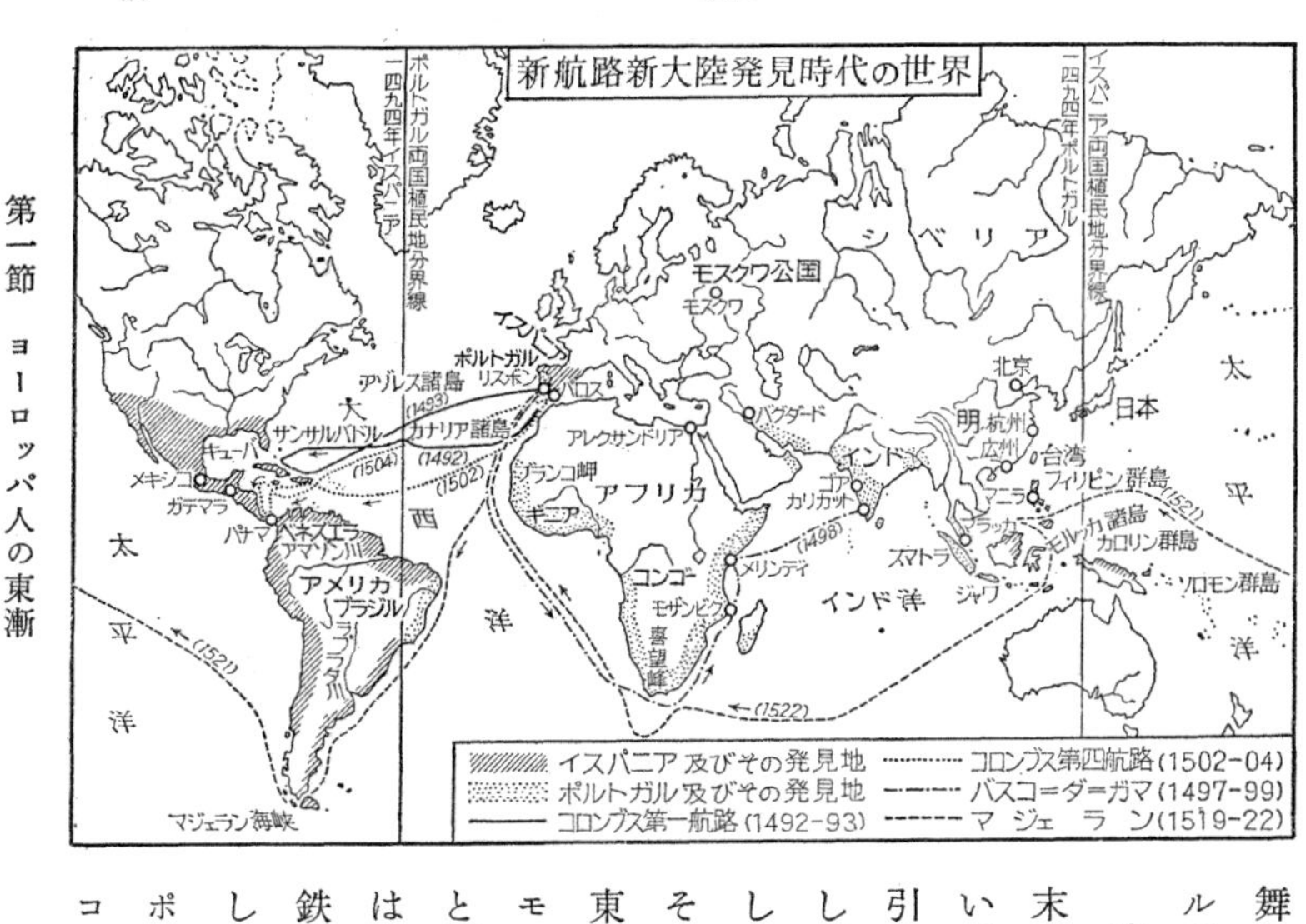

舞台を与え、地理的に優位を占めるイスパニア、ポルトガルが東洋進出の先鞭をつけることとなった。

葡、西、蘭三国のアジアにおける植民活動　十五世紀の末、ポルトガルとイスパニアとが植民活動の勢力範囲について争い、ローマ教皇の調停によって大西洋上に子午線を引き、その東をポルトガル、西をイスパニアの活動範囲とし、その独占権を主張して他国の進出を一切排除した。そしてポルトガル人は東に向い、一五一〇年ゴアを占領し、そこをインド経略の拠点としてイスラム教徒を追い、翌年東洋貿易の中心地マラッカを占領し、さらに香料の生産地モルッカ諸島をその手に収めた。一方、かれらは中国の絹と茶とを求めて一五一七年広東に至り、また一五四一年にはわが豊後の神宮浦に現われ、その翌々年種子島に至って鉄砲を伝え、のち明からマカオ居住を許され、そこを根拠として中国および日本との貿易に従事した（中国人はかれらをよんで仏朗機といった）。ポルトガル人とは逆に西に向ったイスパニア人は、メキシコの経営に従事して東洋進出が遅れたが、一五一九年マジエラン（ポルトガルの貴族出身）に率いられて出発したイスパニアの艦隊が南アメリカの南端を経由し、太平洋を横断して一五二一年フィリピン、モルッカ方面に至った。イスパニア人はポルトガル人とモルッカを争って失敗したので、一五七一年マニラを占領してそこを根拠とし、一五七五年には遂に広東に至った。しかしかれらはフィリピンから中国への貿易をポルトガル人に妨害されたので、止むなくマニラ海上に集まる中国商船との交易を営み、これによるメキシコ銀の流入が中国の経済に大きな影響を与えた。

葡、西両国の植民政策

十六世紀を通じて約百年間、ポルトガルは東洋貿易を独占し、イスパニアはアメリカの金銀を一手に収めて繁栄し、ことにイスパニアは一時ポルトガルの王位をあわせて東洋貿易を有利に展開したが、しかしこの両国は植民地の富を奪うことにだけ専念したので、その東洋貿易には永続の可能性がなかった。そしてイスパニアは植民地経営による富力と強権とにより、ローマ教会の保護者としてヨーロッパ諸国にその宗教政策を強行したので、その東洋貿易の独占にあきたらないオランダ、イギリス、フランスなどの西欧新教徒の諸国が、これに反抗して海上に力をのばしてきた。これらの国々はイスパニア、ポルトガルについで絶対主義の国家として台頭し、いずれも植民地貿易を独占する特許会社をつくった。

東インド会社

イギリスでは一六〇〇年ロンドン商人の東インド通商会社が設立され、のちそれを東インド会社と改名し、一六〇二年政府はこの特許の独占会社を利用して自らその企業に参加し、同年またオランダにおいて、ついで一六〇四年フランスにおいて東インド会社が設立された。

オランダの活躍

イギリス、オランダ、フランス三国の中、オランダは十三世紀後半からイスパニアの領土となり、はじめポルトガルのもたらす東洋の産物を北ヨーロッパに売りさばいていたが、宗教問題からイスパニアに圧迫されて独立を企て、イスパニアがポルトガルを合併してその通商を妨害するや、一五八一年遂に独立を宣言した。この独立戦争中からオランダは自ら東洋貿易の開拓に従事し、はじめジャワ西端のバンタムに商館をたて、政府が東インド会社を積極的に助け、一六一九年ジャワのバタヴィアを東洋貿易の根拠とし、一六二三年アンボイナ島の虐殺によってイギリス人をマライ方面から追つた。オランダはまたインド沿岸にも勢力を広めてセイロン島をポルトガル人から奪い、一方、一六〇〇年にはその商船が日本の豊後に至り、のち平戸に商館を設けて日本と通商し、中国との貿易はポルトガル人に妨げられたが、一六二四年台湾にゼーランジャ城を築いてイスパニア人を駆逐し、一六六一年鄭成功に追われるまでその地を領有した。このようにしてオランダは十七世紀を通じて、ヨーロッパ第一の商業国として栄えた。

宣教師の活動　十四世紀、中国に伝えられたローマ旧教は、元末明初の混乱のうちに消えてしまったが、今やヨーロッパ人の東洋貿易の発展にともなって、それが再び中国に広まることとなった。そして植民貿易に余り成功しなかったイスパニア人は、この方面において特に著しい活躍を演じた。これよりさき、ヨーロッパでは宗教改革の反動として旧教側もしだいにめざめ、一五三四年イスパニアの貴族イグナティウス＝ロヨラがポルトガル人フランシスコ＝ザヴィエルと図ってたてたイエズス会は、ゴアを伝道の起点とし、東洋貿易の線にそってめざましい布教活動を進めた。ザヴィエルはインド布教の命をうけ、一五四二年ゴアに至ってインド各地や東インド諸島の教化に努め、日本からさらに中国の伝道を企てて広東付近の上川島で世を去った。中国布教の基礎をおいたのは、同じイエズス会の宣教師イタリア人マテオ＝リッチで、かれはゴアからマカオ、広東に至り、一六〇一年北京で明の神宗万暦帝に謁して布教を許され、明末の学者、キリスト

イエズス会の活動

中国における布教

第 50 図　準回両部平定得勝図（一部）郎世寧筆

教信者として名高い徐光啓とも交わり、知識階級の信望を集めて多数の信徒を獲得した。マテオ＝リッチは数学、天文、暦法、地理学などの新知識を中国に紹介し、キリスト教の教義その他学術関係の漢文の著作が多く、天主実義、坤輿万国全図、幾何原本などを著わした。かれについでベルギー人のフェルビースト、ドイツ人のアダム＝シャールなどのイエズス会の優れた宣教師があいついで中国に至った。

西洋文化の中国への影響

宣教師が伝道のかたわら西洋の新しい学術を中国に伝えたことは、中国人の科学研究に強い刺激を与え、また明、清の交代に際して、かれらの銃砲に関する知識がことに重んぜられ、そのため布教事業が順調に進んだ。清では中国の統一後、宣教師が用いられて天文の観測、新暦の編纂に従事し、回暦に代って西洋暦の価値が認められ、康熙帝の時につくらせた中国最初の実測地図である皇輿全覧図は、宣教師が中国に寄与した大きな学術的功績とされ、イタリア人宣教師カスティリオーネは乾隆帝に仕えて清代絵画に大きな影響を与え、かのベルサイユ宮殿に模した円明園離宮の設計に与かった。

イエズス会の宣教師の中国における伝道活動の成功は、中国人が西洋文化の実用的価値を認め、宣教師を通じてそれを利用する必要からキリスト教を認容したためで、キリスト教が中国人に理解された訳ではなかった。また宣教師は伝道に当って中国の思想、風俗を尊重し、中国人の祖先、孔子の崇拝を攻撃せず、祭天の儀礼を認めてキリスト教の神を儒学にいう上帝と異ならないと解釈し、それを天主とよんだ。しかるにキリスト教の他の諸派が渡来するようになると、イエズス会に対する反目からこの伝道方法に反対がおこって典礼問題がやかましくなり、一七〇四年イエズス会の伝道方針がローマ教皇に禁止され、ついで一七七三年同会が解散された。布教を許してキリスト教に寛大な態度をとった康熙帝はこれを喜ばず、イエズス会の方針に従わない宣教師の伝道を禁じ、雍正帝、乾隆帝も宮廷奉仕の宣教師を優遇し、その学術、技芸を用いたが、布教を厳重に取り締った。特に乾隆帝は中国内部の伝道問題が国外の権威に干渉されたことにいたく自尊心を傷つけられた。このようにして宣教師の中国における伝道事業は大打撃をうけたが、一方、宣教師が布教の傍ら中国の文物その他を熱心に研究して西洋に紹介し、特に典礼問題がやかましくなったことによって、中国の事情が西洋人の注意をひいてかれらの中国研究がおこり、それはシノロジーの発達となったばかりでなく、当時の西洋の文化にも多くの影響を与えた。

典礼問題

西洋における中国研究の勃興

第二節　西洋諸国のアジア経営

イギリスの活躍　西ヨーロッパの諸国は、絶対主義と重商主義とによって強力な体制を整え、盛んに植民

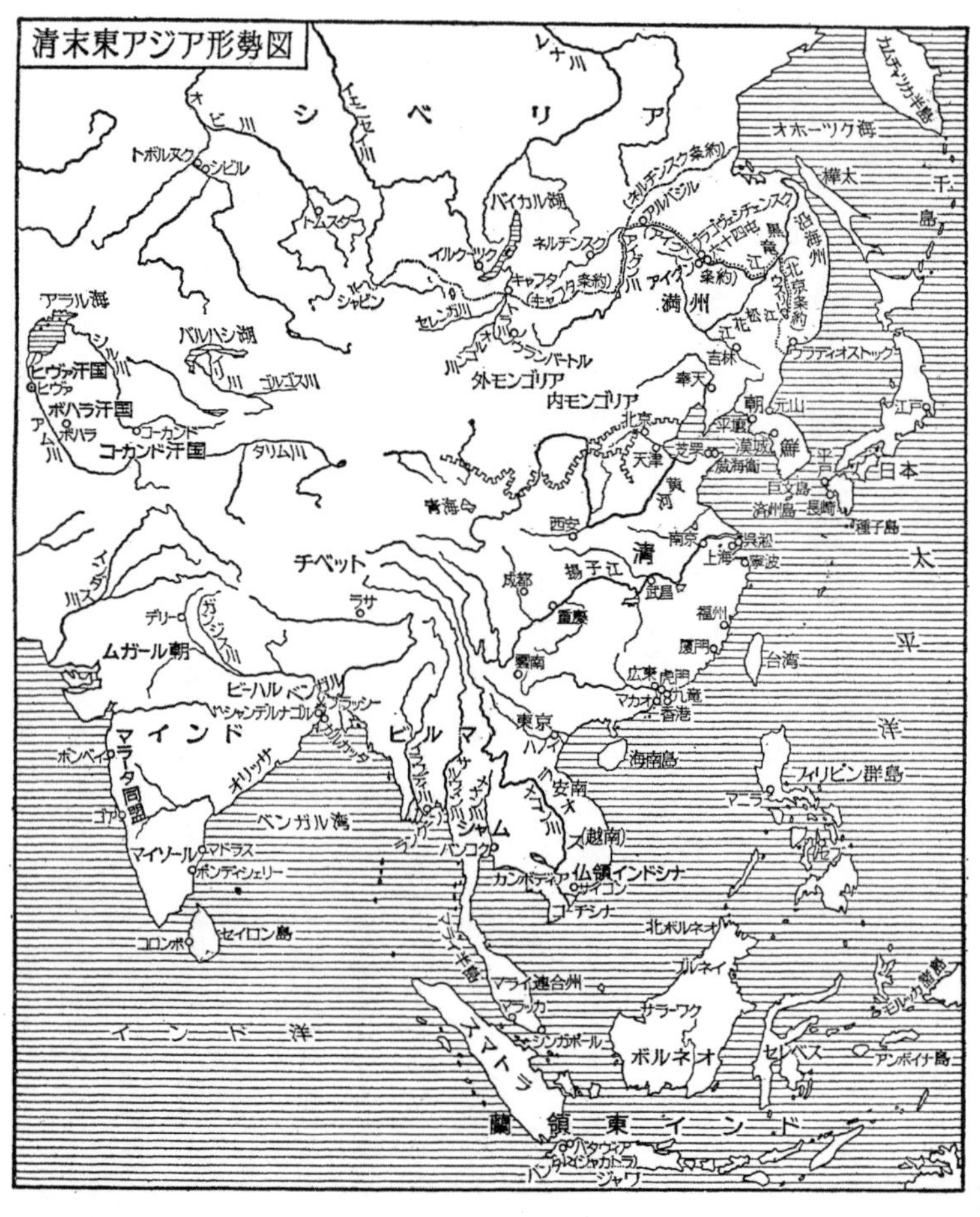

清末東アジア形勢図

イギリスの海外発展

地の獲得に努めて海外に進出し、ことに産業革命を経過して近代資本主義が発展すると、さらに強くアジアに迫ってきたが、その最もめざましい活躍を演じたのはイギリスである。イギリスはエリザベス女王のころから植民活動を開始し、一五八八年イスパニアの無敵艦隊を破ってから大いにその海上勢力をのばし、東インド会社を組織して十七世紀にはしだいに手広くマライにおける香料貿易を営み、南洋の各地に商館を設けて中国や日本とも通商したが、オランダ、ポルトガルなどの既成勢力に妨害されたので、

イギリスのインド経略

当時オランダ人が余り植民を重んじていなかったインドの経営に専念することとなった。インドではこのころデカン方面にマラータ族が同盟してムガール朝に反抗し、各地に土侯が割拠して混乱を極めていた。イギリス東インド会社は自衛のため土民軍を主とする武力を備えてインド貿易に全力を注ぎ、一六三九年以来マドラスを中心とし、一六六八年ボンベイを、一七〇〇年カルカッタをインド進出の基地とした。当時インド沿岸にはポルトガル、オランダ、フランスの勢力が散在し、特にフランスは東洋への進出が遅れたが、ルイ十四世時代、コルベールが重商主義政策に基づいて一六六四年東インド会社を強化し、一六七四年ポンディシェリー、一六八八年シャンデルナゴルを根拠としてその勢力を伸張した。

プラッシーの戦

十八世紀中葉まで、インドにおける英、仏両国の勢力は伯仲し、一時デュプレックスがインド総督に任命されてフランスの勢力を大いに張ったが、七年戦争がおこってそれがインドに波及し、一七五七年イギリス東インド会社の書記クライヴがプラッシーでフランス軍、土侯軍の連合軍を破るに及び、フランス勢力は全くインドから敗退した。このプラッシーの戦勝後、イギリス東インド会社はインド人に対する統治機関に変じ、やがてムガール皇帝に年金を与える約束でベンガル地方の行政権を収め、知事(のち総督)をおき、住民から租税を徴し、一七七三年にはインド整理法案が発布されてインドの統治権がイギリス政府の監督下に置かれ、ムガール朝は全く無意義な存在となった。そして東インド会社はさらにマラータ同盟を破り、オランダ領であったセイロン島を占領し、シーク教徒を破って西北インドをあわせ、着々とインドの征服を進めていった。

一方この間、イギリスは産業革命を経過し、その木綿工業のためにインドが原料供給地および商品市場として大いに重要性を加えてきたが、イギリス産業資本の発達は、東インド会社の貿易独占をそのままにしておくことができなくなり、一八三三年その独占的経営を廃止した。このようにしてインドはイギリスの産業資本の前に自由な市場として解放され、大量の安価な商品の流入はインド木綿工業を没落させ、インドの社会を悪化させた。これがためイギリスの支配に対するインド人の反感が急速にたかまり、一八五七年ガンジス川畔にセポイの乱とよばれるインド傭兵の反乱がおこり、それはたちまちに全インドに波及した。この反乱に関連したムガール朝最後のバハードゥル＝シャーが位を廃されてムガール朝が滅亡したが、これを機会に東インド会社による統治が反省され、翌年イギリス政府は会社を解散して全インドを直轄統治することとし、一八七七年ヴィクトリア女王がインド皇帝を兼ねて新しいインド帝国の成立を宣した。

セポイの反乱　ムガール朝の滅亡とインド帝国の成立

イギリスはインド経営が発展するにつれ、東方のビルマの重要性にも着目した。当時ビルマにはアラウンパヤ朝があり、一時東西に力をのばして勢を張ったが、前後三回にわたるビルマ戦争により、一八八六年イギリスはこれを征服し、その宗主国である清と交渉してビルマをインドの一州とし、安南方面からのフランス勢力に対する東辺の防備とするとともに、原料資源地として農産物の増加をはかり、森林や鉱山の独占経営に努めた。イギリスはまたオランダの勢力下にあるマライ半島への進出を企て、フランス革命によるヨーロッパの混乱に乗じてマラッカやジャワを占領し、ウィーン会議によってこれを返還したが、一八一九年シンガ＝プラすなわちシンガポールを領有して発展の根拠地とし、一八二四年スマトラにおける利権交換の名の下にオランダからマラッカを譲られ、一八六七年マラッカ、シンガポール、ペナンをインド政庁から分離

イギリスのビルマ経略

イギリスのマライ経略

してイギリス政府直属の海峡植民地とした。

海峡植民地の成立

イギリスの南太平洋における活動

なおイギリスは従来インドに力を注いで余り太平洋方面を重視していなかったが、南太平洋諸島に対する関心をたかめ、クックの太平洋探検によってオーストラリアを領土とし、フランスがニュージーランドに植民の意図あるを知るや、原住民と条約を結んで、これを植民地とし、一八七四年イギリス宣教師虐殺事件を契機としてフィージー諸島をあわせ、さらにゴムの栽培および石油の開発を目的としてボルネオ西部のサラワーク王国、ブルネイ王国、北ボルネオを保護領とし、ついでニュー＝ギネアについて協定し、その北東部をドイツ、西半部をオランダ、南部を自国の領有とした。ドイツは植民地経営で列国より遅れていたが、一八八〇年以来急速に南太平洋方面に進出し、ビスマルク群島、マーシャル群島をえ、米西戦争以後イスパニアからカロリン、マリアナ、パラオの諸島を買収した。

ドイツの南太平洋への発展

フランスのインドシナ経略とシャム　インド経営に失敗したフランスは、イギリスのインド征服の成功に刺激されてインドシナ経略を積極的に進めることとなった。安南ではさきに鄭、阮両氏を倒して西山朝(タイソン)がおこったが、阮氏の一族がフランス宣教師ピニョーの武力援助をえて西山朝を倒し、一八〇二年東京(トンキン)からコーチシナに至る安南全土を統一して清から越南(ヴェトナム)王に封ぜられた。そののち越南が排外政策をとってフランス宣教師や商人を虐待したので、機会をうかがっていたナポレオン三世は、一八五八年キリスト教保護を目的として越南に兵を送り、一八六二年サイゴン条約を結び、布教と通商との自由を得てコーチシナを奪い、のち東京(トンキン)地方を占領してカンボディア、越南を保護国とした。これに対して越南の宗主権を主張する清とフランスとの間に衝突を生じ、一八八四年清仏戦争がおこったが、翌年清は譲歩して越南に対するフランスの保護権

阮氏の越南

サイゴン条約

清仏戦争

を認め、一八八七年フランスは越南、カンボディアの二保護国とコーチシナ、東京とをもって仏領インドシナを形成し、ついで一八九三年ラオスをも保護国とした。

仏領インドシナの成立

シャムの形勢

インドシナの西隣のシャムは、ポルトガル人についでイギリス、オランダの商人が盛んに入り込み、またルイ十四世も使節を派遣してきてしだいに西洋文明に接するようになったが、イギリスのビルマ侵略と仏領インドシナの成立とにより、英仏両勢力の間に介在して不安な状態となった。そしてこの両勢力の激しい対立の結果、一八九九年この両国は勢力範囲を定めてシャムの領土を保全し、シャムは両勢力の均衡によって辛うじて独立を保った。

オランダ領東インド　英仏両勢力のめざましい発展に対抗していたのは、インドネシアに根を張るオランダであった。十六世紀にマジャパヒト朝が解体したことは、オランダがインドネシアに勢力を増大する絶好の機会となって領土支配にまで手を伸ばすようになった。オランダ東インド会社は香料の独占のために原住民を強制してその栽培を押しつけ、苛酷な搾取をほしいままにし、その専制的圧政による統治の失敗によって一七九八年解散を命ぜられ、ついでナポレオン戦争にオランダ本国がフランス側に味方したので、一時オランダの領土はイギリスに占領された。しかしウィーン会議の結果、オランダはその旧領を返還され、これよりその経営をいよいよ積極化し、ここにオランダ領東インドが確立した。

ロシアの東方経略と英露の争い　イギリスのインド経略の脅威となったのはロシアの進出である。ロシアはキプチャク汗国の支配下にあったが、十五世紀後半、ロシア諸侯のうちのモスクワ大公国が独立し、一五〇二年キプチャク汗国を滅ぼした。ロシアは西ヨーロッパと隔絶して東洋的色彩が強く、しかも西方発展の

キプチャク汗国の滅亡

ロシアのシベリア経略

余地が少なかったので東に向い、一五八一年コサックの隊長イェルマクがシベリア遠征を開始し、征服したシビルの地をイワン四世に献じてから、皇帝(ツァー)の特許のもとに、シベリア経略がコサックの手で急速に進められ、ロマノフ朝の時代になってから、それがいっそう積極化し、十七世紀中葉には太平洋岸に達し、さらに黒竜江流域方面に至った。時に中国では清の盛時に当り、ロシア人は清から黒竜江外に駆逐され、一六八九年のネルチンスク条約によってその南下を妨げられたので、モンゴリア方面に向い、一七二七年キャフタ条約によってシベリアとモンゴリアとの境界を定め、またカムチャツカ半島からベーリング海峡に達し、さらにアラスカの開拓に努め、一八〇四年には南下して日本に通商を求めた。ところで、ロシアは大農業国である関係上、その農産物を輸出すべき不凍港を必要とし、しかも十九世紀になって近代産業がおこってくると、地中海を目指してバルカン方面に南下し、クリミア戦争に失敗して再び東アジアに強く手をのばし、同時に中央アジア方面へも進出してきた。このようにしてロシアは太平天国の乱やアロー号事件などに苦しむ清に

アイグン条約

迫り、一八五八年アイグン条約を結んで黒竜江北の地を譲らせ、一八六〇年の英仏連合軍の北京侵入に際し、それが斡旋の報酬としてウスリー江東のいわゆる沿海州を獲得し(露清北京条約)、ウラディオストック港を開いて東アジア侵略の拠点とし、のち日本と交渉して千島と交換に樺太(サハリン)を領有した。中央アジアでは、一八五八

ロシアの中亜経略イリ条約

年バルハシ湖畔を占領して清と境を接するようになったロシアが、イスラム教徒の反乱に乗じてイリ地方を占領し、清の抗議によって一八八一年イリ条約を結んで境界を約した。またロシアは陸路インドに通ずる道を開こうとしたが、南ロシアからシル川方面に拠るトルコ系のキルギスが反抗し、その南のヒヴァ、ボハラ、コーカンド三汗国がそれを助けて異教徒であるロシア商人を差別待遇したので、ロシアはこれを撃って一八

六八年から一八七六年までの間に、ボハラ、ヒヴァ両汗国を保護国とし、コーカンド汗国を併合してその地方をロシア領トルキスタンとした。

アフガニスタン、チベット問題

中央アジアを勢力下においたロシアは、さらにインドをつくべくアフガニスタン、チベットを前衛としてイギリスと激しく争った。一八二六年アフガニスタンにおこったバルクゼー朝は、ロシアと結んでイギリス勢力を駆逐しようとし、前後二回のアフガン戦争によって一八七九年イギリスの保護国となった。チベットは清の藩部であったが、ロシアが煽動してその独立を策し、これに脅威を感じたイギリスは、のちチベットを独立させてその保護下においた。英露の争いはまたイランでも展開された。イランではアフシャール朝の

イラン問題

成立後間もなく、国土分裂してカジャール朝がおこったが、久しく英露の争いの目標となって疲弊し、一九〇七年の英露協商によってその地が三分され、北部をロシア、東南部をイギリスの勢力範囲とし、中部を中立地帯とした。

清朝の衰退と中国社会の動揺　イギリスのアジア経略は中国にも力強く進められ、他の西洋諸国もこれに追随した。当時、清は康熙、乾隆の盛世を迎え、ズンガル部の平定によって軍費が著しく減じ、財政が豊かとなってしばしば租税の減免や災害の救済を行ない、農村が安定して、農業生産力が拡大し、また西洋諸国との貿易による多額の銀の流入によって、国内商業の発展と商業資本の蓄積とがもたらされた。しかし社会発

社会発展の矛盾

展の一面、人口の過剰が農村を苦しめ、消費生活の向上による奢侈の風潮が一般庶民階級にまで広まって物価が騰貴した。ことに乾隆帝の豪奢に加え、当時の宰相和珅（わしん）によって開かれた貪風が官吏一般にはびこり、上層階級の奢侈、政治の腐敗が苛斂誅求となって下層階級の貧困化、土地所有をめぐる上下の対立が激しく、

白蓮教の乱

郷勇

その結果は流民、匪賊が増大して社会の秩序を紊す者が多くなり、そういう傾向は乾隆末年から嘉慶、道光と時代が進むにつれて顕著となってきた。このような政治の腐敗、社会の不安はおのずから民衆に自衛手段を講じさせ、また自衛ということを利用して秘密結社の勢力が発展してきた。すでに乾隆末年から各地に小規模な反乱がしばしばあったが、やがて反清思想を抱く宗教的秘密結社である白蓮教(びゃくれんきょう)の大乱が一七九六年湖北省に勃発し、それは河南、四川、陝西、甘粛の諸省に及んで鎮定までに九年間を費した。時に清の武力の中心である満州旗人が、かれらの漢化が進むとともに、その生活が急激に窮乏して腐敗、堕落がはなはだしく、そのため清は乱の平定に民間の義勇兵である郷勇(きょうゆう)の力を借りざるをえなかった。この白蓮教の乱のほかにも、大小の反乱がしばしばおこり、その鎮定のための莫大な経費が清の財政を窮乏させ、それによる誅求はまた多くの反乱勃発の原因となったが、イギリスの力が迫ってきたのは実にこういう際であった。

イギリスの対華貿易と公行

初期のイギリスの対華活動は、東洋の特産物をヨーロッパに輸送して利潤をうるのを目的とし、それは特許会社である東インド会社と中国側の公行(コホン)との貿易関係が中心をなし、中国の対外貿易は広東一港に限られていた。公行とは対外貿易を独占する行商が組織していた特許貿易商組合で、政府直属の粤海関監督(えつかいかんかんとく)の下にあった。中国では古くから強い中華思想があって、西洋人を軽侮し、地大物博を誇って貿易を拘束しようとする考が強く、従って清代の貿易は個人の自由取引が許されず、公行がこれに当ってははなはだ不自由な状態にあった。それにもかかわらず、東インド会社の対華貿易はしだいに発展して他のヨーロッパ諸国を圧倒し、茶をはじめとする絹、絹織物、南京木綿などの輸入品に対し、イギリスは毛織物とインド棉花とを中国に輸出していた。当時は主としてイギリス製品がインドへ、インドの物資が中国へ、中国の製品がイギリス

アヘン輸入額

年代	数　量〔箱〕
1700	4,095
1800	4,570（密輸時代）
1805	3,938
1810	4,968
1815	4,310
1820	4,244
1825	9,373
1830	19,956
1834	21,885
1835	30,202（自由貿易時代）
1838	40,200

に送られていたが、英華貿易はイギリスにとってははなはだしい入超で、これによる現銀の流出がイギリスにおける物価の騰貴となった。それがためイギリスは一七九三年にマカートニイを、一八一六年にアマーストを派遣して中国の門戸開放を要求したが、ともに成功しなかった。時あだかもイギリスは産業革命を経過し、大工場生産による衣料品の飛躍的な生産にともなって販路をインドに求めた結果、インド内部では多くの手工業者の遊民化と農民の貧困化とがおこった。このころアメリカ合衆国が自由貿易をもってしだいに貿易上の優位を占め、やがてイギリスにつぐ第二の勢力として中国に進出してきた。これよりさき、イギリスは対外貿易を有利にしてインドの諸状態の悪化を補うため、インドで大規模なアヘンの栽培を行ない、それを中国に輸出することとした。中国でアヘン吸飲の風を生じたのは明末からで、その貿易は早くからポルトガル人によって行なわれ、一七二九年清はその吸飲禁止令を出したが、イギリス東インド会社がインドの一切のアヘンの専売権を握ってその対華輸出を奨励してから、アヘンの輸出額が急激に増大した。清では一七二九年以来アヘンの販売を禁じ、一八〇〇年断然その輸入を禁止したが、官吏の腐敗は密貿易の発展を招き、またイギリスが保護貿易を自由貿易に改め、一八三四年東インド会社の対華貿易の独占を廃してのちには、今までの片貿易が逆転し、中国は銀の流出によって銀価が著しく騰貴した。これがため一八三九年アヘン問題解決のために林則徐（リンツオーシュイ）が広東に派

マカートニイとアマースト

アメリカの対華貿易の発展

アヘン問題

遣された。かれはイギリス商人所蔵のアヘンを没収してイギリスとの通商を断ったが、これを機会に対華貿易の障害を除こうとするイギリスは、同年十一月中国船を砲撃し、翌年遂にアヘン戦争の勃発をみた。しかし原始的な武器しかもたない清は、結局屈して一八四二年南京条約を結び、償金のほかに公行の廃止、上海、

アヘン戦争と南京条約

寧波、福州、厦門、広東五港の開放、香港の割譲などを承認した。そして翌年追加条約として虎門寨条約が

虎門寨条約

締結され、治外法権と最恵国条款とが付加され、またアメリカ、フランスも南京条約の利益に与かろうとし、一八四四年それぞれ望厦条約、黄埔条約を結んだ。

望厦条約と黄埔条約

　南京条約は清が西洋に屈した第一歩で、中国が古くからもつ天下国家思想の崩壊を意味するが、清は心から条約履行の意志なく、なお貿易に関しても種々の制限があったので、イギリスをはじめ清と条約を結んだ国々はしばしば条約改正を提議した。ことに英、清の関係は円満を欠き、アヘン戦争後、中国民衆の排外運動がたかまって広東にいわゆる平英団事件がおこった。一八五六年イギリスは自国の国籍をもつアロー号が広東で清の官吏の臨検を受けてイギリスの国旗が侮辱されたのを好機とし、清が太平天国の乱に苦しんでいるのに乗じて遠征軍を派遣し、時にクリミヤ戦争でイギリスと連合していたフランスも、自国宣教師が殺されたのを口実とし、両国共同して北京を陥れ、円明園を廃墟とした。かくして清は再び屈して一八六〇年北

平英団事件とアロー号事件

北京条約

京条約を結び、償金のほかに香港対岸の九竜市のイギリスへの割譲、天津、漢口、南京などの開港、対等の国交、公使の北京駐在、貿易やキリスト教布教の自由その他を約した。このようにして中国制覇を一応完成したイギリスは、また眼を雲南方面に向け、一八七六年マーガリー殺害事件によって清と芝罘条約を結んだ。なお北京条約成立後、諸外国が多く北京に公使を駐在させることとなったので、清では総理各国通商事

芝罘条約

総理衙門

務衙門（総理衙門）を新設した。

太平天国の乱

楚勇、湘勇、淮勇

常勝軍

清は諸反乱の鎮定やアヘン戦争などのため財政上に大打撃を受け、支出の膨脹は一般民衆に対する苛斂誅求を強め、特にアヘン戦争による清の威信失墜は満州朝廷への漢人の軽侮の念をたかめ、また農村の窮乏とともに地方の治安が著しく乱れてきた。時に広東の人洪秀全（ホンシユウチユワン）がキリスト教の力を借りて上帝会という秘密結社を作り、一八五〇年広西（カンシー）省に暴動をおこした。かれらは滅満興漢を唱えて辮髪を廃し、中国固有の風に従って長髪を結んだので長髪賊とよばれたが、男女の別や貧富の差を除き、土地の均分、地租の減免をよびかけ、「有レ田同耕、有レ飯同食、有レ衣同穿、有レ銭同使」を理想としたので、貧農、匪賊や清に不満を抱く知識人が多くこれに参加し、反乱はたちまち十六省に波及した。洪秀全は満州朝廷の打倒とともに、自由、博愛、平等を主義として自らキリストの弟と称し、奴隷の売買、婦人の纏足を禁じて西洋人の同情を求め、国号を太平天国といって一八五三年南京に都し、諸制度を定めて一応国家の機構を整えた。時にアロー戦争がおこって清は全く窮地に陥ったが、洪秀全は南京奪取後、後宮に深居して掲げた理想を実行せず、かれの部下将領の間にも激しい争いがおこって内部の統制が崩れ、また地主層は太平天国の土地均分政策に恐怖を抱き、保甲を中心とする郷勇を組織して清朝に味方し、ことに江忠源（チャンチュンユワン）、曾国藩（ツオンクオファン）、李鴻章（リーホンチャン）の指導下に楚勇（そゆう）、湘勇（しょうゆう）、淮勇（わいゆう）などの義勇軍が太平軍の掃蕩に乗りだしてきた。一方、上海を根拠とする西洋人は、はじめキリスト教を奉ずる太平軍に同情していたが、やがてその異端なのを知ってかれらの行動に危険を感ずるようになった。このようにして義勇軍やイギリス人ゴードン（ゴルドン）の率いる常勝軍の活躍により、前後十五年にわたる大乱も一八六四年ようやく平定した。しかしこの乱の鎮定に払った清の犠牲は大きく、財政の窮乏、社会の矛盾がいよいよ激化した。

第三節　アジア近代化の動き

アジア民族運動の胎動　ヨーロッパ列強の圧迫と搾取とは、しだいにアジアの諸地域に民族意識をたかめ、革命運動、独立運動がおこってきた。中国における太平天国の乱は、農民暴動であるとともに、満州朝廷清の専制政権打倒を目的とした民族運動であったが、その指導者の腐敗と内訌、地主、官僚などの反対、外国勢力の反撃によって失敗した。フランスへの植民地化をたどるヴェトナムでは、民族主義と越南王朝の復興とを目的とするヴェトナム維新会の運動がおこったが、それも空しく、全土はフランスの同化政策に屈した。また久しくイスパニアの重商搾取政策に苦しむフィリピンでは、リサールを指導者とする独立運動がおこり、そののちをうけたアギナルドの指導下に、革命がまさになろうとして米西戦争が勃発し、一転してアメリカの属領となり、オランダ領東インドでも、インドネシア民族の反抗運動が空しく繰り返されていた。イランではヨーロッパの自由主義思想の流入とともに、英、露、仏の圧迫とカジャール朝内部の腐敗、専制政治の強行とに対して有識者がしだいにめざめていった。さらに遠くオスマン=トルコでは、十七世紀以降、英、露の侵略によって国運衰退し、国内の刷新を叫ぶ民族主義者が弾圧され、かれらの運動は国外で組織された青年トルコ党によって僅かに続けられた。このような形勢のうちに、やがてインドや中国には著しい動きが現われ、一方、日本のめざましい発展を見た。

中国

ヴェトナム

フィリピンとオランダ領東インド

イラン

オスマン=トルコ

セポイの反乱

イギリスのインド統治

インド国民会議の成立　一八五七年のセポイの反乱は、インドの傭兵、農民を中心としておこったもので、農民戦争であるとともに、インド最初の反英独立運動であって、インドの民族運動の出発点をなすものであるとされている。そしてインド帝国が成立してから、インドは開発が進んで産業がおこり、鉄道、電信が発達し、灌漑施設が改良されたが、当時イギリスは産業革命を経過してその木綿工業のためにインドが重要となってきたので、イギリスのインド統治はその線に沿ってインドを利用するにあった。またインドには多数の土侯すなわち藩王国があり、これらの藩王は治下の住民を激しく搾取していたが、イギリスはインド帝国成立以後もこれら藩王国を残し、インドを分割して統治する策をとった。このような矛盾や社会不安の増大にともなって、インド人の間にはイギリスのインド政策に対する批判がたかまり、民族主義的な風潮が強くおこってきたが、これに対してイギリスは一八八五年、イギリスとインドとの間の宥和策として、ボンベイに地主や中産階級の主なものを集めてインド国民会議を開かせた。

インド国民会議

この会議はイギリスと協調しながら、インドの自治をしだいに獲得しようとし、これより毎年一回都市を巡回して開かれ、民衆の啓蒙運動を行なってその勢力を固め、政党として発展していった。しかし藩王国やカーストの制度、イスラム、ヒンドゥーの宗教上の反目などが民族運動の発展をさまたげ、イギリスはそれを利用して植民地インドの維持をはかった。

捻匪

漢人の重用

同治中興　中国における民族運動は太平天国の乱となって現われ、一八五三年には安徽に捻匪(ねんぴ)とよばれる反乱がおこったが、これらの鎮定に活躍したのは漢人の有識者を中心とする湘勇、淮勇などの義勇兵であった。これがため清朝ではしだいに漢人重用の道が開かれ、かれらを中心として中国人の自覚がたかまり、西洋文化を吸収して新しい政治を確立し、中国の富強を達しようとする運動がおこってきた。時に幼帝穆宗同

洋務運動

治帝が即位して母の西太后（シイタイホー）が政治を摂し、曾国藩（ツォンクオフヤン）、左宗棠（ツォーツォンタン）、李鴻章（リーホンチャン）らの漢人新官僚が用いられて革新が行なわれたが、この約十年間を時の年号によって同治中興とよんでいる。当時、特に力が注がれたのは軍備の改善と軍事工場の開設とで、外国武官を招いて洋式の軍隊教練を行ない、武器、弾薬、船舶などの製造とともに石炭の採掘や製鉄業をおこし、中国の近代工業がはじまった。またアメリカ、ドイツなどに留学生が送られ、新しい技術や外国語学習のための学校が設けられ、その他毛織物、織物工業がおこり、商船会社も設立された。中国人の覚醒や改革事業にはまた外国宣教師の活動も与って力あり、ここに中国の近代化がはじめられてその業績に見るべきものがあったが、当時、中国人は西洋文化の優秀なことを知っても、改革は

中興の失敗

皮相な欧米の模倣に満足し、ことに官僚らの多くは徒らに自尊心のみ強く、保守的立場を固執して改革反対の空気が強く、中興の業はさしたる効果を挙げえないうちに、日清戦争がおこって空しくなった。しかしその後も戊戌の政変、義和団事変という一連の民族運動があり、やがて孫文による革命運動の発展となった。

日本の台頭　日本では南北朝から室町時代にかけて国内の統制がゆるみ、海外に出て私貿易を行なうものが多くなり、明の私貿易禁止から倭寇のめざましい活躍を見た。これがため明は勘合貿易を行なったが、ことにヨーロッパ人の活躍に刺激されて日本人の南方への進出が盛んになり、豊臣秀吉は国内を統一すると倭

朱印船

寇を禁止し、正式の平和通商を求めて公認の朱印船（しゅいんせん）を派遣し、徳川家康もこの制度を拡充して商船の海外渡航を奨励したので、日本人の南洋方面に活躍するものが多くなった。この日本人の海外発展は、江戸幕府の

鎖国

鎖国政策のために頓挫し、これより日本は久しく世界の進展からとり残された。しかし鎖国によって日本は封建制度を強化し、外交上の紛争をまぬがれて多年の平和を保ち、国内産業が発達して独自の文化が発展し、

西洋の経済や文化、制度をうけいれる素地がつくられた。

日本の開国

鎖国に眠る日本人にとって、ヨーロッパ人のアジア進出、ことにアヘン戦争、アロー戦争による隣邦清朝の敗報は強い刺激であった。かくして日本は一八五四年アメリカの要求によって国を開き、ついで明治維新の業がなるや、世界の大勢を知って開国和親の策を定めたが、後進国の常として治外法権、関税非自主権などの不平等条約を負わされていた。そこで日本は欧米列強に伍して行くには国内の政治、経済、教育、軍備などの急速な近代化を進めなければならなかった。これがため日本は特に工業の発展に力を注いで新たに産業資本主義への道を進むことになったが、その育成には国内の市場が狭いので、大陸あるいは南海に発展して、近代的生産のための資源と市場との確保が切実な要求であった。しかしそれには外国勢力を隣接地域から除き、自国の安全を図る必要があった。当時、日本はヨーロッパ諸国はもとより、ハワイ、ペルーとも不平等条約を結ぶことに甘んじていたが、東アジアでは対外強硬策をとり、一八七一年進んで清と平等の

台湾、琉球問題

修好条約を結び、一八七四年には台湾を征し、その翌々年には琉球の領有を確保し、また朝鮮に再三開国を迫った。

日清戦争　李氏の支配する朝鮮は、清の藩属国となって歴代その封冊をうけ、また日本にも通じていた。

日韓関係

日本と朝鮮とは、江戸時代初期から貿易市場を釜山(プサン)に限定し、日本は木綿、人参および中国の工芸品を収めて銀を支払い、朝鮮はこの銀を国内の需要や北京貿易に充てていたが、長崎貿易が発展し、釜山の独占的商品がオランダ人、中国人によって廉価に日本と取引きされるようになったので、日韓関係が兎角円満を欠いていた。しかし維新以来、日本は朝鮮を貿易の対象とし、またロシアの南下に対して朝鮮を弱体化した清の

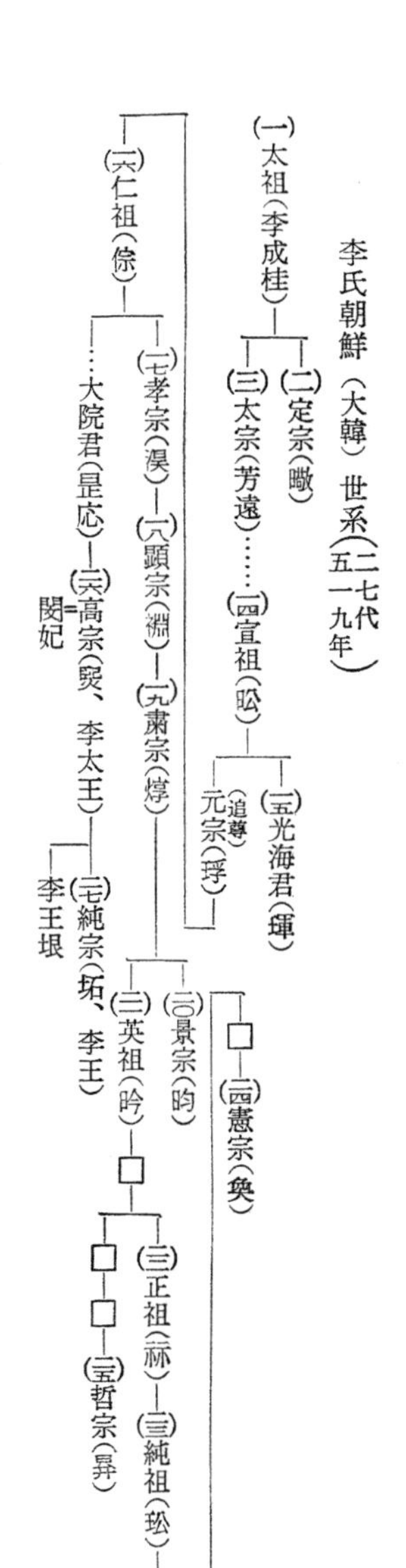

大院君

支配下におくことを危険と考えた。当時、朝鮮では高宗(李太王)の生父大院君(タイオンクン)が政治を指導し、頑迷な排外主義を抱いて開国を嫌い、ロシアが通商を求めるのを拒絶し、フランス艦隊、アメリカ艦隊の進攻をしりぞけて攘夷を鼓吹し、日本が欧米に親しむのを侮って修好条約の締結を拒絶したので、日本では征韓論が大いに沸騰した。ところが一八七四年大院君が王妃閔(ミン)氏に図られて失脚し、翌年日本軍艦雲揚が江華島で砲撃された事件がおこったので、日本は朝鮮に迫って一八七六年江華島条約を結び、釜山(のち仁川、元山も開港)の開港その他を約させた。これは日本が外国と優位な条約を結んだ最初で、ここに日本はようやく大陸の一角に登場した。

江華島条約 日本の大陸登場

江華島条約に続いて欧米諸国も朝鮮と修好の約を結んだが、当時かれらは対華貿易に熱中していたので、日本の朝鮮貿易は順調に進んで朝鮮市場を独占するようになった。時に清では大官僚の勢力が増大し、その膨脹しつつある官僚資本が朝鮮市場を日本から奪回しようとする勢を示してきた。このような形勢に際して、一八八二年閔妃(ミンキ)一派に不平を抱く大院君が漢城で軍隊を扇動して暴動をおこさせ、それを反日運動に転

朝鮮をめぐる日、清の抗争

壬午の変
化して日本公使館を焼打ちさせた(壬午の変)。日本は直ちに兵を発し、清も李鴻章麾下の袁世凱(ユワンシーカイ)らの軍を遣わして

済物浦条約
暴動を鎮め、その結果、朝鮮は日本と済物浦で和約を結んで兇徒の処罰、償金の支払などを約し、清も朝鮮にその宗主権を認めさせた。これより閔妃とその一族とが再び政権を占めるとともに、清の朝鮮に対する干渉が強くなり、ことに李鴻章、袁世凱らが外国資本と結んで朝鮮における日本の経済的勢力を圧倒してきた。

独立党と事大党
清の朝鮮への進出に対し、日本の後援によって改新の実を挙げようとしていた朴泳孝(パクヨンヒョー)、金玉均(キムオクキュン)らの独立党は、清に頼る事大党と対立し、閔妃一派を退けて清の干渉を除こうと企て、時の日本公使竹添進一郎もかれらに

甲申の変
好意を寄せていた。このような形勢のうちに一八八四年朴、金の一派が王宮に乱入し、事大党の大官を殺して親日政府を組織したが、たちまち清軍に鎮圧され、時に漢城の民衆は反日感情に駆られて再び日本公使館を焼打し、竹添公使は辛うじて故国にのがれ、朴泳孝、金玉均も日本に亡命した(甲申の変)。この事件によって日

漢城条約と天津条約
清両国は遂に干戈を交えるに至ったが、翌年朝鮮は謝罪して日本と漢城条約を結び、また日清両国も天津条約を締結してともに朝鮮から撤兵した。このようにして日本の半島における勢力挽回運動は失敗し、朝鮮全土に反日感情が強くたかまってきたが、日本は国内の整備、産業界の発展につれ、朝鮮への経済的進出の失

東学党の乱
敗を武力で解決しようとするに至った。時に朝鮮では地方官の暴政に対して東学党の乱がおこった。東学党は十九世紀の中葉、崔済愚がおこした東学すなわち天道教を信奉する宗教団体で、西学すなわちカソリックの流行に対し、朝鮮固有の風教維持を主張したものである。朝鮮政府がこの乱を鎮圧しえないで清の出兵を

日清戦争
求めるや、日本もまた兵を発し、それが契機となって一八九四年八月日清両国は宣戦を布告し、翌年四月下関条約が成立し、日本は遼東半島、台湾、澎湖島をえ、清は償金の支払を約して朝鮮の独立を確認した。

〔参考文献〕

矢沢利彦著　中国と西洋文化　中村書店

石田幹之助著　欧人の支那研究（現代史学大系）　共立社書店

市古宙三編　東アジアIII（世界史大系14）　誠文堂新光社

山本達郎編　インド、東南アジア（世界史大系6）　誠文堂新光社

ドッドウェル著　寺田穎男訳　印度史　生活社

楊井克己著　東印度会社研究　生活社

松田智雄著　イギリス資本と東洋　日本評論社

ベニテス著　東亜研究所訳　比律賓史　東亜研究所

村上直次郎　原徹郎訳　蘭領インド史　東亜研究所

ウィンステッド著　太平洋協会訳　マライ史　太平洋協会

スエテナム著　阿部真琴訳　英領マライ史　北海出版社

ウッド著　郡司喜一訳　タイ国史　冨山房

岩村成允著　安南通史

護雅夫　神田信夫編　北アジア史（世界各国史）　山川出版社

ロストフスキー著　東亜近代史研究会訳　ロシア東方経略史　生活社

カーエン著　東西近代史研究会訳　露支交渉史序説　生活社

モース、マックネーア著　喜入、浅野訳　極東国際関係史　上　生活社

鈴木俊編　中国史（世界各国史）　山川出版社

稲葉岩吉著　支那近世史講話　日本評論社

矢野仁一著　近代支那史　弘文堂

矢野仁一著　清朝末史研究　大和書院

平瀬己之吉著　近代支那経済史　日本評論社

矢野仁一著　近世支那外交史　弘文堂

増井経夫著　太平天国（岩波新書）　岩波書店

外山軍治著　太平天国と上海　高桐書院

ハンバーク著　青木富太郎訳　洪秀全の幻想　生活社

沼田鞆雄　百瀬弘著　近代支那と英吉利　螢雪書院

矢野仁一著　アヘン戦争と香港　弘文堂

矢野仁一著　アロー戦争と円明園　弘文堂

小林太市郎著　支那思想とフランス（教養文庫）　弘文堂

第七章　帝国主義下のアジア

第一節　列強の帝国主義活動

列強の利権獲得競争の激化　ヨーロッパでは資本主義の発達につれて原料資源の獲得や製品販売のための市場を広くヨーロッパの外に求めなければならなくなった。これがためヨーロッパ列強は、アジアやアフリカなどの後進社会に向って、武力を背景とする激しい植民地支配の競争を開始するに至った。この十九世紀末以後の列強の植民地支配は、主として政治的、経済的、軍事的な支配を目的としたもので、一般にそれを帝国主義とよんでいる。このようにして列強の対立がいたるところで見られるようになり、やがて世界戦争となる危険が迫りつつあった。

帝国主義

未知の大陸として世界史から久しくとり残されていたアフリカは、一八六九年スエズ運河が開通すると、イギリスが運河会社の株を買い占めるとともに、オスマン＝トルコの治下にあるエジプトを保護国化し、フランスもまたアルジェリアの占領についでチュニス、モロッコに進出し、ついでイタリア、ドイツ、ベルギーがこれにつづき、十九世紀の末にはアフリカの大部分がヨーロッパ列強によって占領しつくされてしまった。これとともに、列強のアジアへの侵略もまた力強く進められていった。従来、主としてインドとその周

アフリカの分割

英、露のアジア侵略

辺に限られていたイギリスの侵略は、十九世紀末にはイラン、アフガニスタン、チベット、ビルマから、さらにシリア、メソポタミア、アラビアなどにまでおよび、また英領マライの組織を完成し、中国における利権をいっそうひろげた。ロシアは中央アジア方面からインドの背後を脅かす一方、ウラディオストックを極東経営の拠点としてシベリア鉄道を敷設した。

アメリカの太平洋進出

一方、西欧諸国の南太平洋における活躍に対し、アメリカ合衆国は北太平洋に進出し、一八六七年ロシアからアラスカ、アリューシャン群島を買収して東太平洋北半の支配者となり、一八九八年にはハワイ諸島を合併し、同年また米西戦争によってフィリピン群島、グヮム島をえ、西太平洋にまで勢力をひろめるに至った。

列強資本制度の変化

ところで、十九世紀後半、資本主義の急激な発展により、西洋列強の資本制度に根本的な変化がおこり、資本は少数の大資本家の手に集中され、大産業の独占と銀行資本との融合による金融資本が発生した。この少数の金融資本家は、国内の経済界を支配するとともに、その蓄積した資本を低廉な労働力と資源とをもつ植民地や後進国に投下して利権の獲得に努めることとなった。そして日清戦争によって清がその弱体を完全に暴露するや、中国はことに列強の激しい利権争奪の目標となった。

中国に対する列強の利権争奪

租借地の設定

中国に対する列強の利権争奪の一は租借地の設定で、それはドイツが一八九七年膠州湾(チャオジオーワン)を占領したのに端を発し、翌年清と約してこの地方を九十九年間租借し、ロシアも翌一八九八年旅順口(リュイシュンカオ)、大連湾(ターリエンワン・ダルニー)の二十五年間の租借を約し、同年仏領インドシナを拠点とするフランスも広州湾(カオジオーワン)を占領して翌年その方面を九十九年間租借した。これらは日本に対する三国干渉の報酬を意味するものであるが、これに対抗してイギリスは一八九八年山東省の威海衛(ウエイハイウエイ)や九竜半島の全部を租借した。列強の利権争奪の他の一は、勢力範囲の確保を意

不割譲条約の締結

味する不割譲条約を清に承諾させることで、フランスは一八九七年海南島（ハイナン）の不割譲、翌年広東、広西、雲南の不割譲協定を結び、イギリスは揚子江沿岸の不割譲を約し、その年日本もまた清に福建省の不割譲を宣言させた。

鉄道利権の獲得

つぎに列強が狂奔したのは鉄道利権の獲得で、一八九六年ロシアが密約によって東清鉄道の敷設権をえたのを最初とし、列国は清へ資金、技術、材料等を供給して鉄道を敷設する莫大な借款を行ない、これによってイギリス、ドイツ、フランス、ロシア、ベルギー等の資本による多くの鉄道が各地に敷設された。

中国分割論

このようにして中国の沿岸各地には列強の勢力範囲が定められ、列強の資本が中国に投下され、諸外国の工業企業が中国のそれを圧倒して中国は全く列強の植民地と化し、そのため日清戦争後、一時中国の分割論さえおこった。

アメリカの中国門戸開放運動

時にアメリカは米西戦争以後、モンロー主義を国是とする外交政策に著しい変化を生じ、西太平洋にまで勢力をひろめてきたが、中国市場への進出が遅れてヨーロッパ列強および日本の地盤が抜き難いので、中国の門戸開放を唱え、一八九九年九月国務長官ジョン＝ヘイの名で日、英、独、露、仏、伊の諸国に中国の門戸開放、機会均等、領土保全を提議した。時に拳匪暴動の雲行きが険しくなりつつあった際で、この提議は徒労に終ったが、しかし中国の分割を阻止するものとして中国人に感謝され、アメリカの経済的対華進出を容易にした。この門戸開放主義はのちながくアメリカの国是となった。

旧中国の没落

中国人の覚醒

日清戦争ごろまでの中国人は、中国が外国に破れたのを新式の武器に欠けていたためであるとし、西洋の物質文化、ことにその新しい武器や兵制の採用に努めてそれが同治中興の業となり、これによって清朝はその専制的な統治体制と封建的な社会組織とを維持しようとしたが、今やそれも失敗に終わり、清仏、日清戦争は中国人に強い刺激を与え、中国人は自国の政治制度に根本的な欠陥があるのを痛感するようになった。これよりさきすでに腐敗した清朝の政治に対する反抗的気運が有識者の間からおこり、また外国宣教師の影響や帰国した留学生の活動などにより、西洋文化を輸入して中国の自強を図ろうとする気運が濃厚となり、ことに日清戦争後には革新運動を鼓吹する多くの学会がつくられ、それは単なる学会から

康有為と孫文

公羊学

第51図　康有為

第52図　孫　文

しだいに政治結社への傾向を示してきた。一八八八年上海に創設された広学会や、一八九五年北京にできた強学会などがそれで、時代の状勢はここに康有為（カンユウエイ）、孫文（スンウエン）らの出現を見た。清代の学界を風靡した考証学が瑣末な問題の穿鑿に流れて実用に適しなくなると、これに代って孔子の微言大義を今文（きんぶん）の公羊伝（くようでん）に求める今文家の新漢学運動がおこり、現実の社会問題を注視して清朝の政治を批判、改革しようとするようになった。康有為はこの今文家の思想を大成して新見解を加え、孔子改制考、新学（しんがく）偽経考（ぎけいこう）、大同書を著わして立憲君主政治実現の急務を論じ、日本の明治維新にならって改革を断行すべきであるとし、いわゆる変法自強の運動をはじめた。かれが清朝擁護の立場にあったのに対し、孫文は満州朝廷清を倒し、漢人による民主共和の政治を実現しようとしたのである。

清朝では穆宗同治帝の没後、西太后が序列を無視して幼少の

第 53 図　若き日の西太后

第 54 図　観音大士に粉した西太后

徳宗光緒帝（とくそうこうしょてい）を立て、久しく垂簾の政を行なって一八八九年ようやく光緒帝の親政となったが、養母である西太后の政治干与が依然として続いたので、光緒帝と西太后とが反目し、廷臣も両派にわかれて激しく対立した。

戊戌の政変

しかし年少気鋭の光緒帝は西太后の傀儡であるのに甘んぜず、一八九八年六月清朝の存続を前提とする康有為の改革案に動かされ、遂に国是の上諭を発して、かれおよびその弟子梁啓超（リアンチーチアオ）、譚嗣同（タンスートン）らの人材を登用し、かれらの政策が実行に移されて改革があらゆる方面に行なわれた。しかし余りに急激な改革は、西洋文化を理解しない多くの知識人や官僚らに不安を与えてかれらの反感を招き、ことに西太后を中心とする保守的な満州大官らの策動のため、改革は僅か百日（六月十一日—九月二十一日）で失敗し、康有為、梁啓超は海外にのがれ、譚嗣同ら同志の多くが処刑された。このいわゆる戊戌（ぼじゅつ）の政変によって、光緒帝は幽閉されて西太后が摂政となり、革新運動の反動として政治が著しく保守的、排外的となった。

革新の反動

康有為の変法運動は、清朝帝権に依存した上からの改革運動で、官吏郷紳などの支配者層の啓蒙に重きがおかれたが、かれらの多くはもちろん、一般の民衆も西洋文化の何たるかを理解していなかった。

社会の動揺

しかも太平天国の際、臨時に開かれた釐金（りきん）や捐納（けんのう）の制が恒常化し、官官の跋扈、吏道の退廃などとあいまって民衆に対する誅求がいよいよ加わってきた。一方、かの南京、北京条約の成立は中国を国際経済の中に開放し、特に関税自主権の喪失は中国の民族工業の発展を阻害し、めざましい資本主義商品の流入は中国社会に大きな影響を与えた。

農民生活の悪化

思うに近代中国の農村は永久的飢饉の状態にあり、常に飢餓線にある小農、貧農らはその余剰労働力を家内仕事や家内工業に向け、その製品は問屋の支配を受け、この問屋を目的とする内職と農業とが固く結びつき、それによって農民は辛うじて生活を保っていた。しかるに今や外国貿易が開かれ、機械工業による原価の低い大量生産品が、協定関税率という特権に乗じて中国市場に流れ込んだ結果、中国社会安定のための支柱である問屋工業が倒壊し、農村の家内仕事、家内工業の大部分が農民の手から奪い去られ、農民生活が急激に悪化した。このような傾向は山東、河北においてはなはだしく、旱害、水災に加えて、列国の綿製品の売込み、なかでも日本製品の対満、対華北進出は、華北各地の土着工業の発達を挫折させて多数の職工を失業させ、失業者が山東、河北の小都市にあふれていた。

膠済鉄道の敷設

また北京、天津間の鉄道の開通による運搬人夫、車夫の失職、さらにドイツの膠済（こうさい）鉄道の敷設も山東省民の反感を買うことが大であった。

教案問題と排外運動

加うるにキリスト教がアヘン戦争、アロー戦争以後、布教の自由を認められてしだいに広まってきたが、その教徒が中国の習慣に従わず、また国家的背景をもつ教会、宣教師が治外法権の保護の下に横暴を極めていたので、反教会熱が激化して教案問題がしばしばおこり、中国人の外国宣教師への反感が外国人への反感となって不安な空気が強くみなぎってきた。

義和団事変

このような時に、白蓮教の一派の義和拳教（ぎわけんきょう）という宗教的秘密結社が山東省方面に勢をえて一八九九年十二月暴動をおこし、窮乏農民や失業者のこれに加わる者多く、翌年かれらは宣教師やキリスト教徒に迫害を加えて河北省に入り、天津、北京へと進み、扶清滅洋を唱えて清朝の保守的政権と結びつき、官兵と協力して外国人と外国文化とを一掃しようとした。これがため日、英、米、露、独、仏、伊、墺八国が連合出兵して八月北京をおとしいれ、清朝屈して一九〇一年九月義和団議定書（辛丑和約）が調印された。この条約で清は外国の駐兵権を認め、海関税、塩税を担保とする莫大な償金を負わされた。北清事変（拳匪の乱／庚子の乱）ともよばれるこの義和団事変は、実に外国勢力を駆逐しようとする旧中国最後のあがきであったが、かえって清朝の保守派が大

革新気運の再現とその意義

打撃を受け、その反動としてまた革新気運が強くおこり、一九〇二年以後、政治革新の詔がつぎつぎに発布された。さきに変法運動を失敗させた清が、今やこのように変法を行なわざるをえなくなったのは、清朝にその専制的統治体制を固守する力がなくなったことを意味する。

日露戦争と東亜の政局　日本は日清戦争以来、産業の確立期に入り、朝鮮についで華北、満州に進出し、綿製品の輸出が著しく増大したが、やがてアメリカ、イギリスの資本のためにしだいに圧倒され、朝鮮にお

日本の窮境

いてさえこの両国勢力の下位に立たざるをえなくなった。一方、義和団事変の際に北京に連合出兵したロシアは、排外運動が満州に波及すると、一九〇〇年七月ブラゴヴェシチェンスク付近の江東六十四屯で多数の中国人を虐殺してその地を奪い、さらに全満州を軍事的に占領して朝鮮にまで迫ってきた。日本は日清戦争以後大いに朝鮮に勢力を加えうるはずであったが、三国干渉の結果、かえって朝鮮の軽視を招き、閔妃がロシアと結託して日本を疎外し、一八九五年の閔妃殺害事件後、日本はますます勢を失い、ロシア勢力の増大

を坐視している有様であった。

ロシアが満州、朝鮮を風靡し、さらに満州侵略を目的とする密約を清に要求するにおよび、日、英両国はアメリカをともなって清に警告し、ロシアの撤兵をうながしたが、清は満州を顧みる余裕がなかった。そこで日本は英、米の経済勢力とロシアの武力圧迫とによって苦境におちいったが、イギリスもまた露、独、仏三国の交情密なのに反して孤立の姿となり、その世界政策が脅かされてアジアにおける地位が不安となり、

日英同盟の成立

一九〇二年、日英同盟の成立を見た。以後ロシアは一旦譲歩の態度をとって満州からの撤兵を公表しながらもそれを実行せず、かえって増兵して朝鮮にまで侵略の手をのばしてきたので、日本は一九〇四年二月遂に

日露戦争

英、米両国の経済的援助の下に対露戦争を敢行した。

第二回日英同盟の成立

日露戦争に勝利をえた日本は、ポーツマス条約の結果、一九〇五年日清北京条約を結んで満州におけるロシアの権益を継承し、同年第二回の日英同盟を結んで条件を攻守同盟の範囲にまで進め、第一回の同盟の際における清、韓の独立および領土保全という規定から韓を除き、またアメリカと約して韓を日本の勢力範囲におくことを認めさせた。

日韓の併合

一八九七年国号を韓と改めた朝鮮は、日清戦争後、清の羈絆を脱して諸制度の改革に努めてきたが、ここに至って日本の保護国となり、のち一九一〇年日韓併合条約が成立した。このようにして日本はその国際的地位が著しく向上し、満州に向って積極的に進んでいったが、それは清朝政府の反

日華の係争問題

感を買って多くの問題を惹起した。すなわち日本は日露戦争後、撫順（フシユン）、煙台（エンタイ）の炭坑の所有を主張して清と争い、また間島（チエンタオ）の領有や安奉線についても問題をおこしたが、一九〇九年七月日本の最後通牒によって九月安奉線問題が落着し、同時に間島問題の協約が成り、日本は撫順、煙台の所有を清に認めさせ、また法庫門鉄

道、営口支線問題等の諸案件解決のため、譲歩して豆満江を日清両国の境とし、間島の主権を清にかえした。日華の係争問題のうち、特に大きな影響を残したのは辰丸（たつまる）事件である。一九〇八年二月、日本汽船第二辰丸が武器の密輸船として清国軍艦に捕えられ、日本の最後通牒によって事件が解決したが、これがため華南一帯では八ヵ月におよぶ最初の対日ボイコット運動がおこった。ところで、日露戦争に際して英、米両国が日本を助けたのは、日、露の均衡、満州の開放を求めるにあったので、戦後の著しい日本の対満進出は、特に門戸開放を主張するアメリカの政策と衝突した。この日米関係の緩和剤として、一九〇八年日本の高平大使とアメリカの国務長官ルートとの間に覚書が交換され（高平、ルート日米覚書）、太平洋方面の現状維持、清の独立と領土の保全、中国に関係ある列国の平等の権利を重んずべきことなどが約されたが、もちろんアメリカの満州開放の主張には変ることがなかった。このような形勢はおのずから日本とロシアとを結ばせる結果となり、両国は一九〇七年第一回の日露協約を結んだが、一九一〇年七月第二回の日露協約が成立し、満州の現状を維持し、それを破壊しようとするものは日露共同の敵と見なすという意味の宣言を行なった。

日米関係の悪化

日露の接近

アジア民族運動の発展　ロシアが日本に敗れて東侵を抑えられ、再び戻ってバルカン方面にのびようとしたことは、第一次世界大戦をおこさせる有力な原因となったが、また日本の勝利はアジアの諸民族に強い刺激を与え、アジアの各地では革命運動、独立運動が盛んに展開されてきた。インドでは一九〇五年、ヒンドゥー、イスラム両教徒を分裂させて、民族運動を弱化させようとするベンガル州二分の布告が発布されるや、日本の対露戦勝に興奮したインド人が強い民族意識に燃えてスワーラジ（国民自治）、スワーデシ（国産愛用）の排英運動をおこした。オランダ東領インドでは、インドネシアの自主独立を目的とする知識人、学生によって多くの団

日露戦争の歴史的意義

インドの排英運動

蘭領東インドの形勢

体が結成され、また在住の華僑と対立する土着商人が中国商人に対抗して排外運動をおこし、これら知識人、学生、商人によって開かれた民族運動がイスラム教を中心として大いに発展した。またオスマン＝トルコでも日本の戦勝に刺激され、一九〇八年青年トルコ党が奮起してアブデュル＝ハミッド二世の専制政治にかわり、トルコの政治を担当することとなった。このようなアジア諸民族の独立、革命の運動は相互に連関をもち、一民族の運動の成否は直ちに他民族に影響し、インド、トルコなどのめざましい民族運動の発展は中国にも強い刺激を与えた。

トルコの形勢

中国における革命運動の進展　中国に対する列強の帝国主義活動、特に資本の投下は、中国人自身の工業への投資熱を高めて民族資本が台頭し、各種の工業がおこってきたが、それに大きな障害となったのは、帝国主義勢力とそれに結びつく清朝の政府、官僚、軍閥、巨商らの買弁（マイバン）化である。清初、広東にきた外国商人は土着人を通弁として取引きの安全、有利を図ったが、それが買弁の起原で、のちその性質が変化して外国商人と中国人との間に立って商取引を行なう仲買人、外国商人の代理商の如き観を呈してきた。そして広義には外国資本に奉仕して働く者を買弁といい、かれらは列強の支配力のもとに固く帝国主義と結びつき、半植民地化した中国における資本主義の正常な発達を妨げていた。そこで中国の民族資本発展のためには、清朝の専制的支配とその背後にある帝国主義とを打倒するのが必要であると考えられるようになったが、清朝打倒の革命運動に資金を提供したのは民族資本家であり、また遠く外国に出稼ぎに行っていた中国商人、すなわち華僑（かきょう）もその同情者であった。中国人の海外への出稼ぎは古くから行なわれ、十九世紀後半からは国内人口の増加によってそれがおびただしい数に上ったが、かれらは全く自力で国外に発展し、ことに南洋方面

民族資本の台頭

買弁

華僑の覚醒

に赴いた者が多く、なかには巨万の富を積んで砂糖、米、錫の三大企業に優越な地位を占めていた者もあった。華僑はその資本を自国の企業に投資しようとし、それには清朝を倒して中国人の中国が生まれることを念願とした。

秘密結社の活動

また一方には反満、反清思想の発展と、清朝政治の腐敗、民衆生活の窮乏にともなって三合会（天地会・三点会）やその系統の哥老会（かろうかい）（哥弟会）などの大規模な政治的秘密結社が組織され、その分派が多数各地にできた。

革命運動の発展

清朝打倒の革命運動がたかまってきた一八九四年、日清戦争がおこって清朝の無力が暴露されると、孫文が興中会という政治的秘密結社を組織し、翌年広東省城の攻撃を企て、失敗して日本に亡命した。これよりかれはハワイからアメリカ、ヨーロッパの諸国を遊歴し、西洋の実情を見て、反満の民族革命だけでは中国を救うに足らず、社会革命の必要なことを知り、その畢生の経綸である三民主義の骨子をつくり上げた。

三民主義

三民主義とは民族、民権、民生の三から成り、満州政権を倒して漢民族の独立を回復するのが民族主義であり、民権を伸長して共和政体をたてるのが民権主義であり、経済組織を改革して民生を安んずるのが民生主義である（内容はその後変化している）。

光復会と華興会

清朝が義和団の排外運動によって命脈を保とうとしたことは、かえって清朝打倒の革命運動をいっそう盛んにし、一九〇二年上海に章炳麟（チャンピンリン）を中心とする光復会、一九〇四年哥老会と関係ある黄興（ホワンシン）を中心として長沙に華興会などの秘密結社が生まれた。また日清戦争後、中国人の日本留学生がしだいに多くなり、かれらの中には保皇派の康有為、梁啓超の説に傾く者もあったが、多くは革命運動に走った。

中国革命同盟会の成立

時に日露戦争勃発して東洋の風雲急を告げ、孫文が急ぎ東京に帰って黄興と識り、一九〇五年八月興中会、光復会、華興会を発展的解消し、新たに中国革命同盟会を組織してその総裁に推され、駆除韃虜、恢復中華、建立民国、平均地権の四大綱目を定め、機関誌として民報を発行し、排満倒清の革命思想を宣伝した。

このようにして革命勢力が日に盛んとなり、それが三合会や哥老会とも結ぶようになったが、また中国人の間には、日露戦争の日本の勝利を立憲政治のためであるとし、憲法の制定、国会の開設を求める叫びが強くおこってきた。そこで清朝もようやく憲政採用のことを定め、一九〇六年憲政の準備に着手して一九〇八年憲法大綱を発布したが、それは日本憲法の直訳ともいうべきもので、ただ君権の擁護に急にして国民の不平を招くだけであった。やがて一九〇八年、光緒帝、西太后が世を去って僅か三歳の宣統帝(溥儀)が即位し、その父醇親王載灃が摂政となって北洋陸軍を背景とする有力者の袁世凱を免職し、翌年には満、漢の融和に力あった張之洞が没して、清朝の政治が全く満州貴族によって握られた。一九一一年醇親王の下に慶親王を首班とする責任内閣が成立したが、その閣員の大半が満州人で、多くは皇族であった。このいわゆる親貴内閣は、ただ清朝の絶対主義強行を内閣の名によって合理化しようとしただけであったので、漢人の民族的反感がますます深まった。

憲政問題　憲法大綱の発布　宣統帝の即位　親貴内閣

辛亥革命と中華民国の成立　一九一一年十月、革命は遂に勃発した。その直接の契機となったのが鉄道国有問題である。列強の中国への経済的進出に対する利権回収運動はすでに日清戦争後からおこりかけているが、今や中国の半植民地的位置が確定して利権回収熱が全国的にたかまり、革命党はそれを武器としていっそう反清朝熱をたかめた。当時、列強帝国主義諸国は中国に鉄道を敷設し、清朝もこれと借款を結んでかれらの進出を助長していたが、親貴内閣に対する非難が強くなってきた一九一一年、政府は財政の窮乏を救おうと考え、川漢、粤漢鉄道を国有とする名義の下に外国資本を借りようとした。これに対して新聞や民族資本家などが利権回収の風潮に乗じて反対し、華僑や在外留学生もこれに応じて立ち、政府が反対者を弾圧し

利権回収運動　鉄道国有問題

たことが、いっそう民衆の反感を挑発して各地にストライキ、暴動がおこった。そこで政府は反対運動の最も強い四川へ武漢（ウーハン）（漢口、漢陽、武昌）駐防の官兵の出動を命じた。

革命の勃発

武漢の地は革命運動の盛んなところで、革命党は以前からこの方面で事をおこそうと企てていたが、たまたま一九一一年十月九日漢口（ハンカオ）のロシア租界で革命党員が密造していた爆弾が破裂し、それが端緒となって、翌十日かねて革命運動に加盟していた武昌（ウーチャン）駐屯の兵士が事をおこし、革命党員と協力して武昌城を占領した。この報が伝わるや、一月も経ない中に十余省が独立を宣して革命勢力がたちまち全国の大半を動かし、同年末、各省の代表会議によって中華民国臨時政府組織大綱が可決された。時にアメリカに在った孫文が急ぎ帰国し、翌年南京で臨時大総統に推されて新内閣を組織し、ついで各省の代表会議が参議院に改められて将来の国会の基礎とされた。世にこの革命を辛亥革命（第一革命）という（革命のおこった十月十日を雙十節として中華民国の建国記念日とする）。

袁世凱の策動

革命の勃発に驚いた清廷は、袁世凱を起用して危機を脱しようとしたが、かれはこの機会を利用して自ら全国統一の中心人物になろうと考え、革命政府に軍資金が乏しいのにつけこみ、これと妥協して清帝の退位後共和制をたて、自ら大総統となって共和政治を引きうける内約を結んだ。

清の滅亡

このようにして清朝は一九一二年二月退位の上諭を発し、退位後の条件として帝号および皇族の従来の地位と財産との保証が約束されて、宣統帝が退位し、同年三月十日袁世凱が北京において臨時大総統に就任した。

臨時約法

袁世凱と革命党との妥協によって成立した辛亥革命は不徹底を免かれなかった。孫文は袁の専制を恐れ、一九一二年三月十一日参議院で起草した臨時約法を守ることを条件として、翌月一日臨時大総統の職を退いたが、袁はしばしば約法違反を敢えてし、一九一三年北京に国会が開かれるや、当時中国革命同盟会が従来

袁世凱、国民党の衝突

第二革命

中華民国元首表

1913～16	袁世凱	(大 総 統)
1916～17	黎元洪	(〃)
1917～18	馮国璋	(〃 代理)
1918～22	徐世昌	(〃)
1922～23	黎元洪	(〃)
1923～24	曹 錕	(〃)
1928～31	蔣介石	(国府主席)
1931～43	林 森	(〃)
1946～48	蔣介石	(〃)
1948～49	蔣介石	(総 統)
1949～50	李宗仁	(〃 代理)
1950～	蔣介石	(〃)

の秘密結社から公然たる政党となって国民党と称し、袁と国民党とが激しく衝突した。この衝突は袁の策動による国民党の領袖宋教仁(スンチアオレン)の暗殺事件、善後借款問題によって頂点に達し、同年七月李烈鈞(リーリーチン)が討袁軍をおこした。このいわゆる第二革命はたちまち失敗し、袁世凱は武力で選挙を干渉して同年十月正式の大総統に就任し、ついで国民党を解散して国会の開催を不可能にし、翌年五月には大総統の権限を拡大強化しようとして新約法を公布した。

四国借款団

一方、辛亥革命がおこると、列強はいずれも厳正中立、内政不干渉の政策をとったが、清朝が滅びて中国の政局が一応安定するや、袁世凱の財政窮乏に乗じて、大いに借款活動を進めることとなった。借款には一国が単独で契約を結ぶものと、数国が連合して借款に応ずる国際借款とがあるが、一九一〇年英、米、独、仏四国の銀行団が対華借款を供給したのは、中国に対する国際借款のはじめである。これは日本の満州発展に対抗したもので、日本はこの資本力に敵しえず、一九一二年六月ロシアとともにこれに加入したが、この六国借款団は翌年アメリカ銀行団が脱退して五国借款団となり、同年四月これと袁世凱との間に成立したいわゆる善後借款は、中国の塩税収入を担保として袁の独裁資金となり、大いに問題となったものである。ま

外モンゴリア、チベットの独立

た列強の対華活動にともない、外国の援助による中国の辺境の分離、独立の傾向が現われてきた。すなわち、辛亥革命の混乱に乗じて、一九一二年外モンゴリアがロシアに、一九一三年チベットがイギリスの援助によって独立を宣言し、それぞれロシア、イギリスの勢力下にはいった。

第二節　第一次世界大戦とアジア

二十一カ条の要求

二十一カ条問題　民国成立後の列強の対華活動のうち、最も顕著な動きを示したのは日本である。一九一〇年の四国借款団の成立により、日本の満州における勢力がしだいに圧倒されてきたが、第一次世界大戦がおこるや、連合国側に立って参戦した日本は、膠州湾、南洋諸島を占領し、列強が東亜を顧みる余裕のないのに乗じ、一九一五年一月袁世凱の中華民国政府に二十一ヵ条の要求を提出した。これは山東省における日本の特殊な地位を認めさせ、南満州、東モンゴリアや沿岸諸地域についての日本の発言権を大にし、鉱山、鉄道、借款などに優先権を獲得し、中国政府の内部にまで日本人の勢力を割り込ませようとしたものである。時に第二革命に勝利をえた袁世凱は、さらに帝位に上ろうと企て、日本が最後通牒を発するや、二十一ヵ条を呑んで帝政実施に対する暗黙の承認をえ、五月九日（中国ではこの屈辱の日を五九国恥記念日とす）旅順、大連の租借および南満州、安奉鉄道の延長などを承諾した。これに対して英、米、ことにアメリカは強く反対し、中国内部でも民衆の怒りが排日ボイコットとなって爆発した。一方、袁の登極が決定するや、かれは列国および国内の強い反対をうけ、十二月唐継堯（タンチーヤオ）らが雲南省で討袁の兵を挙げた。これがいわゆる第三革命（護国戦争）で、これに驚いた袁は翌

五九国恥記念日

帝制問題と第三革命

第 55 図　晩年の袁世凱

一九一六年三月帝政取消を布告し、六月憂憤のうちに死んだ。袁の死後、副総統の黎元洪が大総統となり、臨時約法、国会を復活したが、実権は袁の部下であった国務総理の段祺瑞にあり、かれは袁のあとをつぐ北洋軍閥の有力者であった。

西原借款

また日本は世界大戦による国内産業の発達とともに資本蓄積が増大し、盛んに対華借款に活躍したが、それは経済投資よりも政治的投資として行なわれ、その最も著名なものが寺内内閣の段祺瑞政府に対する西原借款となって現われた。

石井、ランシング協定

このような日本の対華積極行動は、中国の門戸開放を主張するアメリカと激しく衝突し、一九一七年石井、ランシング協定が成り、一応アメリカが日本の中国における特殊利益を認めたが、それは決して日本に屈したのではなかった。

対独宣戦問題

中国における軍閥の争い　第二革命に際して国民党は解散され、亡命した孫文が日本で中華革命党を組織し、それが第三革命後の国会の再開とともに政党として復活したが、たまたま第一次世界大戦がおこり、一九一七年対独宣戦を主張する段祺瑞と国会の旧国民党員とが衝突していた際、七月張勲が兵を挙げ、国会を解散して宣統廃帝の復辟を断行した。段祺瑞は直ちに張勲を追い、同じ袁世凱の部下であった馮国璋を大総統に推し、翌八月対独宣戦を布告した。一方、張勲のクーデターにより、旧国民党員の大多数が広東に

張勲の復辟

広東軍政府の成立　中国国民党

走り、九月孫文を大元帥に推して広東軍政府（一九一九年護法政府と改称）を組織して北京政府に対抗し、一九一九年十月中華革命党を中国国民党と改称した。こうして清朝打倒のために軍閥と妥協した革命党は、これより本来の姿にかえって軍閥および帝国主義勢力の打倒に直進することとなった。当時、北京政府では広東軍政府に対し、段祺瑞は武力解決策を、馮国璋は和平妥協策を持し、段を中心とする安徽派（段が安徽省の出身であるのによる、日本系）と馮を中心とする直隷派（馮が直隷すなわち河北省の出身であるのによる、英米派）とが争ったが、段は日本勢力と結んで勢を張った。

日本の対華政策の転換

このような形勢のうちにロシア革命がおこって日本は連合勢力であるロシアを失い、やがて大戦が終って列強の眼が再び中国に集中するようになった。日本は大戦による産業の急激な成熟にともない、経済的な発展を主張する新勢力が台頭して従来の大陸政策に反省を加え、国際的協調、平和的風潮がたかまり、一九一八年原内閣が対華不干渉の方針を声明した。段祺瑞はこれに失望して引退し、代って英、米の支持を受ける直隷派が北京政府の支配権を握ったが、しかし安徽派はなおその派を代表する安福倶楽部という政党を組織して活躍した。

安直戦争

馮国璋は一九一九年に没したが、安徽、直隷両派の反目は翌年七月安直戦争の勃発となり、直隷派の呉佩孚（ウーペイフー）が勝利をえ、親日の安福派が失脚した。

アジア民族運動の新展開　第一次世界大戦に際して、ヨーロッパ列強はアジアの植民地を顧みる余裕がなく、かえってその援助を必要として植民政策を自由主義に転じ、援助の報酬を戦後に約束した。また大戦によって列強のアジア諸地域に対する経済的な圧力が弱くなり、アジア各地では土着資本が著しく発展し、それにともなってアジア諸民族の自覚が大いにたかめられてきた。ことに革命に成功したソヴィエト社会主義連邦共和国が、植民地、半植民地における被圧迫民族解放の民族政策をよびかけたことは、アジア諸民族の民族運動に強い影響を与えた。

ヴェトナムの民族独立運動

ヴェトナムでは、大戦に際して援助を必要とするフランスが、従来の同化政策を協同主義政策に転じて自治権を与えることを約したが、戦後それを履行しないので、一九二七年国粋的革命党であるヴェトナム国民党が成立し、その翌々年インドシナ共産党が組織され、これらは他の多くの諸団体とともに、フランス勢力駆逐という点で共同戦線を張り、その運動が大衆の間に深くはいっていった。また君主専制を墨守して国情の安定しないシャムでは、一九三二年立憲革命がおこり、人民代表議会が召集されて憲法が発布され、間もなく政権が保守派に移ったが、翌年護憲革命がおこり、一九三六年には不平等条約が廃棄され、一時国名をタイと改めて(一九三九―一九四五)新興の道を進むこととなった。さらにオランダ領東インドでは、住民が多くの島々に分拠し、雑多な種族にわかれているので、オランダはこれを利用して住民を分裂、対立させる政策をとったが、一九二〇年ごろにはインドネシア共産党が結成され、一方スカルノを中心とするインドネシア党が広く民衆をつかみ、はげしい弾圧にもかかわらず、民族運動がしだいに大同団結へと進んでいった。

シャムにおける立憲運動

インドネシア民族運動

インドの民族運動

つぎにインドでは、その民族運動の団体として、インド国民会議派のほかに、インド＝ムスリム連盟があり、大戦が勃発すると、これらはイギリスに全面的に協力したが、戦争の進むにつれ、物価の騰貴、海外市場の喪失、価格の統制などによって民衆の生活が苦しくなり、そのためまた反英的な風潮がたかまってきた。イギリスは大戦遂行のため、一九一七年インドに自治制度採用の用意ある旨を声明し、戦後の一九一九年モンターギュ＝チェルムスフォード改革案(インド統治改革案)を議会に通過させ、一九二一年からインド議会を設け、これによって民族運動の発展をふせごうとした。しかるに戦後の反英風潮に対し、イギリスが同年ローラット治

ガンディーの活動

安維持法を発布して弾圧を図ったことは民衆を憤激させ、国民会議派の領袖ガンディーは非服従、非協同のスローガンを掲げてハルタル(罷業)を勧め、サチャグラハ(真理の保持、非暴力不服従)運動を開始し、納税を拒否してあらゆる公職からインド人を退かせ、イギリス製品を排斥して純インド国産の使用を奨励し、イギリスの統治から一切の関係を絶つことを主張した。この暴力によらない不服従運動は、土着資本家、地主を含む都市住民、労働者や農民を動員し、ついでイスラム教徒の提携をえた。このようにしてインドの民族運動は全国的な規模にまで成長し、一九二八年にはプールナ＝スワラージすなわち完全自治を要求するようになり、翌年にはネールが国民会議の議長に選ばれて運動をいっそう進めることとなった。

ビルマの民族運動

このインドにおける民族運動は、ビルマにも強い影響を与えた。アラウンパヤ朝が廃されてインドの一州となったビルマに対するイギリスのビルマ統治は、ビルマ人を米作農民としてインドの経済的支配下に隷属させ、インド人、ビルマ人をたがいに牽制させるにあった。そのためビルマではインドからの分離運動が盛んであったが、第一次大戦後しだいにビルマ人の覚醒が表面化してきた。ことにビルマがモンターギュ＝チェルムスフォード改革案の適用から除かれたことはビルマ人を失望させ、ガンディーの運動の影響によって反英運動が急激にたかまった。

第56図　ガンディー

アフガニスタンの独立　イランにおける民族運動

また従来ヨーロッパ諸国の勢力下にあったイスラム教諸民族の間にも、民族運動が著しく発展してきた。イギリスの保護国アフガニスタンは、一九一九年第三回アフガン戦争をおこし、同年イギリスと和平条約を結んで独立が承認された。つぎに英露の圧迫に苦しむイランは、一九一九年イギリスの保護下におかれたが、これはイラン人を憤激させ、一九二四年リザ＝ハーンが軍をおこしてイギリスとの条約破棄を宣言し、翌年カジャール朝に代って国王に選挙され、ついで不平等条約を廃棄して列国と対等の条約を結び、一九三五年国号を従来のペルシァから国粋的なイランに改めた。

トルコの更生

また大戦後その領土が縮小されて四分五裂の状態に陥ったオスマン＝トルコでは、ギリシァのスミルナ占領を契機として、青年トルコ党のケマル＝パシャ（ケマル＝アタチュルク）を中心とする愛国者が奮起し、憲法を公布して一九二二年オスマン朝を廃止し、翌年セーヴル条約を改正したローザンヌ条約で自主独立を全うし、アンカラを都として、ケマルが初代大統領に選ばれ、トルコの近代化を進めることとなった。このトルコ革命の成功は中近東の諸地域に強い影響を与えた。

エジプトの独立

エジプトは十六世紀からオスマン＝トルコの支配下にいり、十九世紀になってからイギリスの影響を強くうけるようになったが、大戦を契機としてイギリスの保護国となり、一九二二年アーメド＝ファッド（ファッド一世）を国王として形式上の独立が承認された。

第57図　ムスタファ＝ケマル

イラクの独立

また大戦後トルコの領有からイギリスの委任統治領となったメソポタミアのイラクでも、一九二〇年反英独立運動がおこって仮政府がつくられ、翌年ファイサル一世が国王に選ばれ、一九三〇年国際連盟に加入して正式の独立国となった。

サウディ＝アラビア

さらにアラビアでも、リヤドを中心に近隣諸侯を平定したサウド王が、一九二七年「ヘジャズ、ネジトおよび属領の王」と称し、イギリスとの条約によって完全な独立が認められ、一九三二年国名をサウディ＝アラビアと改めた。

文学革命と五四運動　第一次世界大戦にヨーロッパ列強が一時中国から手を引いたことは、中国の国内産業の発達を促がして民族工業、民族資本の発達を見、それにともなって市民階級や労働者の団結の力が強くなった。当時、中国では政治的言論の弾圧や袁世凱の帝制運動にともなう儒学の復活などによって言論、思想の自由がはなはだしく束縛されていたが、民国成立後アメリカ留学が盛んとなり、西洋の科学思想と民主主義思想とが流入し、それが社会に大きな影響を与えた。

新文化運動の展開

ことに陳独秀は一九一五年以来、雑誌新青年（第一巻は青年雑誌）を通じて時代の先端に立ち、伝統的な中国文化を痛烈に批判して儒学を専制主義の思想的根拠、奴隷の道徳であると叫び、孔子廟の廃止を唱えて当時の思想界を驚かした。このようにして西洋の実証主義的な学風が清代以来の考証学に新しい方向を与え、羅振玉、王国維が古典の批判その他に新天地を開き、また胡適の中国哲学史大綱、顧頡剛の古史辨などがでた。

白話文学運動

そして新文化建設の上に強い影響があったのは胡適にはじまる白話文学運動で、かれは陳独秀とともに新文化建設に活躍し、思想、感情の表現を古文、古語によらず、白話すなわち口語によるべきことを主張した。

阿Q正伝

魯迅の阿Q正伝は白話小説の代表作で、中国の封建的社会、家族制度や外国資本主義の侵略を徹底的に痛罵したものである。この白話の普及は民衆教育を促進させて一般の知識を向上させ、社会のあらゆる方面に改造が唱

第58図　魯　迅

えられるようになった。

五四運動

このような形勢に際し、二十一ヵ条問題、ロシア革命などに刺激されて、新中国の建設、社会改造の思潮がたかまり、中国を列強の半植民地状態から解放しようとする気運が強くおこってきた。中国は連合国の一員として一九一九年パリ講和会議に代表を送り、二十一ヵ条条約を取り消し、山東省における利権を回収しようとして果さなかったので、中国人の怒りは激しい反日運動となって現われてきた。たまたま同年三月段祺瑞政府が陳独秀、胡適を旧教破壊者として弾圧するや、五月四日北京の学生が暴動をおこし、それはたちまち全国に波及して各地にストライキと対日ボイコットとがおこった。この反日運動の結果はワシントン会議における山東の利権回収となったが、運動の拡大は単なる反日運動から反帝国主義運動、打倒軍閥運動へと進展していった。実にこの五四運動は新中国建設の第一段階となったのである。

カラハン宣言

五四運動が花々しく展開されてきたころ、ソ連政府がカラハン宣言を発し、中国に対して帝政ロシアがもっていた一切の特権を放棄し、ソ華協力して民族の独立、解放のために努力しようと申しでて中国の民衆運動に強い刺激を与えた。当時、中国ではロシア革命による社会主義研究が活発となり、一九一八年北京大学に李大釗(リーターチャオ)を中心とするマルキシズム研究会が生まれて陳独秀もこれに参加し、一九二〇年ソ連のコミンテルンの後援の下に、陳らを中心として上海で中国共産党創立のことが議せられ、翌年七月正式にそれが成立した。

中国共産党の創立

国共の合作

中国共産党は軍閥の党争を利用してその勢力を発展させ、一九二三年国民党との提携を決定し、広東にある孫文もまた中共との合作の必要を認め、翌年一月広東で開かれた中国国民党第一次全国代表大会(一全大会)において、中共と連合して国民党を改組することが定められた。そして孫文の説く三民主義は、この国民党の大会

三民主義と五権憲法

で定められた連ソ、容共、農工扶助の三政策と結びつき、従来の狭い民族主義の内容が拡大されて満、漢、蒙、蔵、回の中国民族による民族国家を実現し、全中国民族が一致して帝国主義の打破、民族の独立と解放へと強く進められ、民権主義は直接民権を人民に与えて人民が選挙権、罷免権、創制権（法律制定権）、複決権（法律改廃権）をもち、この四権の統制下に司法、立法、行政、考試、監察の五権の民権政治機関を組織する方式がとられ（五権憲法）、民主主義は平均地権の論から発展して耕す者に土地を与えるのを主眼とし、資本節制（大規模な重要企業の国営）が加えられた。このようにして中国共産党の結成、国民党の改組とともに新文化運動が五四運動や労働運動と結び、全民族的な民衆運動が顕著となってきたが、一九二五年五月二十九日、上海の日本人経営の紡績工場のストライキに端を発し、翌三十日の学生、労働者の示威運動とイギリス警官との衝突から、上海の全市民の商店の閉鎖、外国人工場の総ストライキが断行された。このいわゆる五三〇事件はたちまち各地に波及して激しい排日、排英運動となり、それは反帝国主義の形の下に全国民的民衆運動として展開された。

五三〇事件

当時、北方の軍閥においては、安直戦争後、全盛を誇る直隷派の呉佩孚と、安徽派を失った日本が援助する奉天軍閥張作霖（チアンツオーリン）とが衝突して一九二二年の第一奉直戦争となり、ついで一九二四年秋、呉は同じ直隷派の馮玉祥（フオンユイシアン）の寝返りによって第二奉直戦争に大敗し、十一月宣統帝は馮のために大清皇帝の尊号を奪われ、一平民に落されて天津に追われた。これより馮、張が結んで段祺瑞を臨時執政とし、段は一九二四年甲子革命とよばれる政治の根本的刷新、各派の連合による政局の安定を図ろうとし、孫文もその招きに応じたが、かれは病をえて一九二五年三月北京で没した。時に張、馮両者の間に紛争がおこり、張は郭松齢（クオソンリン）の背反によって一時苦境に陥ったが、呉と妥協して馮を追い、時局の混乱に失望した段は臨時執政の職を去った。

第一第二奉直戦争

北伐の完成　孫文は、中国の革命の達成には武力による北方軍閥の平定が必要であると考え、一九二一年、二四年の両度に北伐を行なっていずれも失敗したが、一九二四年ソ連の軍事事情の視察から帰国した蔣介石を広東の黄埔に開校した陸軍中央軍官学校の校長とし、革命の中心となる士官を養成させることとした。

黄埔軍官学校

翌年、孫文の没後、広東軍政府は国民政府と改称され、国民党内部では共産系の勢力が強くなったが、政府部内の軍権を握る蔣介石は、一九二六年クーデター（中山艦事件）をおこして共産派に大打撃を与え、左派の反対をおして国民革命軍総司令に任ぜられ、広東から北伐の途についた。当時、軍閥の有力者としては、北京に張作霖、上海に孫伝芳、武漢に呉佩孚があって三者鼎立していたが、北伐軍は破竹の勢で進み、武漢を抜いて翌年三月上海、南京を陥れた。この間、左派が勢力を占める国民政府は武漢に移って蔣介石の総司令を免じ、蔣は四月上海クーデター（四一二事件）を断行し、ついで南京に新しく国民政府がたてられた。時に左派の領袖汪兆銘がパリから帰国して武漢政府に入り、ここに右派の南京政府（蔣介石、胡漢民、蔡元培ら）と左派の武漢政府（汪兆銘、孫科、宋子文ら）とが激しく対立したが、やがて汪兆銘らが国共分離を主張して八月武漢政府が南京の国民政府と合体し、国民党内部の共産派が除名されて国共の分離を見た。これより国民党および国民政府は性質を一変し、反帝国主義、反封建主義を唱えながらも、列強と妥協し、浙江財閥その他の民族資本やアメリカ資本の経済的援助の下に、反共産主義運動に力を注ぐこととなった。そして南京、武漢両政府の合体により、一時下野して日本にあった蔣介石は、一九二八年一月総司令に復職して四月北伐を再開することとなった。時におこったのが日本の山東出兵である。

北伐の決行

南京、武漢両政府の対立

国共の分離

北伐の再開

大陸に深い関心をもつ日本は、一九一八年八月、大戦中ロシアの捕虜となったチェコ兵救出のため、英、

日本のシベリア出兵

米、仏の諸国と共同出兵して東部シベリア一帯を占領したが、目的完了後も居留民の保護と満州、朝鮮の防衛とを名として撤兵しなかった。

ワシントン会議

しかし当時の日本の経済的実力は、積極的な大陸政策を押し進めるまでになっていなかったので、一九二一年十一月から翌年二月にわたって開かれたワシントン会議において、中国の主権、独立、領土の保全と門戸開放、機会均等などを確約した九ヵ国(英、米、日、華、仏、伊、蘭、葡、白)条約が調印され、また四ヵ国(日、英、米、仏)条約によって日英同盟が廃棄され、日本は二十一ヵ条要求の一部を取り消して山東還付を余儀なくされ、なおシベリアから撤兵した。ワシントン会議以後、日本は一応列国と協同歩調をとったが、その後の経済的充実を背景として再び強く大陸に手をのばすこととなった。

日本の山東出兵 済南事件

蔣介石の北伐当時、北京では張作霖が大元帥に就任して得意の絶頂にあり、これと特殊関係にある日本は陰に陽にかれを助け、一九二七年田中内閣は山東に出兵し、張を援助して蔣の北伐を失敗させ、翌年北伐が再開されるや、日本はまた第二次山東出兵を断行した。同年五月これに憤慨した北伐軍と日本軍とが済南で衝突したが、六月遂に北伐軍は北京に入ってその業を完成し、張作霖は瀋陽(奉天)への退却の途中、日本軍に暗殺された。

北伐の完成

このようにして同年七月、北平(ペーピン)と改称された北京の孫文の霊前で北伐完成の式典が挙行され、国民政府は南京に都して、蔣介石のもとに国民党による一国一党専制の政治を行なうこととなった。しかし国民政府内部にはなお左右の対立があり、また旧軍閥らが地盤拡張の機会をうかがい、一方には共産軍が台頭し、ことに日本の強い圧迫は国民政府の前途に多くの障害をなした。

広東臨時国民政府

そして一九三一年には蔣介石が国家の基本法である中華民国訓政時期約法の制定について国民党の元老胡漢民(フーハンミン)と衝突し、胡漢民派は汪兆銘と通じて西南派(広東派、広西派の軍閥)と合体し、広東に臨時国民政府を組織した。

〔参考文献〕

村瀬興雄編　帝国主義と第一次世界大戦（世界史大系13）　誠文堂新光社
外務省編　アジア読本　外務省
市古宙三編　東アジアIII（世界史大系14）　誠文堂新光社
鈴木俊編　中国史（世界各国史）　山川出版社
ラティモア著　小川修訳　中国（岩波新書）　岩波書店
支那近代百年表草稿　東亜研究所
矢野仁一著　清朝末史研究　大和書院
稲葉岩吉著　支那近世史講話　日本評論社
岩村三千夫・野原四郎著　中国現代史（岩波新書）　岩波書店
矢野仁一著　現代支那研究　弘文堂
風間阜著　近世中国史　叢文閣
松井等著　支那現代史　明善堂
小竹文夫著　現代支那史　弘文堂
榎一雄編　イスラーム（世界史大系7）　誠文堂新光社
前嶋信次編　西アジア史（世界各国史）　山川出版社
前嶋信次著　アラビア史　修道社
鈴木正四著　祖国の解放――トルコの場合（岩波新書）　岩波書店
山本達郎編　インド・東南アジア（世界史大系6）　誠文堂新光社
ドッドウェル著　寺田穎男訳　印度史　生活社
加藤長雄著　インド民族運動史　東亜研究所
蠟山芳郎著　マハトマ＝ガンジー（岩波新書）　岩波書店
護雅夫・神田信夫編　北アジア史（世界各国史）　山川出版社
細谷千博著　シベリア出兵の史的研究　有斐閣
吉野作造・加藤繁著　支那革命史　内外出版社
竹内、山口、斎藤、野原著　中国革命の思想（岩波新書）　岩波書店
小島祐馬著　中国革命の思想　弘文堂
橘樸著　中華民国三十年史（岩波新書）　岩波書店
岩村三千夫著　中国学生運動史　世界評論社
華崗著　天野元之助ほか訳　五四運動史　創元社
波多野乾一著　中国国民党通史　大東出版社
魯迅著　阿Q正伝（岩波文庫）　岩波書店
竹内好著　魯迅　日本評論社
孫中山著　安藤彦太郎訳　三民主義（岩波文庫）　岩波書店
小野則秋著　孫文　大雅堂

鈴江言一著　孫文伝　岩波書店
外務省調査部編　孫文全集　外務省
董顕光著　寺島、奥野訳　蔣介石　日本外政学会
小竹文夫著　上海三十年　弘文堂

第八章　第二次世界大戦とアジア

第一節　日本帝国主義の激化と第二次世界大戦

中国をめぐる日本と英、米　中国の利権獲得に狂奔した帝国主義列強は、第一次世界大戦によって多くその勢力を失ったが、なおイギリスとアメリカとは依然として活動を続け、日本がこの間にあってアメリカと鋭く対立していた。

英、米の対華活動

イギリスの対華政策は不平等条約による特殊利権にもとづく資本活動にあり、この点で日本と協調の立場にあったが、第一次大戦中日本のために地盤の一部を失って勢力が後退し、大戦を契機としてアメリカとの関係が親密となった。そしてアメリカは対華貿易を重視して門戸開放、機会均等を一貫した方針とし、蔣介石の北伐に同情して統一を援助していた。蔣は中国最大の民族資本である浙江財閥を背景とするとともに、またアメリカ資本と結んでいたのである。

日本の対華活動

日本はワシントン会議以後、一応列国と協同歩調をとっていわゆる幣原外交時代が現われたが、国際資本制度の安定、協調的大陸国策の下に、経済的に著しい発展を示し、それを基礎として山東出兵を断行し済南事件をおこした。これは、中国人の強い反感を招いたが、ついで北伐の完成した一九二八年七月国民政府が不平等条約廃止を宣言するや、アメリカは直ちに中国の関税自主を認め、イギリスも厦門その他の租界をかえし、一九三〇年には威海衛を返還したにかかわらず、日本との関税協定が容易に成立しなかったことは、さらに中国人の反日感情をたかめた。日本がこのような立場を固執したのは、満州における権益擁護のためであった。満州は豊富な石炭、鉄の埋蔵量と農産物とがあり、それは日本の発展のために必要欠くべからざるものであったのである。

満州事変

日本の軍閥勢力の発展

日本は大陸に向って活動を開始して以来、経済力の立ち遅れを武力で補って進んできたので、それが軍部の勢力を著しく強くさせる結果となった。第一次大戦後、日本では国民の政治意識がたかまり、軍部、重臣に対抗する憲政擁護運動がおこり、また労働者、農民などの利益を守る政治運動や民主主義、自由主義の思想が強くなってきたが、軍部はなお強大な権力を握って政界に強い根を張り、大陸進出の機会をねらっていた。日本が蔣介石の北伐を妨げたのは、それがためである。さらに一九二九年にはじまった世界恐慌によって、日本は経済界が混乱して多数の失業者を生じ、特に農村の危機が深刻化した。当時、政党は国民の信頼を失い、陸軍を中心とする軍閥の勢力が急激に増大し、かれらは国内の自由主義者、社会主義者を治安維持法によって弾圧し、野心の眼を強く満州に向けるようになった。

日本の対満政策

日本が生命線と考えていた満州では、張作霖の死後、民族主義的傾向が強くなって対日感情が悪化し、時に国民政府の中央化工作が進められ、張作霖の子学良（シュエリヤン）は南京の国民政府と合体して満鉄包囲鉄道建設計画、胡蘆島（フールタオ）築港計画などを進め、また土着資本による炭坑の開発、輸出入税による日本商品の圧迫を図り、一方ソ連の外モンゴリア工作の進展とその軽工業製品の対満輸出とは、日本に大きな脅威を与えた。当時、多数の朝鮮農民が日本の対満政策の前衛として満州に居住し、しばしば中国と問題をおこしたが、一九三一年七月長春（チャンチュン）郊外の万宝山（ワンパオシャン）で中国農民と朝鮮農民とが衝突し、その解決を見ないうちに、同年九月十八日関東軍

万宝山事件

満州事変

が行動をおこして満州事変が勃発した。中国ではこれを契機として、列強の帝国主義活動を対象とする民族運動が、日本を単一の目標とする方向に再組織され、これによって全国統一の障害が除かれ、広東国民政府が南京政府に合流し、失地回復、長期抵抗の叫びがあげられてめざましい抗日救国運動が展開された。このような形勢のうちに、国際連盟からリットン調査団が派遣され、その将に至らんとするや日本軍の行動がさ

上海事変

らに積極化し、中国各地におこった激しい排日運動に対して一九三二年一月遂に上海事変をおこした。日本は五月中国側と日華停戦協定を結び、これより力を北方に注ぎ、さきに同年二月傀儡国家満州国を建設し、三月前清廃帝溥儀（プーイー）を執政に迎えて九月同国を承認し、一九三四年三月かれを皇帝とした。しかし日本内部で

偽満州国の建設

は満州事変を軍閥の領土拡張策とする国民の不満があり、また満州の経営もほとんど進まず、事変による支

軍閥勢力の強化

出の膨脹は日本国内の経済を不安にした。これに焦慮した日本軍部は、政治的支配と地位の確保とを企ててテロによる粛正工作を行ない、一九三二年の五一五事件を経ていっそう言論の抑圧を強化し、一九三六年には二二六事件をおこした。

日本の華北侵略と日華事変　満州事変についで日本の侵略は華北に向けられ、一九三三年一月日本軍は長

日本の華北、熱河侵入

城線を越えて華北および熱河省に侵入し、五月塘沽（タング）停戦協定によって張学良を華北から追った。同年二月国

日本の国際連盟脱退

際連盟総会は日本の満州における行動が国際義務の根本原則に違反する旨のリットン調査団の報告書を採択したが、三月日本はこれに対して連盟脱退を通告した。時にヨーロッパではイタリアがエチオピアに侵入

冀東、冀察両政府の成立

し、ヒットラーがヴェルサイユ条約の軍事条項廃棄を宣言して列国が他を顧みる余裕なく、また東支鉄道買収協定が成立して日ソ関係が改善されたので、日本はさらに華北に力を進め、一九三五年十一月冀東（チートン）防共自

治委員会（十二月冀東防共自治政府に改組）、十二月冀察政務委員会を成立させた。このような日本の行動はいよいよ中国の抗日気運をたかめ、中国各地に排日のテロ行為が猛烈となってきた。この時におこったのが西安事件で、それは国民党と共産党との合作に重大な契機となった。

国共関係

中華ソヴィエト政府の成立

中国共産党は国共の分離以来、国民党を当面の敵とし、農村工作に重点をおいて各地にソヴィエト区を設け、一九三一年十一月には江西省瑞金を首都とする中華ソヴィエト共和国臨時政府をたて、毛沢東がその主席となった。しかし共産軍は国民政府の数次にわたる討伐のため瑞金を追われ、多大の犠牲を払い、いわゆる二万五千里の長征ののち、一九三五年末陝西省に至って延安を根拠とすることとなった。これよりさき

延安長征

中国は、世界恐慌による列国の対華ダンピングと農業恐慌とに加えて、一九三四年のアメリカの銀国有令の発布による銀の流出によって破局的な金融恐慌に見舞われたが、一九三五年十一月イギリスの画策により、中国、中央、交通の三国家銀行（のち中国農民銀行を加う）の紙幣を法幣（法定貨幣）として銀の強制買上げを行ない、ついでアメリカも法幣の援助にのりだした。この幣制改革は銀恐慌を克服して中国の統一を促進させ、中国を英、米の経済と密接に結びつけさせることとなったが、また国家銀行の運営者である四大家族（蔣介石、宋子文、孔祥熙および陳立夫、陳果夫）が全国の経済を握る結果となった。当時、中国共産党は国民党に停戦と抗日とを強くよびかけていたが、蔣介石は共産党の討伐を止めず、さきに日本軍に追われた張学良に延安を攻撃させた。一九三六年十二月十二日、蔣は督戦のため西安に赴き、共産軍と連絡ある張のために監禁された（西安双十二事件）。蔣は間もなく釈放されたが、これより国共内戦が停止され、国共合作の素地がつくられることとなった。一方、同年十一月には日独防共協定が成立した。

幣制改革と法幣

西安事件

一二九運動

一九三五年の冀東、冀察両政府の成立による日本の華北分離政策は、同年十二月九日の北京における学生の大規模なデモとなって現われ（一二九運動）、中国各地の抗日、排日運動はますます激しくなっていったが、日本では軍閥の勢がいよいよ強く、かれらは中国市場の独占によって経済の行詰まりを打開しようとする財閥と結びつき、中国に対する侵略をさらに強く進めていった。

日華事変の勃発

たまたま一九三七年七月七日夜、北京西南の盧溝（ルークオー）橋（チャオ）におこった日華両軍の衝突を機として日華両国が交戦状態に入り、戦火は北京方面から上海に飛び、日本軍はこれについで十二月首都南京を陥れた。

第二次国共合作の成立

同年十月には中国共産党のよびかけが効を奏して第二次国共合作が成立し、中国側の対日戦意いよいよ固く、政府を重慶に移して徹底抗戦を唱えるに至った。このようにして事変は華北から蒙疆、華中、華南に広がり、日本はこれら占領地域に工作し、モンゴル連合自治政府、中華民国臨時政府（北平が首都、冀東政府を解消）、中華民国維新政府（南京）などの諸政権を成立させた。

日独伊防共協定の成立

日華事変おこるや、列国は同情しつつも中国を援助する用意なく、戦火が上海に波及しても、ヨーロッパの形勢に妨げられて干渉の手をのばしえず、しかもイタリアが日独防共協定に参加したので、米、英、ソ、仏などの日本の侵略阻止計画が失敗に終った。日独伊防共協定は、独、伊に続く日本の全体主義化を意味し、コミンテルンに対する共同防衛を名として米、英の牽制を目的とし、実に民主主義勢力に対する全体主義の露骨な挑戦であった。この防共枢軸陣営の強化に対して反枢軸側の足並みそろわず、一九三八年十月、日本は広東、武漢を占領して中国の大半をその手に収めたが、日本軍は武漢陥落までに多大の損害を蒙り、以後その攻撃が緩慢となった。このころになると、中国側でも国内の諸矛盾が激化して多くの政治問題がおこり、抗戦の信念に動揺をきたして日本の陣営に走るものが現われてきた。国民党副総裁汪兆銘に率いられた

偽中華民国国民政府の成立

一派がそれで、汪は重慶を脱出し、一九四〇年三月、日本のロボットとなって南京に偽国民政府を組織した。これによって臨時、維新両政府は解消し、臨時政府が華北政務委員会に改組された。また第二次国共合作とともに、共産軍は重慶の国民政府軍事委員会に属して第八路軍とよばれ、ゲリラ戦によって日本軍にしばしば痛撃を与えたが、武漢

日華事変における日本の最大占領地域

国共の衝突

陥落後、汪政権の成立、八路軍の勢力発展に脅威を感じた重慶政府が、対中共制圧工作をとるに及んで国共両軍の衝突がおこり、一九四一年には華中で編成された中共の新四軍に対する国府軍の大規模な攻撃が行なわれた。

東亜新秩序建設論と国際状勢

一方、日本の軍部、軍国主義者の間では、日本の立場を正当化そうとする東亜新秩序建設の論が盛んとなり、一九三八年近衛首相がそれについて声明を発表した。この声明は米、英を接近させ、一九三九年

七月アメリカは日本に資産凍結、日米通商航海条約の廃棄を通告した。しかし同年九月ヨーロッパに戦争がおこるや、翌年六月、日本はフランスの敗退に乗じて日本軍の仏印進駐を強要し、イギリスに迫ってビルマ経由の重慶輸送路を閉鎖させ、一九四〇年九月には日独伊三国軍事同盟を結び、翌年フランスに日本軍の南部仏印進駐と経済的権益の提供とを承諾させた。

日独伊三国軍事同盟の成立

太平洋戦争と第二次世界大戦　アメリカは日本の中国侵略に反対しつつも、日本に各種の軍需品を供給していたが、日独伊三国軍事同盟の成立によって今までの態度を棄て、中国を積極的に援助して軍需品の対日輸出を禁じ、オランダ、イギリスもこれに同調した。日華事変開始以来四年、国内経済の悪化に苦しむ日本はこれによって大打撃を受け、ゴム、石油および錫の資源をもつ南方諸地域に強く眼を向けることとなった。

大東亜共栄圏論

そこで盛んになってきたのが大東亜共栄圏の論で、それはヴェルサイユ体制を打破してアジアにおける日本中心の経済ブロックを建設し、それを日本の帝国主義活動の基礎にしようとしたものである。これに対してアメリカ、イギリス、オランダの三国は中国とともに共同防衛計画を研究し、日本の急進派はこれをＡＢＣＤ対日包囲陣を結成して日本の自滅を策するものであるとした。一九四一年十一月東条内閣が成立して軍閥による統一がなると、十二月八日、日本は真珠湾の奇襲を敢行して米、英両国に宣戦した。

太平洋戦争の勃発

この太平洋戦争（日本のいう大東亜戦争）の勃発とともに、ドイツ、イタリアは戦争遂行に関する日独伊三国協定に調印してアメリカに宣戦し、ここにヨーロッパの戦争は第二次世界大戦にまで発展し、一方、重慶の国民政府も日、独、伊三国に宣戦し、翌年一月南京の偽国民政府が日本側に立って参戦したので、日華事変は太平洋戦争と結んで第二次世界大戦の一環をなすに至った。

アメリカの重慶援助

そこでアメリカは中国にシェンノート航空隊を送り、在華米軍司令としてスティルウェル中将を派遣して重慶政府を積極的に援助するとともに、国共の調停につとめた。

戦争の経過

開戦当初の一年間、日本は東アジアにおける米、英、蘭の勢力のほとんどを駆逐し、シャムと攻守同盟を、仏印と軍事協定を結んだ。中国戦線は太平洋戦争の勃発とともに雲南省にまで拡大し、日本軍はビルマに侵入してイギリスの援蔣ルートを遮断し、また中国各地で作戦を開始して封鎖を強化した。時に重慶国民政府軍の敗北に乗じ、新四軍や八路軍が活動をはじめて国共両軍の衝突がはなはだしくなり、それは対日戦の人的、物的資源の動員や在華アメリカ軍の活動を困難にした。しかし一九四二年四月マッカーサーが南西太平洋連合軍司令官となって緒戦の敗北から攻勢に転じ、翌年一月ルーズヴェルト、チャーチルのカサブランカ会談で統一的な作戦指導計画を完成し、二月ガダルカナル島を陥れ、十一月また連合国の首脳者（ルーズヴェルト、チャーチル、蔣介石）がカイロに会談し、作戦を協議してカイロ宣言を公表した。日本は同年八月ビルマ、十月フィリピンの独立を認め、また自由インド仮政府を承認して戦争を強行したが、太平洋方面の敗戦によって翌年東条内閣が瓦壊した。一九四五年二月には米、英、ソ三国がクリミヤ会談を開いてソ連の対日戦参加を密約したヤルタ協定が成立し、四月ソ連が日ソ中立条約不延期を日本に通告し、五月ドイツの降伏によってヨーロッパの戦争が終った。七月日本に戦争終結の最後の機会を与えるため、カイロ宣言の規定を保障した米、英、中国の対日共同宣言であるポツダム宣言が発表され、八月ソ連が対日宣戦を布告した。ここに至って力尽きた日本は、同月十五日ポツダム宣言を受諾して無条件降伏し、第二次世界大戦は民主主義国の勝利に終った。

カサブランカ会談

カイロ宣言

ヤルタ協定

ポツダム宣言

日本の降伏

第二節　アジアの現状

戦争の影響

アジア諸民族の独立と解放　第二次世界大戦がアジアの社会に与えた影響は深刻を極め、生産の破壊、インフレーションの激化に対する経済の再建は、アジアのみならず世界全体の問題となり、また政治的にも著しい変化が現われ、日本がアジア各地につくらせた多くの新政権、新国家が、その敗戦とともに解消した。しかし戦時中、日本が大東亜共栄圏の建設を唱え、アジア諸民族の解放、独立を図ってかれらをその勢力下におこうとしたことは、かれらの独立、解放運動をいっそう強めることとなった。戦争による植民地経済の不安、アジア各地の民衆の自覚が深まって自立経済の願望が強くなったこと、植民地の自立を妨げていた日本帝国主義の崩壊とヨーロッパの植民地領有国家の弱体化、植民地の土民武装の強化、ことに共産主義勢力の著しい発展はこの運動の強い推進力となった。このようにしてイギリス、フランス、オランダ、アメリカおよび日本支配の植民地アジアが消え去り、アジアの政治地図の色彩が一変した。

朝鮮の独立運動

朝鮮では、日韓併合後の日本の武断政治に対する朝鮮人の反感が一九一九年の三一事件（万歳事件）とよばれる大規模な独立運動となって現われ、それは失敗に終ったが、これより日本は統治方針を変え、日本・朝鮮の融和を唱えて文化政治を行なうようになった。しかし三一事件以後、海外に亡命した独立運動者たちは上海に集まり、李承晩（イスンマン）を大統領として大韓民国臨時政府をつくり、また朝鮮内部では日本の統治による朝鮮人の窮乏にともなって、独立運動が社会運動、階級運動に結びついてしだいに成長していった。そして朝鮮を食糧基地とする日本は、満州事変、日華事変につぐ太平洋戦争の勃発によって、さらに朝鮮を戦略的基地としてその工業化、兵站化を力強く進めていった。戦争の間、朝鮮人の積極的な独立運動は国外で行なわれ、それには満州の朝鮮人を地盤とする金日成（キムイルスン）の東北抗日連軍、重慶政府と結ぶ金九（キムク）の韓国光復運動団体連合会、アメリカの支持をもつ李承晩などの活動があった。一九四三年のカイロ宣言において、連合国は戦後の朝鮮の独立を認め、それをさらにポツダム宣言で再確認したが、終戦とともに、北緯三十八度線を境に、北部はソ連軍、南部はアメリカ軍の占領管理下におかれ、一九四五年十二月の米、英、ソ、華四国外相モスクワ会議の結果、四大国による五年間の信託統治の後、完全に独立させることとなった。朝鮮の統一独立は民族的要望であったが、朝鮮内部の事情に加えて米、ソの対立がそれを妨げ、一九四八年南北がそれぞれの占領国の援助により、南部に大韓民国、北部に朝鮮民主主義人民共和国が成立し、李承晩と金日成とがそれぞれ大統領、主席となった。

朝鮮の解放

内モンゴル自治区

モンゴル人民共和国

内モンゴリアでは、日本が満州国確保のための前衛基地としてつくったモンゴル連合自治政府の崩壊後、東モンゴル、西モンゴル両自治政府が成立したが、一九四七年五月この両政府が合体して内モンゴル自治区が成立し（首都帰綏はフーホーハウテと改称）、中華人民共和国のうちで特別の地位を与えられた。外モンゴリアでは、一九二四年に成立したモンゴル人民共和国が中国から終始否認されてきたが、一九四五年八月の中ソ友好条約に基づく人民投票によって独立し、翌年一月中国政府はそれを正式に承認した。中華人民共和国成立後、国民政府は一九五三年三月その独立承認を取消したが、経済的にはソ連の援助をうけて今日に至っている。また日華事変の開始後、ソ連の援蔣ルートであった新疆省は、従来中国から半独立の状態にあり、少数民族であるトル

コ系イスラム教民族の統治に対する不満から反乱がおこり、一九四七年西北部に東トルキスタン共和国がで

新疆ウィグル自治区

きた。この反乱は間もなく静まり、中華人民共和国が成立してのち、新疆省は従来の省制のままで、諸民族の連合政府がたてられたが、少数民族の解放運動が一九五五年の新疆ウィグル自治区となって現われた。

またアジアの南部諸地域では、民族の独立、解放の運動がことにめざましく展開された。日本の降伏によって一九四六年一月フランスに復帰した仏領インドシナでは、戦時中地下抗日運動を続けていた共産党の指

ヴェトナム民主共和国

導者ホー＝チミンを中心とする一派が、その前年の九月、ヴェトナム民主共和国の独立を宣言して各地に反仏抗争を開始した。フランスはこれを武力で弾圧するとともに、前安南皇帝バオ＝ダイをたて、一九四九年

ヴェトナム国

二月トンキン、安南、コーチシナを領域とするヴェトナム臨時中央政府（ヴェトナム国）を承認し、同政府はカンボディア、ラオスとともにフランス連合内の自治国となった。しかしヴェトナム民主共和国はこれを認

カンボディアとラオス

めないで激しく反仏抗争を進め、ここにヴェトナムは南北にわかれて戦うこととなった。カンボディア、ラオスは一九四五年、日本軍の仏印処理に基づいて独立を宣言したが、日本の降伏後の一九四九年、フランス連合内における独立をえたのである。また一九四二年日本軍に占領されたオランダ領東インドでは、スカル

インドネシア共和国

ノを中心として一九四五年八月、ジャワ、スマトラの大部分と多くの島々とを版図とするインドネシア共和国の独立を宣言し、それより四年余にわたるオランダとの抗争の結果、一九四九年十二月オランダから正式に主権を譲られ、インドネシア連邦共和国として独立し、翌年八月単一国家インドネシア共和国の発足を見

フィリピン共和国

た。つぎに独立を一九四六年七月に予定されていたフィリピンは、一九四二年一月から約三年にわたる日本軍の支配を経、一九四五年七月アメリカ軍に解放され、翌年七月共和国として正式に独立した。

さらにイギリスの対独宣戦によって第二次大戦に参加したインドは、大戦中も独立運動を続け、一九四六年イギリスはインド独立計画案を発表した。

インド連邦とパキスタン

しかし大戦中、イスラム教徒を代表する大政党に発展した回教徒連盟とヒンドゥー教徒の国民会議派との対立が鋭くなり、そのため一九四七年八月インドはヒンドゥー教徒が大半を占めるインド連邦（一九五〇年一月新憲法を施行し、インド共和国として完全な独立国家となった）とイスラム教徒が大半を占めるパキスタン（一九五六年三月パキスタン回教共和国と称す）との両国にわかれ、

セイロン

翌年二月同じ目的を達したセイロンとともに、イギリス連邦を構成する自治領として独立した。

ガンディーの暗殺

以後、ヒンドゥー教徒とイスラム教徒との対立が激化し、カシミール、ハイデラバード藩王国の帰属問題がインド連邦とパキスタンとの武力抗争にまで発展し、この宗教にもとづく両国間の抗争のクライマックスとして、回教徒連盟と国民会議派との斡旋に努力していたガンディーが、一九四八年一月暗殺された。ハイデラバード藩王国は同年九月インド連邦軍の侵入を受けて無条件降伏し、インド連邦、パキスタンの関係もしだいに平静となったが、新たに共産主義の勢力が強くインドに迫ってきた。インド共和国の首相ネールは平和中立政策をとり、米ソ二大勢力の対立にまきこまれないようにつとめた（インドとパキスタンとは、なおカシミール、インダス川水利問題をめぐって対立がある）。

ビルマの独立

インド東隣のビルマは、第二次大戦で日本軍に占領されたが、戦後独立運動が活発となり、一九四八年一月イギリス連邦外の共和国として完全に独立した。

タイの形勢

ビルマの東南に続くタイ（一九四五年国号のタイをシャムに改め、一九四九年またタイに復す）では、文官派と武官派との対立があり、ピブンを中心とする武官派が大戦中日本と攻守同盟を結んで米、英に宣戦し、文官派は自由タイ運動を組織して反日地下運動を開始した。日本の戦局不利によってやがて自由タイ運動の指導者が政権を握り、一九四五年八月米、英に対する宣戦布告を徹回し、アメリカはタイの宣戦を認めないで日本軍による被征服地として待遇した。一九四七年ピブン派のクーデターが成功したが、

のち軍部内の対立が絶えず、ピブンは一九五七年九月のクーデターで失脚した。

マラヤ連邦

また一八六七年マラッカ、ペナン、シンガポールで構成されたイギリス政府直轄の海峡植民地は、のちしだいに保護領を加えて一八九五年マラヤ連邦を組織し、太平洋戦争で日本軍の軍政下にあったが、戦後イギリスの軍政下に帰して高度の自治を与えられ、一九五七年八月イギリス連邦内の一国として独立を認められた（シンガポールはイギリス連邦内の自治領となる）。

イランと石油問題

さらに遠くイランでは、第二次大戦後、石油をめぐる民族運動がたかまり、一九五一年三月石油国有化法案を可決し、ついでモサデク首相が強硬な態度を示して翌年イギリスと国交を断絶した（一九五三年親西欧派のクーデターによってモサデク内閣が倒れ、石油紛争が解決した）。

パレスチナ問題

また第一次大戦後、イギリスの委任統治領となったパレスチナでは、ユダヤ人移入問題を契機としてアラブ人、ユダヤ人の激しい反目がおこり、一九四七年国際連合はパレスチナをアラブ、ユダヤの両国家に分割する案を可決したが、これを不満とするアラブ諸国は翌年共同してパレスチナに侵入した。

イスラエル共和国

ユダヤ人は同年五月イスラエル共和国の独立を宣言して米、ソの承認をえ、アラブ側も国連の勧告によって休戦したが、アラブ諸国、イスラエル間の悪感情は解消されるに至らなかった。

エジプトの形勢

この反イスラエルのアラブ諸国のうち、最もめざましい動きを示したのはエジプトである。エジプトでは第二次大戦後、反英の民族運動がたかまって政界の激動が続き、一九五二年ナギブを中心とする軍部のクーデターによって国王を追放し、共和制を施いたが、やがてナギブが親米、英的な態度を示すと、一九五四年再び政変がおこってナセルが政権をとり、帝国主義の根絶、封建主義の一掃、社会主義の樹立などの政策をかかげた。

中華人民共和国の成立　中国は大戦中の一九四三年一月、アメリカ、イギリスと相互平等の新条約を結んで列国との不平等条約を廃棄し、終戦とともに戦勝国としてその国際的地位が著しく向上したが、戦争による惨禍は回復されず、政治的、経済的危機が解決されないままにあった。これよりさき武漢陥落以後、再び国共の衝突がおこり、当時は共通の敵日本をひかえていたので、辛うじて全面的な衝突が避けられていたが、

中国内戦の激化

日本の敗北は両者の争いを激化し、特使マーシャルらによるアメリカの調停も成功しなかった。軍事的優勢とアメリカの援助とを過信した国民政府は、一九四六年十一月、中国共産党や第三勢力として現われてきた民主同盟の参加を拒否した国民大会で新憲法を制定して翌年それを施行し、一九四八年五月蔣介石が初代総統に就任した。中国共産党はこの国民大会と憲法とを否認したので、国共の妥協は全く絶望となり、一九四七年国民政府軍が中共の本拠延安（エンアン）を攻略するに及んで両者の関係は完全に決裂し、中国は全面的内戦に突入した。はじめ国民政府軍は積極的攻勢にでたが、長い抗日戦に続く内戦のために中国の経済が極度に悪化し、ことに四大家族の独占が終戦後絶頂に達して国民政府部内の腐敗がはなはだしく、これに対して農村に地盤をもつ中国共産党は、主席毛沢東が一九四〇年に発表した新民主主義論に基づき、一九四五年の終戦とともに治下解放区（中共の指導する組織の完備した地域）の農地改革を遂行して生産の回復、発展に努め、これによって大いに農民大衆を把握した。

新民主主義論

新民主主義論は、ブルジョア民主主義とはちがって、プロレタリアートの指導によって中国が社会主義に向う過渡期の新しい民主主義の社会にいたる革命方式を説いたものである。一九四七年、中共軍は人民解放軍と改称して指揮が統一され、ついで新中国の建設、蔣介石政権の打倒を宣言してしだいに国民政府軍を圧倒し、満州および華北の大部分を征圧した。翌年末蔣が一時引退し、李宗仁（リーツンレン）が総統代理となり、これを機に国民政府と中共との和平交渉が行なわれたが、その不成立とともに、解放軍は江南に進出して一九四九年の末までに中国本部の平定を完了し、蔣は台湾にのがれて翌年総統に復職した。このようにして一九

中華人民共和国

四九年九月北京に中国人民政治協議会がひらかれ、翌月毛沢東主席が中華人民共和国の成立を宣言した（十月一日を建国記念日とする）。ソ連は直ちにその政府を承認し（十二月インドも承認）、また中国に莫大な投資をもつイギリスも、その現実的な立場から翌年一月これを承認した。一方、国民政府は台湾および金門（チンメン）島、馬祖（マーツー）島（福建）、澎湖群島などを保って今日に至っている。

新民主主義革命より社会主義革命へ

中国共産党は一九四九年の中華人民共和国の成立をもって新民主主義による新民主主義革命が終了したとし、これより社会主義革命の実現に向うこととなった。一九四七年公布の土地法大綱が一九五〇年の土地改革法で修正されて土地改革が大いに進み、一九五二年までに、一部の辺境地方を除いて農民の解放がほぼ完了した。この改革は経済上の改革であるばかりでなく、農民の意識をも改造すべき任務をもっていた。人間改造の施策には、ほかに一九五一、二年に行なわれた三反（貪汚、浪費、官僚主義への反対、党員、政治工作員を対象とす）、五反（贈収賄、脱税、国家資材や原料のごまかし、国家経済情報の盗取りへの反対、特に私営商工業者の人間改造を目的とす）運動、思想改造運動などがあり、また坦白（自白）や飜身（自己批判）が奨励された。そして新政権の成立から一九五二年までが中国経済の復興期で、この間に政府は人民銀行による預金の集中に成功し、インフレを抑えて全国の金融を握り、諸企業や外国貿易の大部分を国営化し、農業、工業の建設においても、生産の復興とともに国家の統制をゆきわたらせ、農業建設とならんで治水工事を進め、また鉄道の復旧、建設にも努めた。このような情勢の下に、一九五三年からソ連の援助によって第一次五ヵ年計画（一九五三―一五七）が実施され、それは重点が国営の重工業の建設におかれ、第一年度においてすでに著しい成績を挙げた。中国の社会主義革命は、この第一次五ヵ年計画に続く第二次（一九五八―六二）、第三次（一九六三―六七）の五ヵ年計画によって国家の社会主義工業化が完成した時期、すなわち一九六七年あるいはそれ以後に達成されるとされている。

アジアの現勢

アジアにおける二つの世界　第二次大戦の結果、世界はアメリカを中心とする民主主義的資本主義勢力圏とソ連を中心とする共産主義勢力圏との二つの世界にわかれ、この両者の対立は時とともに激しくなって冷い戦争とよばれる状態を現出した。

冷い戦争

この対立はすでに一九四六年ごろから現われ、アメリカはマーシャル＝プランによって西ヨーロッパの共産主義化を阻止し、また北大西洋条約機構の成立によって西ヨーロッパの民主主義陣営の反ソ体制樹立に一応成功したが、戦後の経済復興の進まないアジアの後進地域では、共産主義勢力が民族運動と結びついて大いに進出してきた。

アジア南方諸地域の形勢

マライでは共産党のゲリラ活動が盛んで解放区がしだいにつくられ、イギリス当局の鎮圧も容易に進まず、マラヤ連邦成立後も、共産ゲリラは大きな問題となっている。ヴェトナムではホー＝チミンの率いるヴェトナム民主共和国が全土の大半を占め、ビルマは完全な独立を達成しながらも、赤旗共産党、白旗共産党、カレン族、人民義勇軍白色団が激しくゲリラ活動を展開して一時イギリスへの復帰が伝えられたほどであり、またインドは北に中国をひかえているので、中立政策を堅持して中国政府を承認し、インドネシア共和国でも内乱とゲリラの活動とが絶えず、フィリピンでは日本軍の占領中、共産党の指導の下に組織されたフクバラハップ農民武装団(フク団)が、戦後人民解放軍と改称して反政府闘争を続けた。このような共産主義勢力の脅威に対して反共防衛が叫ばれ、一九四九年七月蔣介石がフィリピン大統領キリノと会談し、共同声明の形で反共太平洋同盟を提唱したが、その成立を見るに至らなかった。翌年また共産主義勢力の東南アジア進出に備えて太平洋同盟が再び問題となり、五月フィリピンのバギオでインド、パキスタン、セイロン、タイ、インドネシア、オーストラリアおよびフィリピンの七国参加のもとに同盟会議が開催されたが、会議の内容は東南アジア諸国の経済的、文化的協力を強調したにとどまった。

太平洋同盟問題

このときにおこったのが北朝鮮軍の韓国侵入である。ソ連を背景にもつ、朝鮮民主主義人民共和国と大韓民国とは、三十八度線の国境付近でしばしば衝突をおこしていたが、一九五〇年六月北朝鮮軍が突如韓国に侵入してきた。国際連合は、直ちに規約によりアメリカ軍を主とする国連軍を組織して朝鮮に派遣したが、やがて満州に集結していた中国共産軍が鴨緑江を渡って南下し、ここに二つの世界の対立がいよいよ尖鋭化した。

北朝鮮軍の韓国侵入

またインドシナではホー=チミン軍の勢力が依然として強く、フランスは非常な苦境に陥ってアメリカの軍事援助を求め、一方、中国軍がこれに介入しようとする形勢を示した。すなわち一九五〇年には中国、ソ連がヴェトナム民主共和国を承認し、これに対してアメリカ、イギリスがバオダイのヴェトナム国を承認してアメリカの援助を強く進めたが、ヴェトナム民主共和国は中国と国境を接してその援助を受け、激しくバオダイ政府軍、フランス軍と戦った。

インドシナの現状

冷戦の緩和と中近東　朝鮮の動乱やヴェトナム内戦の長期化は、一時第三次世界大戦の勃発を思わせたが、一九五三年ごろから新しい局面が開けて冷戦の緩和が現われてきた。同年三月、ソ連でスターリンが没し、かれに代ったマレンコフが緩和政策をとるようになると、米、ソの関係に微妙な変化がきたし、その現われとして、一九五一年七月以来しばしば行なわれてきた朝鮮の休戦交渉が解決に向い、一九五三年七月板門店で休戦協定が調印された。翌年にはアジア問題討議のためにジュネーヴ会議が開かれた。この会議は、二つの世界の歩みよりによって開かれた戦後はじめての国際会議で、鉄のカーテンの両側から多数の国々が参加して同年七月インドシナ停戦協定を成立させ、北ヴェトナムの主権を承認した。ついで翌一九五五年にはまた二つの世界の対立を越えて、インドネシアのバンドンでアジア、アフリカ（A・A）会議が開かれ、日本を含む二十九国がそれに参加し、植民地支配の排除、アジア、アフリカ諸国の経済的、文化的協力を決議した。

朝鮮の休戦

インドシナ停戦協定の成立　バンドン会議

このようにして戦争の危機が遠のいて二つの世界の平和、共存の傾向が顕著となってきたが、しかしなお水爆実験や核兵器の生産が続けられていることは、危機が完全に去ったことを示していない。ジュネーヴ会議によって北ヴェトナムの位置が確定するにつれ、アメリカは反共統一行動の必要を認め、一九五四年九月、その主唱によってイギリス、フランス、オーストラリア、ニュージーランド、フィリピン、タイ、パキスタンの諸国と会議を開き、アジアの反共軍事機構として東南アジア条約機構（SEATO）を成立させた。このような形勢のうちに、一九五五年ごろから、中近東ではイギリス勢力が退潮してソ連の進出が著しくなり、反西欧の気運が高まるとともに、アラブ民族主義が強く叫ばれてアラブ諸国とイスラエルとの紛争が激化し

東南アジア条約機構

中近東の形勢

てきた。

アラブ連盟

これよりさき一九四五年アラブ連盟が成立してエジプト、イラク、ヨルダン、シリア、レバノン、サウディ＝アラビア、イェーメンがこれに参加し、のちリビア、スーダンがこれに加わったが、この連盟の成立はアラブ諸国の独立と主権の擁護とを目的とし、アラブの統一運動に大きな力があった。ところで、中近東の地域は、アジアとヨーロッパとを結ぶ陸の架橋として、またソ連と直接国境を接する地帯として重要であるので、西欧側はこの地帯への工作につとめ、一九五五年イギリスおよびトルコ、イラク、パキスタン、イランの五国によってバグダード条約機構が成立された。

バグダード条約機構

アラブ連盟に属するイラクがこの機構に加入し、トルコと結んで親西欧的な態度を示したことは、アラブ諸国の連繋を弱めることとなるので、他のアラブ諸国は軍事協力体制を固めてバグダード条約機構に対抗したが、時にソ連が中近東に進出して経済援助攻勢を展開するとともに、一九五五年末にはエジプト、シリア、サウディ＝アラビアなどに商業取引による武器供給を申入れた。当時アメリカはエジプトの共産圏への接近政策を封ずるため、エジプトに新アスワン＝ダム建設計画への援助を約束していたが、一九五六年七月その撤回を通告し、イギリスもまたこれにならった。

スエズ運河国有問題

これに対してナセルのもとに強く高揚されてきたエジプトの民族主義は、直ちにスエズ運河の国有化強行となって現れた。そして十月かねてエジプトと国境紛争を続けていたイスラエルが突如シナイ半島に侵入するや、イギリス、フランスは軍を派遣し、スエズ運河防禦を名としてこれに介入し、翌月国連軍が派遣されて事態がようやく一段落した。このような状勢に際して、ソ連はますます中近東への進出の歩を進め、一九五七年には中近東内政不干渉政策を唱えるとともに、エジプト、シリアとの経済的結びつきをいっそう強化した。

トルコ、シリア国境問題

このころアメリカの支持するトルコが、シリアの対ソ接近でその軍事力の強化を警戒していたが、同年十月両国の国境紛争問題がおこり、エジプトがシリア防衛のため軍をシリアに進駐させた。これよりさき、イスラエル問題、バグダード条約機構の成立がエジプト、シリアの提携を促進したが、エジプト軍が進駐してシリアの政治的、社会的不安を安定させたことは、やがて一九五八年二月、エジプト、シリア両国の合併、

アラブ連合共和国

アラブ連合共和国の成立を見、ここに全アラブ民族統合の第一歩が踏みだされた。アラブ連合共和国の外交政策は、イスラエル排撃を基幹とし、東西両陣営に親しんでそのいずれにも属さない積極中立主義をとろうとしているが、これに対して従来中立主義を排し、親西欧政策をとってアラブ諸国の異端者とされていたイ

アラブ連邦とイラク革命

ラク、ヨルダンの両国は、アラブ連合共和国の出現に対処し、直ちにアラブ連邦を組織した。しかしアラブ連邦は同年七月、アラブ民族主義の発露であるイラク革命によって解消した。

　ひるがえってまた、中国の支配下のチベットにおいて注意すべき事件がおこった。中華人民共和国成立後も、解放軍はなお軍を進め、一九五〇年から翌年にかけて、海南島、舟山列島を征し、チベットに進駐した。

チベット問題

チベットが中国の版図に復帰したのは辛亥革命以来で、この年ダライ=ラマとの協約で一応チベットの現状維持が承認され、一九五四年にはチベットに関する中印協定が成立した。チベットでは一九五六年に小反乱があり、中国は第二次五ヵ年計画にもチベットの民主的改革を行なわずにいたが、一九五九年三月大規模な反乱がおこり、中国は武力でこれを鎮圧し、ダライ=ラマがラサからインドに亡命したのを契機に、チベットの社会改革を断行することとなった。中国のこのような行動に対して、国際的に非難がたかまり、中国、インドとの関係がやや緊張したが、しかし両国は友好関係をこれ以上に悪化させる意志なく、慎重な態度をとっている。

日本の現状　日本は敗戦の結果、台湾、沖縄、南樺太、千島、南洋委任統治領を失い、国土の荒廃、生産の減退、インフレーションの激化によって一時全く虚脱の状態に陥ったが、しかし軍閥の支配を脱してしだいに秩序を回復し、ことにポツダム宣言によって国民の自由に表明された意志にもとづく責任政府をたてることとなり、そして同宣言履行監督のために連合軍が進駐するに至った。このようにして天皇に対する伝統的な考えが改められ、連合国の指令によって陸海軍が完全に解体され、軍国主義者が追放され、戦争放棄の新憲法が定められて主権在民が規定され、農地改革、財閥の解体、労働組合法の制定などが行なわれ、平和主義、民主主義のさまたげとなる一切のものが除かれて真の近代化の道を進むこととなった。やがて一九五一年九月八日、サンフランシスコ会議で日本に対する平和条約の調印式が行なわれ、その条約発効と同時に日本は独立国家としての主権を回復し、翌年四月東京に設置されていた連合国総司令部が廃止された。すなわち日本は一九四五年九月二日ポツダム宣言の条項を受諾した降伏文書の布告を行なって以来、六年八ヵ月にしてようやく占領から解放されたのである。しかし二つの世界の対立、特にアジア諸民族の強い反日感情、アジアにおける革命の進行という環境の中で、戦後の日本の進む道は極めて険しかった。サンフランシスコ条約の成立によって、日本は一応占領の段階を終って形式上主権を回復したが、その国際社会への復帰は容易でなく、国際連合への加盟はソ連の反対によって阻止された。そののち日ソ関係は冷戦の緩和と鳩山内閣による外交方針の変化とにより、一九五五年ロンドンで日ソ交渉が開始され、そののち幾多の経緯を経て、領土問題を残しながらも、翌年十二月日ソ共同宣言が批准され、ついで同月十八日の国連総会で日本の国連加盟が可決された。このようにして日本はようやく国際社会へ復帰し、一九五七年十月には国連安全保障理

戦後の日本

サンフランシスコ会議

日本の国際社会復帰

事会非常任理事国に当選した。一方、戦争によって荒廃した経済の復興も著しく進んで国民の生活が向上したが、なお国際的には、賠償問題においても未解決のものがあり、ソ連、中国などとの国交や領土問題、日韓会談その他、多くの問題が山積している。またサンフランシスコ平和条約の調印とともに、アメリカとの間に結んだ日米安全保障条約の改正問題も、今や国内のかまびすしい問題となっている。

〔参考文献〕

外務省編　アジア読本　外務省
江口朴郎編　第二次世界大戦後の世界（世界史大系17）　誠文堂新光社
ラティモア著　小川修訳　中国（岩波新書）　岩波書店
鈴木俊編　中国史（世界各国史）　山川出版社
スノウ著　宇佐美誠次郎訳　中国の赤い星　筑摩書房
スメドレー著　阿部知二訳　偉大なる道　岩波書店
中国研究所訳　中国の五ヵ年計画　東洋経済新報社
胡華著　東大中国研究会訳　中国新民主主義革命史　五月書房
岩村三千夫著　三民主義と現代中国（岩波新書）　岩波書店
ハワード・L・ボァーマン編　石川忠雄監訳　現代中国　日本外政学会
岩村三千夫著　孫文より毛沢東へ（アテネ文庫）　弘文堂
毛沢東選集　三一書房
貝塚茂樹著　毛沢東伝（岩波新書）　岩波書店
福地いま著　私は中国の地主だった（岩波新書）　岩波書店
中国研究所編　現代中国事典　岩崎学術出版社
山本達郎編　インド・東南アジア（世界史大系6）　誠文堂新光社
荒松雄著　現代インドの社会と政治　弘文堂
W・バーチェット著　中野好夫訳　十七度線の北（岩波新書）　岩波書店
クルク著　安岩正美訳　フィリピン民族解放闘争史　三一書房
榎一雄編　イスラーム（世界史大系7）　誠文堂新光社

前嶋信次編　西アジア史（世界各国史）　山川出版社
板垣雄三・中岡三益著　アラブの現代史　東洋経済新報社
サダット著　井上幸治訳　ナイルの叛乱（岩波新書）　岩波書店
護雅夫・神田信夫編　北アジア史（世界各国史）　山川出版社
林三郎著　太平洋戦争陸戦概史（岩波新書）　岩波書店
高木惣吉著　太平洋海戦史（岩波新書）　岩波書店
ベロフ著　石川、小谷訳　ソヴィエトのアジア政策　日本外政学会
朝日年鑑　朝日新聞社
世界年鑑　共同通信社
時事年鑑　時事通信社
毎日年鑑　毎日新聞社
読売年鑑　読売新聞社

索　　引

ア

エ

オ

カ，ガ

キ, ギ

ク，グ

サ, ザ

シ, ジ

ス, ズ

セ, ゼ

ソ，ゾ

タ，ダ

チ

ツ

テ，デ

ト，ド

ヒ，ビ，ピ

フ, ブ, プ

ヘ，ベ，ペ

ホ，ボ，ポ

マ

ミ

ム

メ

ル

レ

ロ

ワ

年　　表

西　紀	中国王朝	(主タル)日中年号	重　要　事　項
前3000			このころシュメール人メソポタミア南部に拠る。
2000			このころエラム人，アモル人メソポタミアに侵入。インダス文明栄える。
1904			古バビロニア王国おこる（第一王朝～595)。
1500	殷		このころアーリア族インド，イランに侵入を開始。殷おこる（1766 と伝う)。
1180			アッシリアおこる（～612)。
1100	周（西周）		このころ周おこる（1122と伝う，～256, 249東周君滅ぶ)。
1000			アーリア族ガンジス，ジュムナ川方面に進出。
841			周の太子静(宣王)幼少，周公，召公政をとり，共和という(～828)。中国の年代このころよりやや確実となる。
770	（春秋）		**周室の東遷，これより春秋時代**(～403)。
640			メディア独立(～553)。
626			新バビロニア建国(～539ごろ)。
559			アケメネス朝ペルシァ建国(～330)。
492			ペルシァ戦役おこる(492, 490, 479)。
479			魯の哀公16年，**孔子没**(551～)。
403	（戦国）		周の威烈王23年，**韓，魏，趙 3 氏諸侯に認められる。これより戦国時代**(～221)。
379			斉，田氏に国を奪わる。
359			商鞅，秦で変法令を行なうと伝う。
321			ナンダ朝滅亡，マウルヤ朝おこる(～180)。
312			セレウコス朝シリアおこる(～65)。
289			孟子没(372～)。
221	秦		**秦，天下を統一，**36郡をおき皇帝の号を定め謚法を除き，富豪12万戸を咸陽に移す。
213			秦，焚書阬儒を行ない挾書律を設く。
206			秦の滅亡，**漢の建国**。
202			劉邦(前漢の高祖)項羽を垓下に破って天下を統一。

西紀	中国王朝	(主タル)日中年号	重要事項
194	漢（前漢）		箕氏の朝鮮滅びて衛氏の朝鮮おこる(～108)。
191			漢，挾書の律を除く。
180			マウルヤ朝滅び，シュンガ朝おこる(～80)。
154			漢，呉楚七国の乱。
140		武帝　建元 1	漢，建元の年号を定む，**中国の年号の始め**（初め初元といい，元狩という年号を定めるや，改めて建元とす，故に実際には元狩が最初，また元鼎を最初とする説もある)。
138		建元 3	漢，張騫を西域に派遣(～126)。
119		武帝　元狩 4	漢，皮幣，白金，三銖銭をつくる。
115		武帝　元鼎 2	張騫第二次西使。
108		武帝　元封 3	**漢，衛氏の朝鮮を滅ぼし楽浪，臨屯，玄菟，真番四郡を置く。**
80		昭帝　元鳳 1	インド，シュンガ朝に代ってカーンヴァ朝おこる(～28)。
64		宣帝　元康 2	シリア，ローマの属領となる(306～)。
後 8	（新）		前漢滅亡，王莽自ら新皇帝を称す(～23)。
25	（後漢）	光武帝建武 1	**劉秀(後漢光武帝)漢室を復興，洛陽に都す。**
91		和帝　永元 3	班超西域都護となる。
105		和帝　元興 1	宦官蔡倫紙を発明すと伝う。
166		桓帝　延熹 9	大秦王安敦の使節と称する者中国に至る。
167		桓帝　永康 1	党錮の獄おこる。
184		霊帝　中平 1	黄巾の賊おこる。賊首張角死す。
205		献帝　建安10	このころ遼東の公孫康，帯方郡を置く。
207		建安12	烏桓，曹操のために壊滅せらる。
208		建安13	赤壁の戦。
220	(魏、蜀漢、呉)（三国）	魏文帝黄初 1	魏自立して後漢滅亡。魏，九品官人法を定む。
225		黄初 6	諸葛亮雲南を征す(蜀漢後主建興 3)。
226			**パルチア滅びササン朝ペルシァおこる**(～651)。
227		魏明帝太和 1	諸葛亮出師の表を上って魏を伐つ(建興 5)。
238		魏明帝景初 2	魏，遼東の公孫氏を滅ぼす。
246		魏斉王芳正始 7	魏の毌丘倹，高句麗の丸都城を陥る。
263		魏元帝景元 4	蜀漢，魏に滅ぼさる(蜀漢後主炎興 1)。
265	（西晋）	晋武帝泰始 1	**晋，魏に代って建国。**
274			マニ教の祖マニ殺さる(216～)。
280		武帝　太康 1	晋，呉を滅ぼし天下を統一，占田法を発布。
291			晋，八王の乱おこる(～306)。
299			江統，徙戎を論ず。
304		恵帝　永興 1	匈奴の劉淵自立して国を漢と称す。

西紀	中国王朝	(主タル)日中年号	重要事項
311		懐帝　永嘉 5	漢(匈奴)，洛陽を陥る(永嘉の乱)。
316		愍帝　建興 4	漢(匈奴)，長安を陥れて晋(西晋)滅亡。
317		元帝　建武 1	司馬睿(元帝)，**東晋の国を建つ。**
320			インド，マガダ地方にグプタ朝おこる。
350	晋　(東晋)	穆帝　永和 6	東晋，桓温土断法を行なう。
383		孝武帝太元 8	淝水の戦。
386		太元11	鮮卑の拓跋珪，国を代と称し，ついで魏（北魏）と改む(北魏道武帝登国 1)。
420		宋武帝永初 1	東晋滅亡，宋建国す(～479)。
439	宋　北魏(東魏、西魏)	宋文帝元嘉16	**北魏江北を統一，南北朝対立の形勢成る。**
479		斉高帝建元 1	宋滅亡，斉おこる(～502)。
485	斉　(南北朝)	斉武帝永明 3	北魏，均田法施行(北魏孝文帝太和 9)。
502		梁武帝天監 1	斉滅亡，梁おこる。
518	梁		北魏，宋雲，慧生をインドに遣わして仏経を求めしむ(北魏孝明帝神亀 1)。
534		武帝中大通 6	東魏の建国(～550)。
550			東魏滅びて北斉おこる（～577)。チャールキヤ朝おこる。
557	北斉、北周		梁滅びて陳おこる（～589)。西魏に代って北周おこる（～581)。
562	陳		**新羅，任那日本府を滅ぼす。**
574			北周武帝の仏教迫害(三武の法難の一)。
581		隋文帝開皇 1	隋，北周に代る。隋，新律を行なう。
589		開　皇 9	陳滅亡，**隋の統一**成る。
605		煬帝　大業 1	隋，通済渠，邗溝を開く。608 永済渠，610 江南河を開く。
606	隋	大業 2	**ヴァルダナ朝ハルシャ王(戒日王)即位。**
611			隋，高句麗を征して失敗(612)。613，614 また征す。
618		唐高祖武徳 1	**唐の建国**(～907)。隋煬帝殺さる。
619			隋の滅亡。
622			マホメットのヘジラ(イスラム暦紀元元年)。
626		武徳 9	玄武門の変，太子建成ら，李世民(唐太宗)に殺さる。
629	唐	太宗　貞観 3	玄奘，西域，インドに赴く。
635			唐，ドルッグを破る，638 吐蕃を破り，640 高昌国，657 西突厥を滅ぼす。
647		貞観21	ハルシャ王(戒日王)没しインド混乱に陥る。
661		高宗　竜朔 1	**ウマイヤ朝おこる**(～750)。
663		竜朔 3	日本，白村江に唐軍と戦って敗れ，百済滅亡。

西紀	中国王朝	(主タル)日中年号	重要事項
668	唐	高宗　総章 1	唐，高句麗を滅ぼして安東都護府を設置。
671		高宗　咸亨 2	義浄，インドに赴く。
690		武后　天授 1	則天武后，国号を周と改めて帝を称す。
700		武后　久視 1	大祚栄自立して国を震といい，713 唐より渤海郡王に封ぜられて国を渤海と称す(〜926)。
710		元明天皇和銅 3	唐中宗，皇后韋氏に弑せらる。
735		玄宗　開元23	新羅の半島統一成る。
745		玄宗　天宝 4	玄宗，楊太真を貴妃とす。
750			ウマイヤ朝滅亡，**アッバース朝おこる**(〜1258)。
755		玄宗　天宝14	安史の乱おこる(〜763)。
756		粛宗　至徳 1	**後ウマイヤ朝**(〜1031)**おこり，イスラム教国東西に分裂**。
780		徳宗建中1(光仁天皇宝亀11)	唐，両税法を行なう。
845			会昌(唐武宗年号)の法難(三武の法難の一)。
859			南詔，国を大礼と号す。
874		僖宗　乾符 1	王仙芝の乱。サマン朝おこる(〜999)。
875			黄巣の乱(〜884)。
892		昭宗景復1(宇多天皇寛平4)	甄萱自立し，900 国を後百済と称す(〜936)。
901			弓裔，王を称し，904 国号を摩震といい，911 泰封と改む。
907	五代(後梁、後唐、後晋、後漢、後周)	後梁太祖開平1(醍醐天皇延喜7)	**唐滅亡**，後梁の建国(〜936)，これより**五代**。
			契丹(遼)(〜1125)建国。
916			契丹の耶律阿保機(太祖)帝を称す。
918			**高麗の建国**(〜1392)。
923			後梁滅びて後唐おこる(〜936)。
926			渤海国の滅亡。
935		後唐末帝清泰 2	新羅滅亡。高麗，新羅を併合，翌年 後百済を併せて半島を統一。
936	遼(契丹)	後晋高祖天福 1	後唐滅亡。契丹，石敬瑭を立てて後晋(〜946)の主とす。
946			契丹，後晋を滅ぼし，国号を遼とす。
947			後漢の建国(〜950)。
950			後漢滅亡，後周の建国(〜960)。
960	宋(北宋)		後周の滅亡。**宋の建国**。
979			宋，北漢を滅ぼし中国を統一。
1004			澶淵の盟成立。
1010			安南李朝(大越国)の成立(〜1225)。
1032		仁宗明道1(後一条天皇長	李元昊立ち，1038 大夏皇帝を称して西夏国建設(〜1227)。

西紀	中国王朝	(主タル)日中年号	重要事項
1037	宋(北宋)	元5)	**セルジューク＝トルコの建国**。
1069		神宗熙寧2(後三条天皇延久1)	**王安石，新法を断行**(均輸，青苗，1070 保甲，募役，1072 市易，保馬，方田均税の諸法を行なう，1076 失脚)。
1096		哲宗　紹聖 3	**十字軍はじまる**(～1291)。
1115	金	徽宗　政和 5	**金の建国**(～1234)。
1119		徽宗　宣和 1	金，女真文字を制す。
1120			宋，方臘の乱おこる(～1121)。
1124			耶律大石，西走し，1132 西遼の国を建つ(～1211)。
1125			遼滅亡。
1127	宋(南宋)	欽宗靖康2(高宗建炎1)	金，張邦昌を立てて子国楚を置く。靖康の変，北宋滅びて南宋建国。
1130		高宗　建炎 4	金，劉予を立てて斉帝とす。
1141			岳飛殺され，翌年宋，金の封冊を受く。
1181		孝宗　淳熙 8	ゴール朝興起(～1215)，ガズニ朝(962～)を滅ぼす。
1204		寧宗　嘉泰 4	テムジン，ナイマン部を破る。
1206		寧宗開禧2(土御門天皇建永1)	**テムジン，諸部に推されて汗位に上り，チンギズ汗と称す**(～1227)。インド，奴隷王朝成立(～1290)。
1211		寧宗　嘉定 4	チルク，ナイマン部のクチュルクに降って西遼滅亡。
1225		理宗　宝慶 1	安南，李朝滅亡，陳朝(～1400)おこる。
1227			西夏の滅亡。チンギズ汗没。
1234	モンゴル(元)	理宗　端平 1	金の滅亡(1115～)。
1235			モンゴル，オルコン河畔にカラコルムを建設。
1237		理宗　嘉熙 1	**バトゥのヨーロッパ遠征**。
1241		理宗　淳祐 1	モンゴル軍ワールシュタットにヨーロッパ諸侯の連合軍を撃破。
1243			キプチャク汗国の建設。
1246			ローマ教皇イノセント四世，プラノ＝カルピニをモンゴルに派遣。
1254		理宗　宝祐 2	ローマ教皇イノセント四世，フランス王ルイ九世の依頼にてルブルック，モンゴルに赴く。
1260		理宗景定1(元世祖中統1)	フビライ(元の世祖)開平に即位。アリクブハ，カラコルムに即位，フビライと帝位を争う。
1268			ハイドゥの乱(～1303)。
1271		度宗　咸淳 7	**モンゴル，国を元と称す**。マルコ＝ポーロ東方旅行に出発。

西紀	中国王朝	(主タル) 日中年号	重要事項
1274		元世祖至元11	文永の役。
1276		(亀山天皇文永11)	宋都臨安陥る。
1279		世祖　至元16	厓山の戦，**宋の滅亡**。
1281		世祖　至元18	弘安の役。
1289		(後宇多天皇弘安 4)	ローマ教皇ニコラス四世，モンテ=コルヴィノを元に派遣。
1290	元		奴隷王朝滅亡，キルジ朝おこる(～1320)。
1299		成宗　大徳 3	**オスマン=トルコの建国**(～1922)。
1368		明太祖洪武 1	元の順帝，大都より開平に奔って元滅亡。**明建国，金陵に都す**(～1662)。
1369			**ティムール，中央アジアを支配，翌年サマルカンドに都をさだむ。**
1392			高麗滅亡。李氏朝鮮建国(～1910)。
1399			燕王棣(成祖永楽帝)靖難の師をおこす。
1402		恵帝　建文 4	アンゴラの戦。燕王自立して帝を称し，1421北京を都とす。
1405		成祖　永楽 3	鄭和南海に使す(第1回)，ティムール歿(1336～)。
1413			トゥグルク朝滅亡(1320～)。
1414			安南，中国の領土となる。サイイド朝おこる(～450)。
1427		宣宗　宣徳 2	明，安南黎氏の独立を認む。
1449		英宗　正統14	土木の変。
1450		代宗　景泰 1	ロディー朝おこる(～1526)。
1453	明		**東ローマ帝国滅亡。**
1487		憲宗　化成23	バーソロミュー=ディアズ，喜望峰に達す。
1492			コロンブスの新大陸発見。グラダナ陥落す。
1498		孝宗　弘治11	**バスコ=ダ=ガマのインド航路発見。**
1500			ティムール朝，サマルカンドより追わる。シェイバニ朝おこる(～1599)。
1502			サファーヴィ朝おこる(～1736)。キプチャク汗国滅亡。
1510			ポルトガルのインド総督アルブケルケ（在職1509～15）ゴアを占領す。
1511		武宗　正徳 6 (後柏原天皇永正8)	ポルトガル人，マラッカを占領，1517 広東，1541 豊後にいたり，1543 種子ヶ島にいたって鉄砲を伝う。
1515			ヒヴァ汗国おこる(～1920)。
1521			**マジェラン，太平洋を横断，フィピリンにいたって原住民に殺さる。**

西紀	中国王朝	(主タル)日中年号	重要事項
1526		世宗嘉靖5(後柏原天皇大永 6)	安南の黎氏，権臣莫氏のため一時国を奪わる。**バーブル，ロディー朝を滅ぼしてムガール朝を建設**(～1857)。
1571		穆宗　隆慶 5	イスパニア人マニラ占領，1575 広東に到る。
1581		神宗万暦9(正親町天皇天正7)	コサックの隊長イェルマク，シベリアの征服を開始す。
1592		神宗　万暦20(後陽成天皇文禄1)	秀吉の朝鮮の役（文禄の役）。
1597			秀吉の朝鮮の役（慶長の役）。
1599			ボハラ汗国おこる(1920 共和国, 1924 消滅)。
1600	明		**ロンドン商人東インド通商会社（のちイギリス東インド会社と改む）設立**。1602 オランダ，1604 フランス東インド会社を組織。
1609			ヌルハチ兵制を定めて四旗とし，1614 八旗に増す。島津氏琉球征服。
1616			ヌルハチ，ホトアラに即位，国を金（後金）と号す。
1619	後金(清)		サルホの戦。オランダ人ジャワのバタヴィア市を建設。
1623			オランダ人，アンボイナ島でイギリス人を虐殺，翌年台湾にゼーランジャ城を築く。
1636			**後金，国号を清と改む。**
1639		毅宗　崇禎12	イギリス，マドラスを占領。
1644		崇禎17(清世祖順治 1)	明の毅宗，闖賊李自成に攻められて煤山に自殺。清軍入関，清北京に都す。
1661		世祖　順治18(後西天皇寛文 1)	鄭成功，台湾に拠る。鄭氏は1863まで台湾で活躍。桂王(永明王)捕えられて明全く滅ぶ。
1662		聖祖　康熙 1	明の桂王没す。
1673			三藩の乱おこる(～1681)。
1689		康熙28(東山天皇元録2)	ネルチンスク条約成立。
1704	清		ローマ教皇，イエズス会の対華伝道方針を禁止。
1712			清，朝鮮との国境を定む。
1728		世宗雍正6(中御門天皇享保13)	ロシア人，ベーリング海峡に達す。
1729			清，アヘンの吸飲禁止を発布。
1736		高宗乾隆1(桜町天皇元文1)	サファーヴィ朝に代ってアフシャール朝おこる。
1757			プラッシイの戦。
1765		乾隆30(後桜町天皇明和2)	クライヴ，ムガール朝よりベンガル州等の収税権を得て最初のベンガル州知事となる。
1767			アユチア朝滅亡(1350～)。

西紀	中国王朝	(主タル)日中年号	重要事項
1773		乾隆38(後桃園天皇安永2)	イエズス会(1534〜)，ローマ教皇より解散を命ぜらる。イギリス，インド整理法案発布，インドのアヘン専売権を買収。安南，西山党の乱。
1774			ヘイスチングス，ベンガル総督となる。
1778			ピア＝タク，ビルマ人を追ってシャムを復興。
1786			チャオ＝ピヤ＝チャクリ，清より暹羅国王に封ぜらる。
1788			清，西山朝を征す，翌年西山朝の阮文恵清に入貢，安南国王に封ぜらる。
1791		乾隆56(光格天皇寛政3)	清，グルカ人を追ってネパールに遠征。
1793			安南黎朝滅亡。イギリス，マカートニイを中国に派遣。
1796		仁宗嘉慶1(寛政8)	白蓮教の乱おこる。
1800			清，アヘン輸入を禁止。
1802	清		西山朝滅亡，越南おこる。
1804		嘉慶9(光格天皇文化1)	ロシア，日本との通商を求む。翌年ロシア軍艦，元山に至り朝鮮との通商を求めて拒絶さる。
1816			イギリス，アマーストを中国に派遣。
1819			イギリス，シンガポールを領有。1824 オランダよりマラッカを譲渡さる。
1825		宣宗道光5(仁孝天皇文政8)	ビルマ戦争おこる（第1回1825〜26，第2回1852，第3回1885）。
1826			アフガニスタンにバルクゼー朝おこる。
1834		道光14(仁孝天皇天保5)	イギリス東インド会社の対清貿易独占廃止。
1839			アフガン戦争おこる（第1回1839〜42，第2回1878）。翌年**アヘン戦争おこる**。
1842			**南京条約成立**。翌年虎門寨条約，1844 望厦，黄埔条約成る。
1850		道光30(孝明天皇嘉永3)	**太平天国(長髪賊)の乱勃発**(太陽暦1851)。
1854		文宗咸豊4(孝明天皇安政1)	クリミヤ戦争おこる。日本開国（日米和親条約調印）。
1856			アロー号事件。
1857			セポイの叛乱，**ムガール朝滅亡**。
1858			アイグン条約成立。天津条約。フランス，ヴェトナムを征す。
1860		咸豊10(孝明天皇万延1)	英仏連合軍北京侵入。清，英仏と**北京条約**を結ぶ。露清**北京条約成立**。
1862		穆宗同治1(孝	サイゴン条約にてコーチシナ，フランス領と

西紀	中	国	日本	重要事項
		明天皇文久2)		なる。
1863		同治	2	カンボディア，フランスの保護国となる。
1866		同治5（孝明天皇慶応2)		朝鮮，フランス艦隊を江華島で撃退。シャーマン号事件。
1867				イギリス海峡植民地成立。アメリカ，ロシアよりアラスカ，アリューシャン群島を買収。
1868		同治 7	明治元	ボハラ汗国，ロシアに降る。
1871		10	4	朝鮮，アメリカ艦隊を退く。日本清国通商条約成立。
1873		12	6	ヒヴァ汗国，ロシアに降る。
1874		13	7	日本，台湾を征伐。大院君失脚。
1875		光緒 1（徳宗)	8	日本，ロシアと千島，樺太交換。江華島雲揚艦事件。
1876		2	9	ロシア，コーカンド汗国を併合。江華島条約成立。清，イギリスと芝罘条約締結。日本，琉球の領有を確保。
1881	清	7	14	イリ条約成立。
1882		8	15	朝鮮，壬午の変。日本，朝鮮と済物浦条約，清，朝鮮と商民水陸貿易章程を締結。
1883		9	16	**ヴェトナム，フランスの保護国となり**，1887 **仏領インドシナ成立**。
1884		10	17	清仏戦争(翌年和議なる)。朝鮮，甲申の変。
1885		11	18	朝鮮，日本と漢城条約を結ぶ。巨文島事件。インド国民会議結成さる。
1893		19	26	ラオス，フランスの保護国となる。
1894		20	27	金玉均，上海に殺さる。東学党の乱おこる。**日清戦争勃発**。孫文ら，興中会を組織。
1895		21	28	下関条約成立。日本，三国干渉により遼東を還付。閔妃暗殺事件。
1896		22	29	ロシア，密約により東支鉄道の敷設権を得。
1897		23	30	フランス，清に海南島不割譲を約せしむ。朝鮮国号を韓と改む。ドイツ，膠州湾を占領，翌年これを租借。
1898		24	31	徳宗，上諭の国是を発す。**戊戌の政変**。ロシア，旅順，大連を租借。日本，清に福建不割譲を約せしむ。イギリス，威海衛および九竜半島全部を租借，清に揚子江沿岸不割譲を約せしむ。アメリカ，ハワイ諸島を併合，米西戦争によりフィリピン群島，グアム島を獲得。フランス広州湾占領(翌年租借)，広東，広西，

西紀	中国		日本	重要事項
				雲南の不割譲を清に約せしむ。
1899	清	光緒25	明治32	**義和団事変おこる**(～1901)。アメリカ国務長官ジョン＝ヘイ中国の門戸開放を提唱。
1900		26	33	ロシア，江東六十四屯虐殺事件を惹起。
1901		27	34	義和団議定書調印。
1902		28	35	**日英同盟調印**。光復会上海に結成。
1904		30	37	**日露戦争おこる**(～1905)。華興会，長沙に結成。
1905		31	38	中国革命同盟会結成。日英同盟改訂。日清北京条約成立。ベンガル州の分割によりインドに排英運動おこる。
1907		33	40	日清間に間島問題紛糾。イランに関する英露協商成立。第一回日露協約成立。
1908		34	41	高平，ルート協約成る。辰丸事件。清，憲法大綱発布。徳宗，西太后没。青年トルコ党蹶起。
1909		宣統 1 (宣統帝)	42	張之洞没。日清間の安奉線，間島，撫順，煙台炭坑，法庫門鉄道，営口支線問題等解決。
1910		2	43	**日韓併合**。第二回日露協商成立。英米独仏対華四国借款団成立。
1911		3	44	清，鉄道国有問題おこる。**辛亥革命勃発**。
1912	中華民国	民国 1	大正 1	**孫文，臨時大総統に就任**。清帝退位，**清朝滅亡**。臨時約法成る。**袁世凱，孫文に代って臨時大総統に就任**。日露両国，英米独仏対華四国借款団に加入(六国借款団)。
1913		2	2	六国対華借款団よりアメリカ脱退（五国借款団)。中国，善後借款問題紛糾。第二革命失敗。袁世凱正式大総統となる。宋教仁暗殺さる。
1914		3	3	袁世凱，国会を停止，修正約法を公布。**第一次世界大戦勃発**(～1918)。孫文東京にて中華革命党を組織。
1915		4	4	**日本，中国に二十一ヵ条を要求，**中国に排日ボイコットおこる。袁世凱の帝政問題おこる。第三革命勃発。露蒙華三国協定成立。
1916		5	5	袁世凱，帝制を取消して病没。**胡適の文学運動始まる。**
1917		6	6	中国参戦問題紛糾。西原借款問題おこる。張勲の復辟運動失敗。広東軍政府成立，孫文大元帥。**ロシア革命勃発。**
1918		7	7	孫文，広東を追わる。北京大学内にマルキシ

西紀	中国		日本	重要事項
				ズム研究会設立さる。
1919	中華民国	民国 8	大正 8	**パリ平和会議開催**。中国，北京大学学生たち，五四運動おこる。中華革命党を中国国民党に改名。ソ連カラハン宣言。モンターギュ＝チュルムスフォード改革案，イギリス議会を通過。ビルマ，反英運動を展開。第3回アフガン戦争。イギリス，イランを保護下に置く。
1920		9	9	日英米仏新四国対華借款団成立。安直戦争おこる。インドネシア共産党結成。ムスタファ＝ケマル，新政府を樹立。
1921		10	10	孫文，広東に新政府を組織。ローラット治安維持法(～1922)発布，ガンディーらの国民運動おこる。一全大会を上海に開催，中国共産党正式に成立。魯迅，阿Q正伝を北京の晨報副刊に掲載。ワシントン会議開催（～922)。イラク王国成立。
1922		11	11	第一奉直戦争。孫文，北伐軍をおこして失敗。**九ヵ国条約調印**。日本，山東還付，シベリア撤兵。**四ヵ国条約**によって日英同盟廃棄。オスマン＝トルコ滅亡。
1923		12	12	トルコ共和国成立。
1924		13	13	第二奉直戦争，宣統帝亡命。第一次国共合作成立。モンゴル人民共和国成立。リザ＝ハーン挙兵，イランに対するイギリスの保護条約破棄を宣言。
1925		14	14	孫文没。五三〇事件勃発。張作霖，馮玉祥と戦い，郭松齢の背叛に遭いしも勝利を得。広東軍政府，国民政府と改称。イランのカジャール朝滅亡。リザ＝ハーン国王に選ばる。
1926		15	昭和 1	中山艦事件。**蔣介石，北伐を開始**。
1927		16	2	国民政府左派，武漢に移転，蔣と反目。武漢政府，蔣を罷免。南京事件おこる。蔣介石，上海クーデターを断行，南京に国民政府を組織。武漢，南京両政府合併，国共分離。張作霖，大元帥となる。日本第一次山東出兵。サイモン委員会のインド派遣に対する反英運動おこる。
1928		17	3	蔣介石復職，北伐再開。日本第二次山東出兵，済南事件おこる。**北伐完成**。張作霖爆死。国民政府，北京を北平と改む。張学良，国民政

西紀	中国		日本	重要事項
	中華民国			府に帰す。
1929		民国18	昭和 4	蔣介石，編遣会議を開催。国民会議，インドの完全独立を決議。
1930		19	5	イギリス，威海衛還付。ガンディーら，無抵抗不服従運動開始。第一次英印円卓会議。
1931		20	6	蔣介石，胡漢民を監禁。中華民国訓政時期約法制定。広東国民政府成立。万宝山事件。**満州事変勃発**。南京，広東両政府合体。第二次英印円卓会議。江西省瑞金に中華ソヴィエト政府成立。
1932		21	7	上海事変勃発。リットン調査団，日本にいたる。日本，偽満州国を建設。日華停戦協定成立。シャム立憲革命おこり，憲法を発布。
1933		22	8	山海関事件。国際連盟，リットン調査団の報告書採択。日本，国際連盟脱退を通告。日本熱河作戦，熱河，満州国領となる。塘沽停戦協定成立。シャムに護憲革命おこる。
1934		23	9	溥儀,満州国皇帝となる。中国共産軍の西遷。
1935		24	10	広田外相，対華三原則を発表。冀東防共自治委員会組織。冀察政務委員会成立。シャム，列国との不平等条約を廃棄。ペルシァ，国号をイランと改む。イタリア，エチオピアに侵入。
1936		25	11	日本，二二六事件おこる。**西安事件勃発**。ヒットラー，ロカルノ条約を廃棄。日独防共協定成立。
1937		26	12	二月西安事件鎮定。**七月盧溝橋事件勃発，日華事変に拡大**。通州事件。八月第二次上海事変勃発。日本軍，北平入城。九月日本の侵略行為に対する中国の提訴，国際連盟に採択さる 。十月第二次国共合作。十一月国民政府，重慶に遷都。日独伊防共協定成立。十二月南京陥落。中華民国臨時政府成立(～1940)。
1938		27	13	一月日本政府，国民政府を対手とせざる旨声明。三月中華民国維新政府成立(～1940)。四月ドイツ，満州国を承認。七月張鼓峰事件。九月モンゴル連合自治政府成立。十月日本軍，広東，武漢を占領。十一月近衛首相，東亜新秩序建設の声明を発表。十二月汪兆銘，重慶を脱出。

西紀	中	国	日本	重要事項
1939	中華民国	民国28	昭和14	一月国際連盟理事会，援蔣決議を採択。五月ノモンハン事件。七月日英東京会談（八月決裂）。アメリカ，日本の資産凍結，日米通商航海条約廃棄を通告。シャム国名をタイと改む。九月ノモンハン停戦協定成立。英，仏対独宣戦布告，**第二次ヨーロッパ大戦勃発**。
1940		29	15	六月日本軍，仏印進駐，フランス援蔣物資輸送禁止承諾。七月イギリス，ビルマ援蔣路禁絶承諾。九月日独伊三国同盟成立。
1941		30	16	四月日ソ中立条約締結。六月日蘭会商決裂。十月アメリカ，イギリス，中国，オランダ，マニラに軍事会談開催。十一月東条内閣成立。**十二月太平洋戦争勃発**，独伊，アメリカに宣戦，**第二次世界大戦**を現出，重慶国民政府，日独伊に宣戦布告。
1942		31	17	一月南京偽国民政府，日本側に立って参戦。日独伊新軍事協定調印。四月マッカーサー元帥西南太平洋連合軍司令官となる。
1943		32	18	一月米，英カサブランカ会談。**二月連合軍，ガダルカナル島を奪還**。八月日本，ビルマの独立を許可，インド自由仮政府を承認。十一月カイロ宣言発表。
1944		33	19	七月東条内閣退陣。十月ウッデマイヤー少将，スチルウェル中将に代って中国に来任。
1945		34	20	二月クリミヤ会談，ヤルタ協定成立。三月アラブ連盟成立。四月ソ連，日本に日ソ中立条約不延期を通告。五月ドイツ降伏，ヨーロッパ戦争終結。**七月ポツダム宣言発表**。八月ソ連，対日宣戦布告，**日本ポツダム宣言受諾，無条件降伏**。偽中華民国国民政府解消。中ソ友好条約成立。モンゴル人民共和国独立，翌年一月中国承認。十月インドネシア共和国独立宣言。十二月米英ソ中四国外相モスクワ会議。
1946		35	21	一月重慶に政治協商会議開催。二月北朝鮮に臨時人民委員会成立。五月イギリス，インド独立計画案を発表。**七月フィリピン独立**。
1947		36	22	三月，国民政府軍延安攻略，国共関係完全に決裂。**八月インド連邦，パキスタン独立**。十一月民主同盟解散を命ぜらる。

西紀	中国	日本	重要事項
1948	民国37	昭和23	一月ガンディー暗殺さる。ビルマ共和国独立。二月セイロン独立。五月パレスチナ戦争。蔣介石初代総統，李宗仁副総統となる。八月大韓民国成立。九月インド連邦軍，ハイデラバード侵入。朝鮮民主主義人民共和国成立。
1949	38	24	一月蔣介石，総統を辞任，李宗仁代理総統となる。二月バオダイ協定成立，ヴェトナム中央臨時政府承認さる。七月蔣介石，フィリピン大統領キリノと会談，反共太平洋同盟を提唱。**十月一日中華人民共和国成立**。国民政府全く一地方政権と化し，台湾にのがる。**十二月インドネシア連邦共和国，オランダより主権を譲渡せらる**。インド，中国政府を承認。
1950	中華人民共和国	25	一月イギリス，中国政府を承認。六月北朝鮮軍，韓国に侵入。中国，ソ連，ホーニチミンのヴェトナム共和国承認。アメリカ，イギリス，バオダイのヴェトナム政府承認。
1951		26	一月イラン，石油工業の国有化法案可決。四月マッカーサー元帥解任，後任にリッジウェイ中将。**九月サンフランシスコ会議，対日平和条約調印。日米安全保障条約調印**。
1952		27	一月大韓民国，李承晩ラインを宣言。三月タイ国新憲法公布。四月台北にて日華平和条約調印。六月日本，インド平和条約調印。七月エジプトにクーデターおこり，国王亡命。
1953		28	一月アイゼンハウアー，アメリカ合衆国大統領に就任。二月アイゼンハウアー，一般教書において台湾の中立解除を発表。三月スターリン没。六月エジプト共和制宣言。七月朝鮮停戦協定成立。十一月李承晩韓国大統領台湾訪問，反共アジア統一戦線結成を提唱。
1954		29	三月台湾国民政府代表大会，蔣介石を総統に再選。四月チベットに関する中印協定成立。アジア問題討議のジュネーヴ会議開催，19国参加。五月仏印，ディエンビエンフー陥落。七月インドシナ停戦協定成立。九月東南アジア防衛機構成立。中華人民共和国憲法公布。
1955		30	二月トルコ，イラク相互防衛条約（バグダード条約）調印。四月アジア，アフリカ会議，バンドンで開催。五月ロンドンで日ソ交渉開

西紀	中国	日本	重要事項
			始。十月南ヴェトナム主席バオダイ廃位。十二月中ソ通商議定書調印。
1956	中華人民共和国	昭和31	二月日ソ交渉，領土問題討議，交渉中断。ソ連スターリン批判おこる。三月日ソ交渉再開。パキスタン＝イスラム共和国発足。六月ナセル，エジプト大統領就任。七月日比賠償協定，平和条約批准。十月イスラエル軍エジプト侵入，英仏軍介入，十一月国連軍スエズ派遣，英仏，イスラエル，エジプト停戦。十二月日ソ共同宣言批准，日ソ復交。日本国連加盟。
1957		32	三月スマトラに軍部の反乱おこる。スエズ運河再開。六月アラブ連盟経済会議，対イスラエル経済ボイコット強化決定。八月イギリス，マラヤ連邦独立条約調印。十月エジプト軍シリアに進駐。十二月イスラエル，ヨルダン交戦。日ソ通商条約調印。
1958		33	二月エジプト，シリア合邦，アラブ連合共和国成立。イラク，ヨルダン両国アラブ連邦を結成。七月イラク革命，共和国となる。八月アラブ連邦解消。
1959		34	一月イギリス，アラブ連合会談カイロに開催。二月中国北ヴェトナム援助協定調印。三月アメリカ，トルコ，イラン，パキスタン3国新軍事経済援助協定調印。四月ダライ＝ラマ，インドに亡命。五月日本，ヴェトナム賠償協定調印。八月在日朝鮮人，北朝鮮帰還協定調印。
1960		35	四月大韓民国大統領李承晩辞任，許政内閣成立。五月トルコ陸軍，クーデターに成功。七月日本，岸内閣総辞職，池田内閣成立。八月大韓民国，張勉内閣成立。九月ラオスに内戦おこる。十一月アメリカ大統領選挙，民主党ケネディ当選（翌年一月就任）。
1961		36	一月中共九中全会。四月南ヴェトナム大統領にゴジンジェム再選。五月大韓民国，軍部のクーデター成功。翌月朴正熙，再建最高会議議長となる。九月ハマーショルド国連事務総長，北ローデシアで墜落死。シリアで陸軍反乱，アラブ連合から脱退。十一月フィリピン，マカパガル大統領に当選きまる。十二月インド，ゴアを接収。

西紀	中国	日本	重要事項
1962	中華人民共和国	昭和37	三月ビルマにクーデターおこる。シリアにクーデターおこる。六月ラオス3派(中立，右派，左派)，連合政府協定に調印。十月インド東北国境で中印両軍衝突。十一月中国，中印国境紛争に関し停戦声明。十二月中国，モンゴル国境条約に調印。
1963		38	一月ソ連，中国の教条主義を非難，中ソ論争表面化。大韓民国軍事革命派，民主共和党を樹立。中国，ネパール国境議定書を北京で調印。二月イラクにクーデターおこる。三月中国，パキスタン国境協定を北京で調印。シリア陸軍クーデター成功。五月イリアンの施政権，国連からインドネシアに移管。七月マレーシア連邦結成協定調印，インドネシアこれに反対。中ソ共産党会談決裂。八月南ベトナム，戒厳令を公布，仏教徒数百人を逮捕。九月マレーシア誕生。十月韓国大統領選挙，朴正熙当選。十一月南ベトナムにクーデターおこり，ゴ＝ジン＝ジエム大統領殺さる。ケネディ米大統領暗殺さる。十二月韓国，民政に移管，朴正熙大統領就任。
1964		39	一月南ベトナムにクーデターおこり，グエン＝カーン将軍，新軍事革命委員会議長となり，翌月その新内閣成立。四月ラオスに右派軍クーデターおこる。五月インド首相ネール死去。六月ソウルの反政府学生デモ暴動化，非常戒厳令公布。九月南ベトナムにクーデターおこるも失敗。十月中国，初の核爆発の実験を行なう。
1965		40	一月インドネシア，国連脱退を通告。二月南ベトナムにクーデター，グエン・カーン政権倒る。四月北ベトナム，ベトナム平和四条件を提示。六月南ベトナム首相にグエン・カオ・キ空軍司令官就任。七月李承晩没。八月シンガポール，マレーシアから分離独立。九月インド，パキスタン，カシミール地区で交戦，安保理事会の停戦決議を受諾。インドネシアにクーデターおこる。十一月フィリピン大統領選挙，マルコス当選。
1966		41	一月ハンフリー米副大統領ヴェトナム平和14項目を発表。インド首相シャストリ急死，インディラ＝ガンジー女史新首相に当選。二月シ

西紀	中国	日本	重要事項
1966		昭和41	リアにクーデター。七月インドネシア暫定国民協議会，スカルノ大統領の終身大統領の称号を奪う。八月中国共産党中央委員会，プロレタリア文化大革命に関する16項目の決定採決，ついで北京に紅衛兵の実力行使はじまる。インド，マレーシア関係正常化に関する協定調印。九月インドネシア，国連に正式復帰。十月マニラでヴェトナム参戦7国会議開かる。十二月カンボディア，韓国と断交。
1967	中華人民共和国	42	一月中国の壁新聞，陶鋳を批判，ついで周恩来首相，陳毅外相を批判。二月インドネシア国会，スカルノ大統領解任要請を決議，スカルノ拒否。三月インドネシア暫定国民協議会，スハルト将軍を大統領代行に任命。四月南ヴェトナム，新憲法を公布。タイとシンガポール，国交樹立。五月韓国大統領選挙，朴大統領再選。インド大統領選挙，フセイン当選。六月イスラエル内閣改造，ダヤン国防相入閣。第三次中東戦争，イスラエル，シナイ半島・ヨルダン川西岸要地を占領，アラブ連合，スエズ運河を閉鎖。アラブ連合大統領ナセル，敗戦の責任を負い辞意表明，国民の要請で撤回。アラブ連合新内閣成立，ナセル大統領，首相を兼任。イスラエル，新旧イェルサレムを一市に統合。八月タイ・フィリピン・マレーシア・インドネシア・シンガポール，東南アジア諸国連合（ASEAN）を結成。中国人デモ隊，北京のソ連大使館に乱入放火。紅衛兵，北京のイギリス代理大使事務所に乱入放火。九月南ヴェトナム大統領選挙，チュー国家指導委員会議長当選。十一月ソ連とマレーシア国交樹立。
1968		43	一月アメリカ情報収集艦プエブロ，北朝鮮警備艇に捕獲さる。南ヴェトナム全土に戒厳令。三月イスラエル軍，ヨルダン領に進攻。インドネシア暫定国民協議会，スハルト大統領代行を大統領に正式任命。五月ヴェトナム和平パリ会談始。六月タイ，憲法公布。小笠原諸島，日本復帰。七月ソ連・北ヴェトナム，新軍事経済援助協定調印。イラクにクーデター，

西紀	中国	日本	重要事項
1968		昭和43	バクル将軍大統領に新任。九月マレーシア，フィリピンとの断交を通告。十月ジョンソン米大統領，ヴェトナムにおける北爆停止を発表。十一月沖縄立法院選挙，屋良朝苗主席に当選。十二月プエブロ乗組員釈放さる。
1969	中華人民共和国	44	一月スエーデン，北ヴェトナムを承認。ニクソン，アメリカ大統領に就任。三月中ソ両軍，ウスリー川ダマンスキー島（珍宝島）で衝突。パキスタンのアユブ大統領辞任，ヤヒア大統領就任。五月マレーシア，全土に非常事態を宣言。六月憲法改正および朴大統領三選に反対する韓国学生のデモ激化。七月西イリアンのインドネシア帰属決定。八月新疆ウイグル自治区・カザフ共和国の中ソ国境で中ソ両軍衝突。九月北ヴェトナム，トン＝ドク＝タン副大統領を新大統領に選出。十一月フィリピン大統領選挙，マルコス大統領再選。
1970		45	三月沖縄復帰準備委員会発足。カンボディア国民議会と王国会議，シアヌーク国家元首を解任，王国会議，ロン＝ノル首相に全権を付与。四月ニクソン米大統領，米軍のカンボディア直接介入を発表。五月シアヌーク殿下，カンボディア民族連合政府の樹立を発表，中国・北朝鮮，同政府を承認。カンボディア問題に関するアジア・太平洋諸国会議，ジャカルタに開催（11ヵ国参加）。六月カンボディア政府，全土に戒厳令を施行。七月アラブ連合大統領ナセル，中東和平に関する米提案を受諾。八月イスラエルとアラブ連合，90日間の停戦に入る。十月カナダと中国，国交樹立，中華民国，カナダと断交。十一月イタリアと中国，国交樹立，中華民国，イタリアと断交。十二月エチオピア中国を承認。パキスタン，直接普通選挙実施，アワミ連盟過半数を獲得。
1971		46	三月パキスタン大統領ヤヒヤ＝カーン，制憲議会の開催を無期限延期，東パキスタンのアワミ連盟総裁ラーマンこれに抗議。インド総選挙，ガンジー派国民会議派圧勝。ヤヒヤ＝カーン，アワミ連盟を非合法化，ラーマン，東パキスタンの独立を宣言，東パキスタン情勢悪

西紀	中国	日本	重要事項
1971	中華人民共和国	昭和46	化。四月アラブ連合・シリア・リビア三国首脳，アラブ共和国連邦結成の協定に調印。韓国大統領選挙，朴大統領三選。五月韓国総選挙，与党民主共和党過半数を占む。六月リビア，中国を承認，中国承認国63。沖縄返還協定調印。七月インドネシア総選挙，スハルト政権支持派圧勝。八月ソ連・インドネシア，平和友好協力条約に調印。シリア，ヨルダンと断交。アラブ連合・シリア・リビア，アラブ共和国連邦憲法案に署名。九月アラブ共和国連邦結成。アラブ連合はエジプト・アラブ共和国と国名を変更。中国前国防相兼副主席林彪，クーデター計画に失敗，国外脱出の際，飛行機の墜落によって死亡。十月南ヴェトナム大統領選挙，グエン＝バン＝チュウ大統領再選。アラブ共和国連邦，エジプト大統領サダトを初代連邦大統領に選出。国民政府，国連を脱退。十一月タイ，議会を解散して軍政に復帰，全土に戒厳令を布告。インド・パキスタン国境紛争激化，十二月両国全面戦争に突入。インド政府，バングラデシュ人民共和国を承認。東パキスタン軍，インド軍に無条件降伏，パキスタン大統領ヤヒア，インドの停戦案を受諾，インド・パキスタン戦争停止。パキスタン副首相ブット，新大統領に就任。
1972		47	一月アワミ連盟総裁ラーマン，バングラデシュ人民共和国首相に就任。ソ連，バングラデシュ人民共和国を承認。二月英，西独，北欧諸国および日本，バングラデシュ人民共和国を承認。ニクソン米大統領，中国を訪問。三月ヨルダン国王フセイン，アラブ連合王国構想を発表。四月エジプト，これに反発してヨルダンと外交関係を断絶。五月沖縄，日本に復帰。七月韓国と北朝鮮，自主統一問題で共同声明。九月田中首相中国を訪問，台湾，対日断交声明を発表。十月インドと東ドイツ，西ドイツと中国，国交樹立。韓国全土に非常戒厳令，憲法改正，国会解散，政治活動禁止等の措置とらる。
1973		48	一月米・南北ヴェトナム・南臨時革命政府，

西紀	中国	日本	重要事項
1973	中華人民共和国	昭和48	ヴェトナム和平協定調印。二月ラオス，ビエンチャン政府と愛国戦線，和平協定調印。韓国総選挙，与党民主共和党 2/3 の議席確保。三月バングラデシュで総選挙，アワミ連盟大勝。スペインと中国，国交樹立，台湾，スペインと断交。インドネシア国民協議会，スハルト大統領を再選。マレーシアと北ヴェトナム，外交関係樹立。日中間に大使交換。六月マレーシアと北朝鮮，国交樹立。八月シンガポールと南北両ヴェトナム，国交樹立。韓国の元大統領候補金大中，東京で誘拐され，ソウルに連行さる。中国共産党十全大会。九月イギリスと北ヴェトナム，国交樹立。ラオス，ビエンチャン政府と愛国戦線，臨時民族連合政府に合意，和平議定書に調印。日本と北ヴェトナム，国交樹立。十月第四次中東戦争。タイ，タノム内閣総辞職，サンヤ首相組閣。
1974		49	一月日中貿易協定調印。ビルマ，ビルマ連邦社会主義共和国と国名を変更。日韓大陸ダナ協定調印。二月パキスタン，バングラデシュを承認，イラン・トルコも同国を承認。三月ビルマ，十二年ぶりに民政移管。四月ラオス民族連合政府樹立。日中航空協定調印。五月タイ，サンヤ内閣総辞職，第二次サンヤ内閣成立。マレーシアと中国，国交樹立。七月オーストラリアと北朝鮮，国交樹立。八月インド大統領にアハメド選出。九月ギニア＝ビサウ共和国独立。エチオピア軍，皇帝を廃し，暫定軍事政権樹立。第29回国連総会（バングラデシュ・グレナダ・ギニア＝ビサウの加盟承認）。中国，文化大革命中批判された幹部三十余人復活。十月タイ新憲法成立。アラブ首脳会議，パレスチナ国家の樹立などを決議。
1975		50	一月中国人民代表大会，新憲法を採択。バングラデシュ，憲法改正，ラーマン首相，大統領として全権を掌握。タイ総選挙，民主党第一党。二月タイ，セニ民主党党首を首相に選任。三月エチオピア，帝制を廃止。タイ，セニ内閣不信任で総辞職，ククリット社会行動党首，連立内閣を組織。サウディ＝アラビア国王暗

西紀	中国	日本	重要事項
1975	中華人民共和国	昭和50	殺され，ハリド新王即位。四月ロン＝ノルカンボディア大統領亡命。キエム南ヴェトナム内閣総辞職。シッキム，王制を廃止，インドに合併。フランス・ASEAN・日本，カンボディア王国民族連合政府を承認。チュー南ヴェトナム大統領辞任，ズオン＝バン＝ミン将軍大統領に就任。サイゴン政権，無条件降伏。五月日本，南ヴェトナム臨時革命政府を承認。タイと北朝鮮，国交樹立。ラオス，プーマ首相内戦終結を宣言。レバノン，軍事内閣成立。六月スエズ運河，八年ぶりに再開。フィリピンと中国，国交樹立。八月北ヴェトナムとフィリピン，国交樹立。バングラデシュでクーデター，ラーマン大統領殺害され，アーメド商務相，大統領に就任。九月カンボディア，シアヌーク元首，五年ぶりに帰国。パプア＝ニューギニア独立。十月パキスタンとバングラデシュ，外交関係樹立。十一月バングラデシュでクーデター，アーメド大統領辞任，サイエム大統領就任。十二月ラオス，王制廃止，人民民主共和国と改称，大統領にスファヌボン就任。カンボディア，新憲法公布。
1976		51	二月中国，走資派批判広がる。三月韓国，金大中ら民主救国宣言。四月カンボディア，シアヌーク国家元首辞任。四月中国，天安門事件，鄧小平失脚，首相に華国鋒就任。タイ，セニ内閣発足。南北ヴェトナムで統一選挙。五月東チモール，インドネシアへ併合。六月ソ連とフィリピン，国交樹立。ヴェトナム社会主義共和国成立，大統領トン＝ドク＝タン，首相ファン＝バン＝ドン，首都ハノイ。七月フィリピンとヴェトナム，国交樹立。八月タイとヴェトナム，国交樹立。韓国，第二の民主救国宣言。九月中国，華国鋒党主席に就任。十月タイでクーデター，軍事政権タニンを首相に任命。中国，江青ら逮捕，文革左派四人組批判展開。タイ新憲法発布，新内閣発足。十一月ソ連，対中改善に転換，国境交渉を再開。十二月ヴェトナム，労働党をヴェトナム共産党に改め，レ＝ジュアン書記長となる。

西紀	中国	日本	重要事項
1977	中華人民共和国	昭和52	三月アラブ=アフリカ首脳会議（カイロ宣言を採択)。インド，ガンディー政権崩壊，デサイ人民党委員長首相に就任。韓国，金大中らの有罪確定，ソウルで民主救国憲章を発表。五月イスラエル総選挙で労働党敗北。六月イスラエル，ベギン内閣誕生。SEATO が解体。七月パキスタン，軍部がクーデター。中国，鄧小平復活，四人組永久追放。スリランカ総選挙，与党大敗，ジャヤワルデネ統一国民党総裁が首班。在韓地上軍の撤退決定(1978年末までに6千人)。八月クアラルンプールでASEAN 首脳会議。中国共産党十一全大会(華国鋒体制の確立，新党規約を採択，文革終結を宣言)。九月ヴェトナム，国連に加盟。十月タイ，無血クーデター，サガット国防相実権握る。十一月タイ，暫定憲法発表，クリアンサック内閣発足。サダトエジプト大統領イスラエル訪問，ベギン首相と会談（不戦の誓いを表明)。十二月トリポリでアラブ強硬派六首脳会議。中東和平カイロ会談。
1978		53	二月エジプト，キプロスと断交。三月中国，全人代第一回会議（新憲法・新人事を決定，副首相に鄧小平)。スハルト，インドネシア大統領に三選。四月中国，EC と貿易協定調印。中国漁船，尖閣列島を侵犯。アフガニスタンでクーデター，軍事評議会が実権を掌握。五月中国，ヴェトナムが華僑を迫害追放したと非難。六月タイで ASEAN 外相会議。中国，ヴェトナムとの対立深刻となる。ヴェトナム，コメコンに正式加盟。ヴェトナム，カンボディアに侵入。七月韓国，朴大統領再選。ソロモン諸島，英国から独立。八月北京で日中平和友好条約締結（十月発効)。九月米国・イスラエル・エジプト，米国で中東和平会談。アラブ強硬派首脳会議（中東和平合意を拒否)。十一月ヴェトナム，モスクワでソ連と友好協力条約に調印。イラン，軍政に移行。中国，毛沢東批判おこる。十二月カンボディア救国民族統一戦線結成。イラン，王制打倒デモ激化。韓国，金大中を釈放。

西紀	中国	日本	重要事項
1979	中華人民共和国	昭和54	一月米，中国と外交関係樹立，台湾と国交を断絶。カンボディア救国民族統一戦線とヴェトナム軍，プノンペンを攻略。カンボディア人民共和国樹立宣言。イラン国王出国，ホメイニ，イスラム臨時政府樹立を発表。二月イラン，バザルガン暫定内閣成立。中国軍，ヴェトナムに侵攻。ヴェトナム・カンボディア友好協力条約調印。三月中国，ヴェトナムから撤兵。中央条約機構 (CENTO)，イラン・トルコの脱退で崩壊。エジプト・イスラエル平和条約調印。四月中国，中ソ友好同盟条約廃棄を通告。サウディ＝アラビア，エジプトと断交。六月中国，全人代開き四つの近代化など採択。ASEAN 外相会議，インドシナ難民対策を協議。九月アフガニスタン，タラキ議長失脚，アミン新議長。十月韓国各地に反体制デモ続発。朴韓国大統領射殺さる。十一月イラン学生，テヘランの米大使館占拠。韓国，崔圭夏大統領を選出。十二月アフガニスタンでクーデター，アミン議長処刑さる。
1980		55	一月国連緊急総会，アフガニスタンからの全外国軍の撤退要求を決議。エジプト・イスラエルが国交樹立。イスラム諸国緊急外相会議，アフガニスタンからソ連軍の撤退を求める決議を採択。二月イラン，バニサドル大統領就任。韓国，金大中らの公民権を回復。四月米，イランと断交。中ソ友好同盟条約が失効。米，イランの人質救出に失敗。五月中国，ICBM の発射実験に成功。韓国，金大中らを逮捕，全土に非常戒厳令を布告，光州で学生・市民の反政府運動発生。六月日本，対イラン経済制裁を実施。タイ・カンボディア国境にある難民村をヴェトナム軍が攻撃。七月イスラエル国会，イェルサレム首都宣言法案を可決。八月韓国大統領，崔圭夏から全斗煥へ。九月中国首相，華国鋒から趙紫陽へ。シリア・リビア両政府，単一国家樹立を発表。トルコで無血軍事クーデター。イラン・イラク戦争発生。十月韓国，第五共和制発足。十一月イラン議会，米大使館人質解放の条件を決定。

西紀	中国	日本	重要事項
1981	中華人民共和国	昭和56	一月韓国，南北首脳の相互訪問を提案。フィリピン，戒厳令を解除。韓国，死刑確定の金大中を無期に減刑。中国，文革派集団に判決。二月韓国大統領に全斗煥当選。五月バングラデシュ，ラーマン大統領暗殺，後任はサッタル。六月イスラエル空軍機，イラクの原子炉を爆撃。イラン，バニサドル大統領解任。中国共産党六中全会で華国鋒主席辞任，後任は胡耀邦，文革否定の歴史決議を採択。七月イスラエル，ベギン首相を再選。八月イスラエル・エジプト，パレスチナ自治交渉再開に合意。九月カンボディアの反ヴェトナム三派が連合政府結成のコミュニケに調印。エジプト，全宗教団体の政治活動を禁止，反政府派大量逮捕。中国，台湾との平和統一提案。十月エジプトのサダト大統領暗殺，後任にムバラク。十一月ビルマ，ネ＝ウィン大統領辞任，後任はサン＝ユ。十二月カンボディアの人民革命党ペン＝ソバン書記長解任，後任にヘン＝サムリン。イスラエル，ゴラン高原併合決定。
1982		57	三月バングラデシュでクーデター。四月米，台湾への武器輸出を発表。イスラエル，シナイ半島をエジプトに全面返還。五月イラン軍，イラク領内に侵攻。六月イスラエル軍，南部レバノンに侵攻（レバノン戦争）。PLO，ベイルートを撤退。ベイルートで難民を虐殺。七月反ヴェトナム三派による民主カンボディア連合政府成立，シアヌーク大統領が連合政府樹立を宣言。日本の高校教科書の歴史的記述について中国・韓国が抗議。九月中国共産党，新党規約を採択。党主席制を廃止，総書記に胡耀邦。アラブ首脳会議，フェス憲章を採択し，イスラエルの生存権を認む。ジェマイエル次期レバノン大統領暗殺，後任は兄アミン＝ジェマイエル。十月北京で3年ぶりに中・ソ次官級会談。中国，初の潜水艦発射ミサイル実験に成功。中国空軍操縦士がミグ19型機でソウルへ，韓国は台湾亡命を認む。十一月中国，対韓貿易を禁止。十二月中国，新憲法を採択。韓国，金大中の刑執行を停止。

西紀	中国	日本	重要事項
1983	中華人民共和国	昭和58	一月中国，江青・張春橋を死刑から無期に減刑。二月韓国で米韓合同演習。パレスチナ民族評議会，フェス憲章・連合国家構想を承認。北朝鮮の軍人がミグ機で韓国に亡命。四月中東で爆弾テロ続く（八月・十月・十二月）。五月武装中国人が中国旅客機を乗っとり韓国に着陸。六月中国全人代で李先念国家主席・彭真全人代常務委員長・鄧小平国家中央軍事委主席を選出。七月英国，1997年に香港を中国に一括返還を伝達。スリランカで人種暴動。八月中国のミグ機，亡命を求め韓国に着陸。フィリピンのアキノ暗殺さる。九月ソ連機，大韓航空機をソ連領海上空で撃墜。北京で日中閣僚会議。南レバノン占領のイスラエル軍撤収，国内の紛争激化，停戦協定成立。イスラエルのベギン首相辞任，後任はシャミル外相。十月ラングーンで爆弾テロ，韓国閣僚死亡，ビルマは北朝鮮と断交。イラクが仏製戦闘機を購入，イランはペルシア湾封鎖を警告。十一月 PLO のアラファト派と反対派が内戦に突入。十二月バングラデシュ大統領にエルシャド戒厳司令官が就任。PLO のアラファトらレバノン退去。
1984		59	一月ブルネイ独立。北朝鮮が米国を含む三者会談を，米国が中国を加えた四者会談を提唱。韓国は南北会談を声明，北朝鮮は米案を拒否。アフリカの飢餓深刻化。二月レバノンで内戦。イラン・イラク戦争で両軍が都市やタンカーを攻撃。五月中国の胡耀邦総書記，北朝鮮訪問。インドで宗教騒乱。北朝鮮の金日成首席訪ソ。七月東南アジア諸国連合外相会議が開かれ，カンボディアから全ヴェトナム軍撤兵の共同声明を発表。八月韓国，中国民航機乗っとり犯を台湾へ強制追放。九月全斗煥韓国大統領初来日。八月末の韓国の水害に北朝鮮が救援，経済交流実現（十一月まで）。レバノン，ベイルートの米大使館，爆破さる。中・英，1997年香港返還の合意文書に仮調印（十二月本調印）。十月中国，14年ぶりに国慶節式典。インド，ガンディー首相暗殺され，長男ラジブ＝ガンディー，首相となる。十一月南北朝鮮が経済会談提案。中国甘粛省の新石器時代遺跡で絵画・符号を発見。中国遼寧省で原人化石発掘。PLO，アラファト議長再選。ソ連人の南への越境により南北朝鮮軍が銃撃戦。十二月スリランカ，人種対立から暴動。

西紀	中国	日本	重要事項
1985	中華人民共和国	昭和60	二月韓国，新韓民主党が野党第一党に。三月イラク・イラン，互いに都市攻撃を展開。五月南北朝鮮経済会談を再開。ソ連，全アジア安保会議開催を提案。ソウルで大学生が米文化センターを占拠。六月ベイルートでヨルダン機が乗っとられ，機体爆破さる。米旅客機が乗っとられ，アルジェ・ベイルートを転転，米人旅客射殺され，イスラエルにレバノン人捕虜の釈放要求。七月南アフリカ，黒人暴動続発で非常事態宣言。米中，原子力協定に調印。八月南太平洋フォーラム，南太平洋非核地帯設置条約採択。南北朝鮮赤十字会談。中国で靖国神社公式参拝に不満おこる。九月南北朝鮮の離散家族が再会。十月イスラエル機，PLO本部を爆撃。パレスチナゲリラ，伊客船を乗っとり，エジプトに投降。十一月マルコス比大統領，大統領選挙の繰り上げ実施を発表。イラン，ホメイニの後継者にモンタゼリを選出。エジプト機乗っとられ，マルタ島に着陸，エジプト特殊部隊が襲撃，爆発炎上。十二月インドなど七ヵ国の南アジア地域協力連合発足。レバノン内戦，終戦協定調印。パキスタン，戒厳令を解除，軍政から民政へ。
1986		61	二月フィリピン，マルコス政権が崩壊，アキノ夫人大統領となる。四月米，リビア爆撃。中国，長征ロケットで米衛星を打ち上げ。五月アフガニスタン，書記長がカルマルからナジブラに代る。ジャカルタの日・米大使館に手製砲弾が打ちこまる。六月人種政策による混乱で南アフリカ全土に非常事態宣言，国際制裁を強化。七月中国，元を切り下げ。ヴェトナム共産党レ＝ジュアン書記長死去（十二月後任にグエン＝バン＝リン）。東西ベイルートで爆弾テロ。八月スーダン旅客機撃墜さる。九月カラチでパンナム機占拠さる。日本の藤尾文相，日韓併合に関する発言で韓国の抗議をうけ罷免。十月ソ連，アフガニスタンより部分撤兵。十一月レーガン大統領，レバノンの人質解放をめぐりイランに武器供与の事実を認む。韓国国防省，休戦ライン北側の対南放送で金日成主席死亡を放送と発表，翌日その健在が判明。十二月インド，シーク教過激派を逮捕。中国，合肥で民主化・自由化要求の学生デモが起り，他都市に波及。カザフ共和国，アルマアタで学生らの暴動起る。イラク旅客機乗っとられ緊急着陸，爆発炎上。

西紀	中国	日本	重要事項
1987	中華人民共和国	昭和62	一月中国共産党の胡耀邦総書記辞任（十一月趙紫陽首相が総書記）。二月フィリピン，国民投票で新憲法採択（五月上下両院選挙でアキノ派圧勝）。三月中国・ポルトガル，1999年末中国にマカオ返還を合意。四月ソ連，モンゴル駐留軍の一部撤兵開始。スリランカ，シンハリ人・タミル人の抗争激化（七月抗争終結の合意成立）。五月ペルシア湾でイラクのミサイル攻撃をうけ，米艦大破（七月米，ペルシア湾のタンカー護衛開始。十月米軍ヘリ，ペルシア湾に機雷敷設中のイラン艇を撃沈）。六月韓国，反政府デモ拡大。ヴェトナム，ファン＝フンを首相に選出。七月台湾，38年に及ぶ戒厳令解除。メッカでイラン巡礼団がサウディ＝アラビア警官隊と衝突。八月韓国，労使紛争全国に拡大。フィリピン，将兵が反乱。九月ラサでチベット独立を求めるデモ発生，警官と衝突。十月台湾，中国大陸の親族訪問を制限付で解禁。十一月大韓航空機，ビルマ沖に墜落。十二月マニラでASEAN首脳会議，地域協力への努力を示すマニラ宣言を採択。韓国大統領選で盧泰愚が当選。アフガニスタン，ヴェトナムと友好条約締結。
1988		63	一月台湾，李登輝が総統代行（七月総統就任）。韓国，大韓航空機墜落は北朝鮮の犯行と発表。二月タイ・ラオス，国境紛争の停戦に合意。三月インドネシア，スハルト大統領連続5選。チベット暴動，青海に波及。ヴェトナム，ボー＝バン＝キエト首相代行。南沙群島領有をめぐり中国・ヴェトナム交戦。四月中国，李鵬が首相。アフガン和平協定調印。五月ソ連，アフガニスタンから撤兵開始（八月半分の5万人撤退完了）。七月米艦，ペルシア湾でイラン旅客機を誤認撃墜。ビルマで政変（ネ＝ウィン議長辞任，後任セイン＝ルイン，大統領も兼任，八月マウン＝マウンも収拾できず，九月ソウ＝マウンが軍事政権樹立）。八月タイ，チャチャイが首相。パキスタン，ハク大統領機墜落。イラン・イラク戦争停戦。十一月パレスチナが独立宣言，イスラエル反発，米国・アラブ諸国は承認。パキスタン，総選挙で人民党圧勝(十二月ブット女史が首相—イスラム圏で初の女性政権)。十二月中ソ外相，32年ぶりに会談。韓国の全前大統領，一族の不正で落郷(1990年十二月帰京)。34年ぶりに中印首脳会談，国境紛争を凍結。

西紀	中国	日本	重要事項
1989	中華人民共和国	平成元	一月米機，地中海でリビア軍機を撃墜。二月韓国・ハンガリー，国交樹立。ソ連軍，アフガニスタンから撤退完了。三月チベット独立を求め，ラサで騒乱起り，戒厳令施行。イラン，英と国交断絶。四月中国，胡耀邦死去，追悼デモ北京・上海・南京に広がる。五月中ソ和解して正常化。北京に戒厳令施行。エジプト，10年ぶりにアラブ連盟に復帰。ヴェトナム難民の日本漂着始まる。六月イラン，ホメイニ死去，最高指導者にハメネイ大統領。中国，天安門事件，戒厳軍が武力制圧，民主化闘争に処刑続き，総書記に江沢民。七月日本，ビルマをミャンマーに表記変更。インド軍，スリランカから撤退開始。八月イラン，大統領にラフサンジャニ。九月ヴェトナム軍，カンボディアから撤退。十一月韓国・ポーランド，国交樹立。中国，鄧小平が中央軍事委主席を辞任。レバノンのルネ＝ムアワド大統領，選出から17日目に暗殺され，大統領にヘラウィ。インド，総選挙で国民会議派が大敗，首相にシン。十二月フィリピン，マニラで国軍の一部が反乱。マルタで米ソ首脳会談，冷戦終結を確認。エジプト，シリアと復交。
1990		2	一月北京の戒厳令解除。二月韓国，民正・民主・共和の三党合同，民主自由党結成。三月モンゴル人民革命党，一党独裁を放棄，新書記長にオチルバト。韓国・外モンゴル，国交樹立。韓国・ルーマニア，国交樹立。四月ネパール，民主化宣言，首相にバタライ。中国，李鵬首相訪ソ，国境の軍備削減協定成立。五月中国・外モンゴル，正常化。台湾，中国敵視政策を転換。南北イエメン統合，イエメン共和国誕生。韓国の盧泰愚大統領訪日，日本の天皇が植民地支配の責任を明確化。ミャンマー，総選挙で反政府派圧勝。六月韓ソ首脳会談。七月中国・サウディ＝アラビア，国交樹立。八月イラク軍，クウェートを侵略。国連，対イラク経済制裁を決議。多国籍軍，ペルシア湾岸に集結。パキスタン，ブット首相を解任，首相にイスラム民主同盟総裁シャリフ。中国，インドネシアと復交。九月外モンゴル，初代大統領にオチルバト。南北朝鮮，初の首脳会談（十月も）。サウディ＝アラビア，ソ連と復交。韓国・ソ連，国交樹立。十月エルサレムで流血事件。十一月インド，シン首相辞任，新首相にチャンドラ＝シェカール。

西紀	中国	日本	重要事項
1991	中華人民共和国	平成 3	一月湾岸戦争始まる。二月タイでクーデター。湾岸戦争終結。三月イラク内戦（反体制派の騒乱）。四月イラク，国連の停戦決議を受諾。世界卓球選手権大会でコリア統一チームを結成。日本，掃海艇をペルシア湾へ派遣。台湾，内戦終了を宣言。五月中国・ソ連，東部国境画定協定調印。インド，ガンディー元首相暗殺さる。六月南アフリカ共和国，人種差別法を全廃。インド国民会議派，一年半ぶりに政権を掌握，首相はナラシマ＝ラオ。カンボディア，無期停戦の合意成立。八月ソ連，保守派のクーデター失敗。ソ連共産党解散。九月大韓民国・朝鮮民主主義人民共和国，国連に同時加盟。十月モンゴル人民共和国，イスラエルと国交樹立。イスラエル，24年ぶりにソ連と復交。カンボディア和平調印（13年間の紛争終結）。米・ソ共催で中東和平会議。十一月中国・ヴェトナム，関係正常化（20年ぶりに対立解消）。十二月大韓民国・朝鮮民主主義人民共和国，和解・不可侵・交流協力で合意。韓国，核不在宣言。ソ連邦条約破棄され，ソ連邦・ソ連邦大統領が消滅し，独立国家共同体誕生。南北朝鮮，非核化に合意。
1992		4	一月中国，旧ソ連8ヵ国と国交樹立。モンゴル人民共和国，国名をモンゴル国と改む。ウクライナ，朝鮮民主主義人民共和国と国交樹立。三月旧ソ連8ヵ国（ロシア・ウクライナ・ベラルーシ・ウズベク・カザフ・タジク・キルギス・トゥルクメン）国連に加盟。四月アフガニスタン，ナジブラ大統領失脚，社会主義政権からイスラム政権へ。五月タイ，反政府暴動発生。六月タイ，首相にアナン元首相。日本，国連平和維持活動協力法を可決（九月以降カンボディアへ自衛隊を派遣）。七月フィリピン，大統領にラモス前国防相。日本，従軍慰安婦問題に政府の直接関与を認める。八月中国・韓国，国交樹立。台湾，韓国と断交。九月旧ソ連のモンゴル駐留軍，撤退完了。ヴェトナム，大統領にレ＝ドク＝アイン。十月タイ，五党連立のチュアン内閣発足。日本，史上初めて天皇が訪中。十一月在フィリピンの米軍，撤退完了。ラオス，カイソン大統領死去，新大統領にヌハク。十二月韓国，南アフリカ共和国と国交樹立。インドで大規模な宗教暴動発生。韓国，30年ぶりに文民大統領金泳三を選出。韓国・ヴェトナム，国交樹立。

西　紀	中　国	日　本	重　要　事　項
1993	中華人民共和国	平成 5	一月イラク，クウェートに侵入。米・英・仏合同軍が空爆。二月韓国，金泳三大統領就任。三月北朝鮮，核拡散条約から脱退宣言。インドでテロ事件続発。四月中国，江沢民党総書記が国家主席を兼任。五月スリランカ，プレマサダ大統領暗殺され，後任にヴィジェトンガ首相。トルコ，オザル大統領死去，後任にデミレル首相。カンボディア，暫定政府成立。トルコ，初の女性首相タンス＝チルレル。七月イスラエル・ヴェトナム，国交樹立。八月日本政府，従軍慰安婦の強制連行を認む。シンガポール，大統領にオン＝テンチョン。九月イスラエル・PLO（パレスチナ解放機構）相互承認（パレスチナ暫定自治協定）。中国，初の世界大モンゴル会議（12ヵ国・地域から250人参加，モンゴル民族の協力発展を目指す）。カンボディアの制憲議会，新憲法発布，立憲君主制採用，シアヌークが国王に即位。十月パキスタン，ブット元首相が復帰。十一月パキスタン，大統領にレガリ外相。APEC（アジア太平洋経済協力会議）15ヵ国・地域が政策協議機構とする共同声明を発表。十二月ヴェトナム，南アフリカ共和国と国交樹立。
1994		6	一月イラン，南アフリカ共和国と国交樹立決定。PLO，サウディ＝アラビアと和解。中国・ロシア・モンゴルの国境が接する2地点の国境協定調印。二月米，30年ぶりに対ヴェトナム禁輸を解除。四月ルワンダ紛争激化。レバノン・イラン断交。中国・モンゴル，新友好条約調印。パレスチナ自治実施協定調印。五月南アフリカ共和国選挙，白人支配を終わり，マンデラ大統領。イエメン，南北勢力間で戦闘激化。七月北朝鮮，金日成主席死去。ヨルダン・イスラエル，46年ぶりに戦争状態終結宣言。八月イスラエル・パレスチナ，自治権拡大の合意書に調印。米・中国，通商拡大に合意。中国，独自に香港立法府機関設置。中国・ロシア，長期友好関係構築に合意（西部国境確定・経済協力・核兵器先制不使用）。十月パラオ共和国，国連信託統治から脱して独立。米・北朝鮮，核問題協議決着し調印。カンボディア・アラブ首長国連邦，国交樹立。十一月スリランカ，初の女性大統領にクマラトゥンガ首相。イラク，クウェートとの新国境を承認。イラン，シーア派最高権威者アラヤ師死去，後継者ハメネイ，政治的最高指導者に。

西紀	日本	重要事項
1995	平成 7	一月タイ，憲法改正（民主化措置）。三月米・韓・日，KEDO（朝鮮半島エネルギー開発機構）設置文書に合意。四月国連安全保障理事会，イラクに対する石油禁輸制裁の限定的緩和を決議。五月イスラム聖廟の炎上をめぐりインド・パキスタンが対立。中国，地下核実験（前年10月以来通算42回目）。北朝鮮，天候不順による農作物被害のため日本にコメ援助を要請（六月無償15万トン・有償15万トン支援で合意）。六月台湾の李登輝総統訪米。米・北朝鮮，軽水炉転換をめぐる協議で暫定合意（十二月軽水炉供給協定に調印）。七月中国，米の人権活動家を逮捕。ミャンマー，スー＝チー女史を自宅軟禁から解放。ヴェトナム，ASEANに加盟。八月ヴェトナム，米と国交正常化。九月北京で第4回世界女性会議，38項目の「北京宣言」を発表。イスラエル・PLO，パレスチナ自治拡大協定に調印。十一月イスラエル，ラビン首相暗殺，後任にペレス外相。中国・韓国首脳，日本に正しい歴史認識を求む。韓国，盧泰愚前大統領を収賄容疑で逮捕。中国政府，パンチェン＝ラマ11世を擁立，五月に独自に決定していたダライ＝ラマ政権と対立。十二月韓国，全斗煥元大統領を反乱首謀容疑で逮捕。ASEAN7ヵ国とラオス・カンボディア・ミャンマー，東南アジア非核地帯条約に調印。

著者略歴

一九二九年　東京大学文学部東洋史学科卒業
法政大学教授、陸軍教授、東京大学東洋文化研究所員、九州大学教授、中央大学教授を歴任
一九七五年　没

〔主要編著書〕
史籍解題　世界歴史大年表　中国史　東洋史上の日本民族　概説東洋歴史

東洋史要説　新稿版

一九六〇年(昭和三十五)五月三十一日　第一刷発行
二〇一一年(平成二十三)四月　一　日　第四十三刷発行

著　者　鈴木俊(すずき しゅん)

発行者　前田求恭

発行所　株式会社　吉川弘文館
郵便番号一一三―〇〇三三
東京都文京区本郷七丁目二番八号
電話〇三―三八一三―九一五一〈代〉
振替口座〇〇一〇〇―五―二四四番
http://www.yoshikawa-k.co.jp/

印刷＝株式会社　精興社
製本＝株式会社　ブックアート

〈オンデマンド版〉

東洋史要説　新稿版

2021年（令和3）11月1日　発行

著　者　　鈴木　俊

発行者　　吉川道郎

発行所　　株式会社　吉川弘文館

〒113-0033　東京都文京区本郷7丁目2番8号

TEL　03-3813-9151〈代表〉

URL　http://www.yoshikawa-k.co.jp/

印刷・製本　　大日本印刷株式会社

鈴木　俊（1904～1975）

ISBN978-4-642-77703-2